本书是国家自然科学基金面上项目——“我国内需变动影响出口的机制及政策应对研究”（批准号：71573271）的阶段性研究成果

高凌云◎著

# 中国内需变动影响出口的机制及政策应对

## ——企业动态视角

中国社会科学出版社

**图书在版编目（CIP）数据**

中国内需变动影响出口的机制及政策应对：企业动态视角／高凌云著．
—北京：中国社会科学出版社，2018.3
ISBN 978-7-5203-2118-1

Ⅰ.①中…　Ⅱ.①高…　Ⅲ.①企业管理—出口贸易—研究—中国
Ⅳ.①F752.62

中国版本图书馆 CIP 数据核字（2018）第 037830 号

出 版 人　赵剑英
责任编辑　喻　苗
责任校对　石春梅
责任印制　王　超

出　　版　中国社会科学出版社
社　　址　北京鼓楼西大街甲 158 号
邮　　编　100720
网　　址　http://www.csspw.cn
发 行 部　010-84083685
门 市 部　010-84029450
经　　销　新华书店及其他书店

印　　刷　北京明恒达印务有限公司
装　　订　廊坊市广阳区广增装订厂
版　　次　2018 年 3 月第 1 版
印　　次　2018 年 3 月第 1 次印刷

开　　本　710×1000　1/16
印　　张　16
插　　页　2
字　　数　254 千字
定　　价　69.00 元

# 内容摘要

“十三五”时期，国内经济正面临“三期叠加”带来的诸多挑战。从对外贸易的视角，必须清醒地认识到，我国外贸增长的总体环境仍不容乐观。一方面，世界经济复苏进程曲折、缓慢，造成全球市场总需求不振，短时间内难以回到金融危机前的高增长水平；另一方面，随着“刘易斯拐点”到来，我国劳动力成本持续上升，资源能源供给矛盾突出、生态环境约束加剧，造成以加工贸易为主的劳动密集型、传统产业出口比较优势急剧下降。因此，如何实施双向开放战略，提高对外开放质量和水平，进一步拓展对外开放广度、深度和空间，促进国际国内要素有序自由流动、资源的高效配置，成为我们必须首先面对的重大课题。

与现有出口研究将其视角大多放在出口总量、结构（如不同技术含量贸易品比重、二元边际、专业化道路、价值链等）的变动特征及其影响因素不同，本书立足于市场经济重要特征之一的企业动态；从经验角度说明了中国在世界经济中地位的变动，对中国是否存在“内需压力假说”等重大现实问题进行科学判断；系统分析和论证了外需、竞争力、内需等变量之间的相互作用，及其对中国出口变动中、来自不同形式企业动态贡献的影响和具体机制。全书共八章，除绪论外，其他章节的内容可简单归纳如下。

第二章是文献综述。列举和归纳了本书研究涉及的两个方面的文献，即企业动态、出口影响因素的研究进展，并依据项目设计的精神，对这两方面研究各自存在的问题，以及为什么要将之结合起来等进行了评述，用以判断本书在现有研究中的地位。

第三章利用中国经济普查数据库中的全样本工业企业，以及分布参数的极大似然估计和非参数检验，从总体和行业层面，具体估计、检验和比较了中国工业企业规模和生产率的异质性特征，从而为后续研究所做假设提供了扎实的基础。

第四章在后续进行的企业动态分析之前，利用三年规则对企业的进入、在位、短期存活与退出进行了科学界定，并具体分析了三年规则相对两年规则优势之处。进而，在充分考虑现有中国工业企业数据库特点的基础上，提供了中国工业企业的动态特征。除此以外，本章还提供了企业动态划分在企业生存分析中的具体应用。

第五章在不同产业内部企业生产率服从 Pareto 分布的假设下，纳入可变价格加成以及潜在企业针对不同产业的进入选择，并基于 HS 产品分类六位码和中国工业产业四位码层次的数据，系统分析了内外需、经济规模和竞争力在我国出口增长中的作用及影响机制。

第六章利用中国工业企业数据库，在剔除了短期存活企业的扰动之后，将整体出口强度细分为在位企业效应、进入企业效应和退出企业效应；进而，在边际成本可变的假设下，着重考虑了产能对不同类型企业动态效应的影响及其机制。

第七章基于 ISIC 四分位产业数据，测算了 51 个国家出口与内需的结构背离度，遵循“典型事实—理论假说—经验证据”的分析范式，在多国经验中探究了出口与内需结构背离的成因及影响。

最后是结论与政策建议。本章提出了建立在前文分析基础之上的、能有效促进内外需协调发展的针对性政策建议，对思考如何重塑中国外贸转型升级的根本性优势来源和构建“中国特色开放型经济新体制”具有深远的启发意义。

# Abstract

The domestic economy is facing many challenges brought by simultaneously dealing with the slowdown in economic growth, making difficult structural adjustments, and absorbing the effects of previous economic stimulus policies in the period of the $13^{th}$ Five-Year Plan. From the perspective of foreign trade, we must clearly understand that the overall environment for China's foreign trade growth is still not optimistic. On one hand, the process of world economic recovery is twists and slow, resulting in weak global market demand that it is difficult to return to the high-level of growth before the financial crisis in short time. On the other hand, with the arrival of "Lewis turning point", China's labor costs continue to rise, resource, energy supply and ecological environment constraints intensified. These result in traditional industries export comparative advantage from labor-intensive processing trade dropped sharply. Therefore, there are the major issues which we must first face, such as how to implement the two-way open strategy, improve the quality and level of opening to the outside world, and further expand the breadth, depth and space of opening to the outside world, promote the free flow of international and domestic factors, and the efficient allocation of resources.

The existing export researches were mostly on the perspective of the total export volume, structure (such as the proportion of different technical content of trade goods, dual marginal, specialized roads, value chain, etc.) changes. The book based on the market dynamics, which is one of the important characteristics of themarket economy, and study changes of China's position in the world economy from the empirical point of view. Moreover, we provide scientific judgement to whether China exist "domestic demand hypothesis" and other major practical problems. Furthermore, we systematically analyze and demonstrate the interaction between external demand, competitiveness, domestic demand and other variables. Especially, we study its impact on the dynamic contribution of different forms of enterprises in China's export changes and the specific mechanism.

The book includes eight chapters, in addition to the introduction, the contents of other chapters can be summarized as follows:

The second chapter is the literature review. We enumerate and summarize the two aspects of the project involved in the literature, that is, firm dynamics and the factors which impact export. Moreover, we provide survey on their own problems, and why should be combined in accordance with the spirit of the project design. And it can be used to determine the status of this book in the existing research.

In the third chapter, we use the full-sample industrial enterprises in the Chinese economic census database, as well as the maximum likelihood estimation and nonparametric test of the distributed parameters to estimate and test the difference between the size and the productivity of the Chinese industrial enterprises from the general and the industry level, thus provide a solid basis for the assumptions made by the follow-up study.

In the fourth chapter, we use the three-year rule to scientifically define the entry, incumbent, short-term survival and exit of the enterprise, and analyze theadvantages of the three-year rule relative to the two-year rule. Furthermore, it provides the dynamic characteristics of Chinese industrial enterprise based on fully considering the characteristics of the existing Chinese industrial enterprises database. In addition, this chapter also provides the application of enterprise dynamic division in firm survival analysis.

The fifth chapter includes the variable price markup and the entry choice of potential enterprises for different industries under the assumption that the productivity of enterprises in different industries is subject to the Pareto distribution. We systematically analyze the role and influence mechanism of internal and external demand, economic scale and competitiveness in China's export growth based on the HS data classification and the four-digit level data of China's industry.

The sixth chapter uses the database of Chinese industrial enterprises and subdivides the overall export intensity into the incumbent effect, the entry effect and the exit effect. The emphasis focuses on the impact of production capacity on the dynamic effects ofdifferent types of enterprises and their mechanisms after removing the perturbation of short-term surviving enterprises under the assumption that the marginal cost is variable.

The seventh chapter analyzes the causes and outcomes of structural deviation between export and domestic demand based on the ISIC 4 - digit industry level data in 51 countries and the analysis paradigm of "typical fact-theoretical hypothesis-empirical evidence".

Theconcluding chapter provides the conclusions and policy recommendations. We put forward the specific policy suggestions based on the previous analysis, which can effectively promote the coordinated development of internal and external needs, and how to reshape the fundamental advantages of China's foreign trade transformation and upgrading the "new system of open economy with Chinese characteristics".

# 目　　录


**第一章　绪论** ………………………………………………………… (1)

第一节　研究背景 ……………………………………………………… (1)

第二节　研究意义 ……………………………………………………… (2)

第三节　研究方法 ……………………………………………………… (4)

第四节　主要创新 ……………………………………………………… (5)

**第二章　文献综述** …………………………………………………… (7)

第一节　企业动态研究进展 …………………………………………… (7)

第二节　出口增长影响因素的研究进展 ……………………………… (12)

第三节　文献评述 ……………………………………………………… (33)

**第三章　中国工业企业的异质性** …………………………………… (36)

第一节　不同分布的联系与区别 ……………………………………… (38)

第二节　分布估计与检验的方法体系 ………………………………… (42)

第三节　数据库、指标的选择与说明 ………………………………… (46)

第四节　中国工业企业规模的分布特征 ……………………………… (48)

第五节　中国工业企业生产率的分布特征 …………………………… (57)

第六节　本章小结 ……………………………………………………… (69)

**第四章　企业动态划分规则及应用** ………………………………… (72)

第一节　企业动态的界定 ……………………………………………… (72)

第二节　中国工业企业动态的基本特征 ……………………………… (74)

第三节　在企业生存分析中的应用 …………………………………… (76)

第四节 本章小结 …………………………………………………… (105)

**第五章 内需压力与中国的出口决定方程** ………………………… (109)
第一节 理论基础、出口方程推导与计量方法选择 …………… (111)
第二节 需求、供给面变量与数据来源 ……………………………… (117)
第三节 出口与内需等的统计特征 ………………………………… (121)
第四节 内需对出口的影响及其机制 ……………………………… (123)
第五节 本章小结 …………………………………………………… (128)

**第六章 企业动态、产能与出口强度** ……………………………… (130)
第一节 边际成本可变条件下的计量方程 ………………………… (132)
第二节 出口强度分解、测度与数据说明 ………………………… (134)
第三节 不同类企业动态效应及相关变量的特征 ……………… (141)
第四节 对不同企业动态效应影响因素的估计 ………………… (144)
第五节 本章小结 …………………………………………………… (157)

**第七章 内需与出口的关联：国际规律** …………………………… (159)
第一节 内需与出口的关联 ………………………………………… (159)
第二节 结构背离程度测算与典型事实 ………………………… (164)
第三节 分析框架与理论假说 ……………………………………… (171)
第四节 内需与出口结构背离的检验 ……………………………… (178)
第五节 本章小结 …………………………………………………… (194)

**第八章 结论与政策建议** …………………………………………… (206)
第一节 主要结论 …………………………………………………… (206)
第二节 政策建议 …………………………………………………… (208)

**参考文献** ……………………………………………………………… (210)

# 第一章

# 绪　论

本章主要从三个方面对全书的研究目的、研究设想、整体框架、创新与不足等进行简要说明。研究背景和问题的提出，简要阐述了当前及今后一段时期国内外经济形势及存在的关键性问题，用以阐明本书主题的研究意义；针对开放、要素再配置及其影响这一主线，由于涉及的方面、问题众多，研究方法和结构安排对本书的内容编排作了细致说明，最后是本书的可能创新。

## 第一节　研究背景

“十二五”时期，我国坚持全方位、宽领域、多层次的对外开放战略，更加积极、主动、全面地参与经济全球化，充分利用国际国内“两个市场”“两种资源”，提高全球资源要素配置能力，对外开放水平显著提高，已经基本实现了由外向型经济向开放型经济大国的转变。2014 年我国实现 GDP 63.64 万亿元，成为世界第二大经济体；对外贸易额达到 26.43 万亿，居世界第一位；外汇储备额达到 3.84 万亿美元，居世界第一位；实际利用外资额达到 1195.6 亿美元，居世界第二位；对外直接投资额达到 1029 亿美元，居世界第三位。我国自贸区战略、人民币国际化战略取得了重大进展。目前，中国在建自贸区 20 个，涉及 32 个国家和地区。其中，已签署自贸协定 12 个，涉及 20 个国家和地区，与 28 个国家和地区的货币当局签订了货币互换协议。

“十三五”时期，国内经济正面临“三期叠加”带来的诸多挑战。经济增速进入换挡期、结构调整进入阵痛期、前期刺激政策进入消化期。

据国务院发展研究中心预测，我国“十三五”期间GDP年平均增速可能下降到6%—7%，2020—2030年GDP增速可能会下降到5%—6%。这一段时期，经济发展与资源、环境的矛盾会更加突出，化解过剩产能、优化产业结构的任务更加艰巨，深化体制改革的任务也更加迫切。

从对外贸易的视角，必须清醒地认识到，“十三五”时期，我国外贸增长的总体环境仍不容乐观。一方面，世界经济复苏进程曲折、缓慢，造成全球市场总需求不振，短时间内难以回到金融危机前的高增长水平；另一方面，随着“刘易斯拐点”到来，我国劳动力成本持续上升，资源能源供给矛盾突出、生态环境约束加剧，造成以加工贸易为主的劳动密集型、传统产业出口比较优势急剧下降。我国虽然是世界第一贸易大国，但还不是贸易强国。具体表现在，出口产品缺乏核心竞争力，附加价值低，缺少自主知识产权、关键核心技术和国际知名品牌，主要依靠规模扩展、价格竞争、要素投入，而创新优势、技术优势、质量优势等新的竞争优势还没有形成。而且，长期以来，服务贸易存在逆差货物贸易与服务贸易发展“一条腿长、一条腿短”的失衡状态仍未改变。因此，如何实施双向开放战略，提高对外开放质量和水平，进一步拓展对外开放广度、深度和空间，促进国际国内要素有序自由流动、资源的高效配置，成为我们必须首先面对的重大课题。

## 第二节　研究意义

考虑到中国经济对外仍将遭受欧债危机持续、世界经济增速放缓等诸多挑战，对内又面临经营成本全面上升、转变增长方式难度加大等一系列问题，《中华人民共和国国民经济和社会发展第十二个五年规划纲要》和党的十八大、十八届三中全会均明确强调，我国应继续坚持扩大内需战略，保持经济平稳较快发展，加快形成消费、投资、出口协调拉动经济增长的新局面。

当前，一方面，中国经济已经进入了新常态，增长正在由依靠投资、出口拉动，向依靠消费、投资和出口协调拉动转变。但是，另一方面，伴随着消费与投资的持续稳定增长，“十二五”的前四年，中国出口月度同比增速整体呈现出持续下滑的基本特征。虽然中国商务部编制的《对外贸易发展“十二五”规划》，仅将“十二五”期间中国对外贸易的增长目标定在年均10%，但开局至今的出口平均增速还是远低于这一水平（进口平均增速更低）。那么，中国扩内需与促出口之间，是否存在“内需压力假说”（江小涓，2007；Berman et al.，2011 等）所强调的，资源转向满足扩张的国内需求后，出口会相应减少，从而不可兼得的情况呢？

现有针对中国出口增长的理论和实证研究，其视角大多是从出口总量、结构（如不同技术含量贸易品比重、二元边际、专业化道路、价值链等）的变动特征及其影响因素出发，与之对应的政策，多着落在如何提高出口竞争力和贸易增加值等上面，缺少从企业动态视角的研究；事实上，以企业进入、退出（或称企业更替）和企业扩张、收缩为特征的企业动态，是现代市场经济的重要特征之一（Cabral and Mata，2003）。虽然，基于异质性贸易理论的文献，确实是从企业生产率、规模等存在巨大差异的事实出发，去研究企业出口行为、贸易利得等问题，但与新贸易理论类似，都无例外地采用边际成本不变假设，忽略了国内外市场之间的相互联系，无法控制供给面因素，特别是内需变动，对出口的影响。这导致我们在影响出口增长的关键性因素及其内在联系机制等核心问题上，缺乏科学的理论和来自微观层面的经验证据支撑；从而，无法依据我国企业动态、内需及出口等方面的事实，以及最近几年中央经济工作会议提出的“要协调拓展内外需”精神，对中国由贸易大国向贸易强国转变过程中的贸易战略作出科学判断和对应调整。

总体而言，在理论层面，针对企业在生产率和规模等方面存在巨大差异的事实，本书立意在以异质性贸易理论，拓展出口影响因素研究；核心贡献在于，放松新贸易理论和异质性贸易理论通常采用的边际成本不变假设，使后续研究可以在更符合现实的、内外部市场相互联系的前提下，构建系统分析外需、竞争力、内需等影响出口的理论框架。在实证分析方面，项目的核心贡献在于，严格推导并测度企业进入、退出、扩张、收缩（不仅仅是进入与退出）影响出口的程度；利用中国企业和产业层面数据对中国的出口决定方程进行经验估计。实证研究中特别重视的细节还包括：通过科学严格的步骤，建立不同层次数据与 CEPII BACI 数据、中国海关八位码产品分类贸易数据的对应；构建能同时控制替代效应和进入退出效应的出口价格指数等。从实践的角度，基于企业动态的全新视角，项目的研究能从经验角度说明中国在世界经济中地位的变动，对中国是否存在“内需压力假说”等重大现实问题进行科学判断；能系统分析和论证外需、竞争力、内需等变量及它们之间的相互作用，对中国出口变动中、来自不同形式企业动态贡献的影响和具体机制，并提出建立在这之上的、能有效促进内外需协调发展的针对性政策建议。所以，本书具有重大的理论、应用和实践价值。

## 第三节 研究方法

本书的研究涉及的方法很多，无法一一罗列，但整体而言，大致上可以总结为（或者说更多地倚重了）如下四类研究方法。

（一）文献检索与阅读法

文献检索和阅读是所有研究工作必不可少的方法。本书将依托项目组成员扎实的国际经济学研究功底和国内外文献获取渠道，广泛查阅国内外与企业动态、贸易理论、出口影响因素相关的资料，并对它们进行细致的选择、归纳和总结，为本书的后续研究提供坚实基础。

（二）理论建模与机制分析

在通过放松边际成本不变假设，拓展异质性贸易理论，指导后续出口增长影响因素及相关机制研究的过程中，特别注重理论分析模型（提出假说）与机制分析（逻辑推导）相结合，始终坚持以微观企业为分析基础。虽然强调与主流理论模型的融合，但更关注其适用性；同时，并不追求采用复杂的数理分析方法，而是依据问题选择最合适的分析工具。而且，本书始终坚持采用分散与集中、规范研究和实证研究相结合的研究方法，以便本书的研究更具系统性、灵活性和真实性，进而能得到更为接近现实的、完备的理论体系。

（三）实地访谈法

为了对企业决策过程、内外部经营环境等情况有更加感性的认识，项目组将依托中国社会科学院遍布全国的国情调研网络，拟在东、中、西部各选择一个代表性城市，每个城市拟邀请 10—15 家企业，以走访、座谈会的形式，由企业相关部门负责人或一线工作人员介绍实际情况，主要包括四个方面：第一是企业所处产业的整体市场结构和竞争情况；

第二是企业主营产品及技术领先程度；第三是企业现有生产要素在内销和出口两个渠道的配比；第四是企业来自内销和出口两个渠道利润的变动情况。

（四）计量分析法

在理论建模及机制分析的基础上，本项目还特别强调研究的规范化，采用理论与实际相结合的方法，以理论指导实践，又以实践检验和丰富理论。但在这一过程中，并不迷信主流的拟或复杂的经验研究方法，而是从基本原则出发选择最为合适的计量方法、代理变量，从而使本项目研究所提出的估计结果、运行机制、管理模式和政策建议等更加完善和切合实际，最大限度增加所提出措施和方案的科学性和可操作性。

## 第四节 主要创新

本书在研究的不同阶段始终强调锲而不舍的钻研精神，不忽视任何一个细节性问题，比如异质性贸易模型的适用性问题、数据层次问题、变量测度问题等。同时，注重研究的规范性和科学性。本书所有的研究结论，都是来自于严格的理论分析和基于大量微观层次数据的经济计量分析，研究需要采用项目组前期拥有的五个大型数据库（中国海关企业数据库、中国工业企业数据库、中国与其他国家地区按照海关八位码分类的贸易数据库、CEPII BACI 数据库、中国四位码分类的工业产业数据库），虽然计算整理、实证分析工作量巨大，但却可以确保研究结论的稳健性和科学性。结合国内外研究，本书的创新主要体现在如下几个方面。

首先，视角创新。企业动态是现代市场经济的重要特征之一，本书为从微观企业层面分析中国出口增长提供了新的视角。

其次，理论创新。（1）在系统分析出口方程理论形成及发展逻辑的基础上，总结了出口方程理论进展缓慢的根本原因，并结合国际贸易在微观方面的进展，提出了出口方程理论未来的发展方向；（2）证明了边际成本不变假设的局限性，并通过放松边际成本不变假设，对异质性贸易理论进行了拓展和深化，为能系统分析内外需、竞争力的出口决定方程，构建了坚实的理论基础；（3）从要素约束和要素效率等方面，讨论了内需压力及其他关键变量影响产值比重效应、出口比重效应、进入效应、退出效应的具体机制。

再次，应用创新。（1）在综述出口方程理论发展逻辑的基础上，结合中国“扩内需”和“促出口”的现实情况，提出“中国是否存在‘内需压力假说’”的问题，进而从理论和实证两个层面，对这一问题进行判断和检验；（2）在严格推导的基础上，测度了各种不同形式企业动态对出口变动的贡献；（3）利用符合要求的数据，从多方面对中国的出口决定方程进行经验估计；（4）提出能有效协调消费、投资与出口发展的针对性政策建议。

# 第二章

# 文献综述

本书研究主要涉及两方面的文献，首先是企业动态，其次是出口影响因素。下面依此顺序对现有国内外研究的现状和发展动态进行分析，并提供对应评述。

## 第一节　企业动态研究进展

企业动态是市场经济的重要特征之一，指的是某经济单元在某一时点，有大量不同规模或生产率的新企业进入，新企业进入后会与该时点仍在位的、不同规模或生产率的企业在产品、要素等市场展开竞争，企业之间的竞争使得该经济单元同时出现获利企业和亏损企业（也称获胜企业和失败企业），进而，新进入企业和原在位企业在对其生产和经营环境认识加深的基础上，作出扩张、收缩或退出的决策；因此，在同一时间点，还会存在大量的企业退出，竞争中的失败者会因亏损而退出该产业，与此同时，退出企业的生产要素和市场份额在该进入单元仍在位的企业间重新配置，并形成某种均衡的分布状态。尽管企业动态包括企业进入、退出、扩张、收缩等多个方面，但现有文献对企业动态的研究，大多只关注企业在某一时刻的分布及进入、退出。

### 一　企业规模和生产率的分布

这一主题基本上与两类文献相关。一类是探讨企业规模的分布特征、动态变化及原因的文献。首先，对企业规模分布特征的研究，迄今已有近一个世纪的历史。Gibrat（1931）认为同一行业中的企业，无论其规模大小，同一时期内其规模成长的概率是相同的，即企业的成长率独立于其初始的规模（通常称为 Gibrat 法则或比例效应法则），因而企业规模应近似服从对数正态分布。但之后，Mansfield（1962）从理论上提出，对那些具有较高最低效率规模行业的新进入企业来说，生存的前提是必须迅速达到能以最低长期平均成本生产的有效规模。在 Mansfield（1962）的基础上，Gabaix（1999）证明，如果企业规模服从有界的随机游走过程，那么其分布呈现的是幂律形态，而不是对数正态。与此对应，检验企业规模服从何种分布的经验研究，其结论也存在类似差异。如 Bottazzi and Secchi（2003）利用3000家美国企业的销售额数据，发现美国企业规模服从对数正态分布，得到类似结论的还有 Gallegati and Palestrini（2010）等。但 Axtell（2001）利用美国 500 万家纳税企业的数据，发现美国企业规模近似服从的是幂律分布，结论类似的还有 Fujiwara et al.（2004）等。而且 Axtell（2001）、Hernandez-Perez et al.（2006）等还提出，欧美发达市场经济国家企业规模的分布是市场充分竞争条件下，经济资源在企业之间最优配置的结果，通过观察其他国家企业规模分布参数的相对偏离程度，可以反推这些国家市场中是否存在潜在的妨碍公平竞争的因素。

其次，是对企业规模分布动态变化和影响因素的研究。Cabral and Mata（2003）利用葡萄牙经济普查库中 33678 家企业的就业数据发现，因为融资约束的原因，企业规模分布具有明显的右偏，而且在不同的年份几乎没有什么变化，但不同经营年限的队列（cohort）分析显示，随着企业经营年限的增加，企业规模的分布渐次逼近对数正态分布。Angelini and Generale（2008）利用意大利 15000 家企业的调查数据和世界银行的 WBES 数据库，发现放松融资约束对企业规模分布的影响并不明显，因为融资约束的放松虽然可以促进在位企业更快扩张，但也会引致更多规模较小的新企业进入，尽管他们也得到了类似的企业规模分布的动态变化特征。另外，Luttmer（2007）等还认为，负向的外部冲击导致部分企业退出也是企业规模分布变化的重要原因。Rossi-Hansberg et al.（2007）等还发现，不同行业内企业规模的分布存在非常大的差异，人力资本存量越少的行业会越快经历规模报酬递减，因此特定行业人力资本的密集度与大规模企业的比重正相关。

另一类是研究企业生产率分布及其与规模分布关系的文献。首先，尽管对生产率分布而非生产率水平的关注，是近些年来经济增长理论的核心主题之一（Melitz，2003 等），但现有研究多侧重于对生产率分布中不同分位企业生产率相对差异（也称生产率离散化）的研究。如 Banerjee and Moll（2010）、Syverson（2011）等发现，即使在市场经济最为发达的美国，生产率离散化现象也是长期存在的；孙浦阳等（2013）从产品需求角度考虑了产品替代性对生产率离散化的影响，认为产品替代性的下降会促使产品间竞争程度上升，低效率企业将因难以在市场中获得盈利而退出。Syverson（2011）、Restuccia and Rogerson（2013）等还分析了技术冲击、研发投入等供给面因素的影响。

其次，值得注意的是，尽管不同分位企业的生产率差异很难刻画企业生产率的整体分布，但现有针对企业生产率分布估计和检验的研究很少，以至于异质性贸易理论引入生产率异质性更多是通过假设的方式。[①]现有文献中假设的企业生产率可能服从的常用分布主要有：（1）帕累托分布。比如 Chaney（2008）在假定差异化产品行业内企业生产率服从帕累托分布的条件下，发现高替代弹性放大了集约的边际对贸易壁垒变化的敏感性，同时降低了扩展的边际对贸易壁垒变化的敏感性。（2）对数正态分布。如 Capuano and Schmerer（2013）在假设企业生产率服从对数正态分布的前提下，分析了贸易开放对失业的长期影响，以及劳动市场制度的作用等问题。（3）指数分布，如 Caliendo and Rossi-Hansberg（2012）在假设企业生产率服从指数分布的条件下，发现需求的异质性引发了生产率的异质性，同时厂商的出口行为将促使企业增加管埋的层级，而这种新的组织结构又引发了更高的生产率。

再次，在封闭经济的条件下，di Giovanni and Levchenko（2011）证实，企业生产率如果服从帕累托分布，企业规模同样会服从帕累托分布，尽管分布参数不同。章韬和孙楚仁（2012）在非出口和出口企业生产率

---

① Arkolasis（2010）在产品差异化、企业生产率异质性和市场边际覆盖成本递增的基础上，发展了一个动态贸易理论模型，该模型在进入企业生产率变动具有几何布朗运动（Geometric Brownian Motion）形态等条件下，内生地决定了企业生产率服从右拖尾的帕累托分布，但这一研究并没有提供实证估计和检验。Combes et al.（2012）虽利用法国企业的数据，估计了不同类城市，企业生产率对数正态和帕累托混合分布的分布参数，但也没有提供检验。

分布参数不同、但都为帕累托分布的假设下发现，中国非出口企业和出口企业生产率分布和规模分布形态均存在显著差异，但不同类企业规模分布形态与生产率分布形态高度一致。

## 二 企业的进入与退出

对企业进入、退出的研究，基本是从三个角度展开：一是不同国家、不同层次、不同类别企业进入、退出的特征性事实；二是企业进入、退出的原因；三是企业进入、退出的经济效应。

### （一）企业进入、退出的特征性事实

Bartelsman et al.（2003）利用20世纪90年代10个OECD国家（美国、德国、法国、意大利、英国、加拿大、丹麦、芬兰、荷兰和葡萄牙）大约40个工业产业的数据，提供了企业存在显著进入与退出情况的证据。Kocsis et al.（2009）利用已有的相关文献，总结了企业进入、退出的三个事实：第一，每年的企业进入率加上退出率会超过20%；第二，新进入企业和退出企业一般规模较小，生产率水平较低，而且有超过50%的新进入企业会在进入的前5年退出；第三，如果新进入企业规模扩张和生产率提高的速度快于产业平均速度，则该企业在大多数新企业退出的前五年会生存下来。毛其淋、盛斌（2013）对中国制造业企业进入和退出的研究发现，从总体样本来看，企业具有更高的年平均进入率（25%）和退出率（17%）；从企业规模角度来看，进入率和退出率随着企业规模的扩大逐渐下降；从企业归属产业的角度来看，劳动密集型和资本密集型产业的平均进入率和退出率最高；从分所有制类型来看，本土企业在大部分年份的进入率和退出率显著高于外资企业；从分地区来看，沿海地区企业的进入率高于内陆地区，但退出率低于内陆地区。

### （二）企业进入、退出的原因

理论研究方面，Jovanovic（1982）较早地构建了一个关于生产率差异与企业更替及成长的产业均衡模型，它证明企业只有在进入生产经营之后才能获得自身生产效率的信息，效率高的企业成长和存活下来，而效率低的企业逐渐萎缩并最终退出市场。随后，Hopenhayn（1992）建立了一个竞争性产业的动态随机模型，它假定存在一个由产业进入与退出均衡决定的生产率临界点，当企业的生产率水平低于该临界点时，企业将

退出产业，该模型预测的结论主要有两个：一是低的进入成本能更好地促进有效的企业进入和无效的企业退出，企业的退出集中在整个产业生产率最低的企业中。二是在一定条件下，在位企业的生产率分布优于进入企业。实证方面的研究较多（Orr，1974；Duetsch，1975；Austin and Rosenbaum，1991；Goeoski，1991；黄健柏等，2006；杨天宇、张蕾等，2009），综合起来，解释变量一般包括：（1）激励企业进入（或退出）的因素，如利润率、产业产值增长率等；（2）抑制产生进入（退出）的因素，如资本密度、规模经济、研发密度、产品差异化、产业集中度等；（3）反映研究对象特殊之处的变量，如 Acs and Audretsch（1989）在对美国制造业小企业研究中采用的小企业创新率、工会指标等。

（三）企业进入、退出的经济效应

尽管 20 世纪 30 年代熊彼特就已提出有关创新的“创造性毁灭”理论，但是，现有研究仍以企业进入、退出对产业或企业层面生产效率的影响为主。理论研究方面，Jovanovic（1982）、Hopenhayn（1992）、Ericson and Pakes（1995）等提出的产业演化模型，均模拟和解析了市场开放条件下，企业进入、退出和竞争行为对于企业和产业层面生产率的重要影响。但不同实证研究的结论，存在较大的矛盾，如 Foster et al.（1998）、Hahn（2000）等发现，企业更替以及市场份额再配置显著促进了 TFP 增长，但 Baily et al.（1992）、Liu and Tybout（1996）等认为，企业更替对制造业 TFP 增长的作用并不显著。除此之外，同时考察企业更替对 TFP 和劳动生产率增长影响的文献，如 Disney et al.（2003）对英国制造业的研究发现，企业更替解释了 TFP 增长的 80%—90%，对劳动生产率增长的贡献率也高达 50%；但 Mary and Fraser（2009）对摩洛哥的研究则认为，企业更替对制造业 TFP 和劳动生产率增长的作用均不明显。近年来，从企业进入、退出的视角研究中国企业生产率问题，也受到了越来越多的关注。如周黎安等（2006）使用 1995—2003 年中关村科技园区制造业企业层面的数据，分析了企业劳动生产率及 TFP 的动态变化及其来源，结果发现园区的生产率变动主要来源于企业自身生产率增长和企业进入退出的动态过程。Brandt et al.（2012）认为企业的动态演化对中国制造业 TFP 增长具有显著的促进作用，企业的净进入可以解释 TFP 增长的 2/3。毛其淋、盛斌（2013）也发现，企业更替对制造业生产率增长具有重要的直接影响（贡献率为21%—29%），此外，企业更替还通过市场竞争效应对存活企业生产率的提高产生了显著的间接促进作用。

## 第二节 出口增长影响因素的研究进展①

弹性（elasticity）是指一个变量的变化率对另一个变量变化率的反应程度。因为贸易品需求的变动可以分解为收入效应和价格效应，所以一般利用收入弹性和需求弹性来考察一国进出口贸易对国内外收入与价格变动的敏感度。Goldstein and Khan（1985）曾指出，因为数据较易获得、理论基础较为简单和政策参考价值大等原因，在国际经济学、甚或经济学中，至今没有哪个领域能比贸易弹性估算更受重视。Arkolakis 等（2012）也认为，贸易弹性是经典贸易模型（如 Krugman，1980；Eaton and Kortum，2002；Bernard et al.，2003；Melitz，2003 等）中决定贸易收益（或自给自足的福利成本）仅有的两个重要统计量之一。而这之中，尤以对出口贸易弹性估算的关注为甚。

研究内需变动对出口会产生何种影响，需要纳入出口变动影响因素的大框架中。而现有研究出口影响因素及影响程度（出口弹性）的文献，可以说是“汗牛充栋”。早期的国际贸易理论，基本是从宏观视角来探寻一国或地区的出口影响因素的。如绝对优势理论、比较优势理论和要素禀赋理论等，分别强调生产率差异或要素禀赋差异是决定一国参与国际分工与对外贸易的关键因素；新贸易理论则强调消费者多样化偏好与规模经济效应对国际贸易模式的解释作用（Krugman，1990）；内生增长理论还强调了技术创新在出口方面的重要作用（Grossman and Helpman，1995）。近些年来，对出口影响因素的研究，呈现出一种从宏观转向微观，或者说是宏观视角与微观视角相融合的趋势。正如 Melitz（2003）等所强调的，出口贸易是微观企业基于自身利润最大化目标而做出的理性决策。因此，对企业出口行为的研究更有说服力。

但问题是，不同研究获得的出口贸易弹性往往存在非常大的差异，有些甚至远远偏离理论预期。这种差异不仅仅体现在不同的样本国家，

---

① 本节的部分内容曾刊于《世界经济》2013 年第 6 期。

更体现在针对相同国家的不同估计上面（Wu，2008）。其原因可能来自多个方面，比如不同估计依据的理论基础不尽科学、变量的选择不怎么合理、所使用的估计技术不一定恰当、所依据的数据层次不完全相同等，而现阶段对中国来说，精确地估计出口贸易弹性，无论是对学术界还是政府，都显得尤为重要。因为要回答“全球金融危机、日本地震、欧债等外部需求冲击的影响到底有多大”、“人民币汇率变动、生产成本上升、劳动力短缺等又会在多大的程度上影响我国出口产品的竞争力?”等问题，都需要我们准确地知道我国出口贸易的各类弹性到底是多少。这就首先要求我们从纷繁复杂的出口贸易弹性估算文献中找出理论、实证发展和演变的基本脉络，坚持其中科学合理的部分，以便为准确估算出口贸易弹性打好坚实的基础。

尽管研究出口增长影响因素的国内外文献极为庞杂，但仍有脉络可循。因为，这些研究本质上都是试图通过构建不同解释变量、不同数据层次的出口方程，来对现实出口问题进行解释。另外，值得注意的是，研究出口影响因素也可以从贸易引力方程出发，不过，Eaton and Kortum（2002）、Chaney（2008）、Eaton et al.（2011）等证明了，贸易引力方程与出口方程具有基本类似的方程形式。对出口方程的研究，总体来看包括三方面内容：一是构建出口方程的基础，有完全替代模型和不完全替代模型之分，这之中还包括对它们之间关系以及为什么不完全替代模型更为科学的说明；二是不完全替代假设下不同出口方程的比较与应用，大致可分为出口需求方程、出口决定方程和出口需求供给联立方程等三类；三是不完全替代假设下出口方程中影响因素的细化。本节的后续安排如下：一是具体分析和比较传统贸易弹性估算的理论基础，说明为什么不完全替代模型更为科学；二是进一步以不完全替代模型为基础，详细比较三类出口贸易弹性估算方程；三是考虑出口贸易弹性估算中如何处理汇率、风险、外生政策等的影响；四是讨论实际估算中变量的选择和测度，以及相关计量技术的应用；与前四部分不同，五是从企业异质性贸易理论出发，更深入分析了不同的异质性模型，对出口弹性估计可能产生的影响，并在此基础上证明因非微观层次数据导致的计总偏差以及不同出口弹性的偏误方向，进而为 Krugman（1989）中“45°规则”的可能来源提供了一种新解释；最后以中国为对象，分析以往估算出口贸易弹性的研究可能存在的问题以及下一步应采取的调整方向。

## 一 理论基础：完全替代模型与不完全替代模型

Goldstein and Khan（1985）所说的用于估计贸易弹性的简单理论基础主要有两类，即完全替代模型与不完全替代模型。其中，完全替代模型主要用于分析相互之间能够完全替代的同质品或近似同质品（如铝、铜、棉花、糖等）的贸易。任一时点，在控制了运输成本、贸易壁垒等因素后，这些产品的贸易通常具有一个一致或接近一致的世界价格。因此，在某一价格下，特定国家的出口（或进口）就主要取决于该国超额供给（或需求）的程度。

### （一）完全替代模型

在此基础上，对同质品出口需求价格、收入弹性的估计，通常可以转化为对国内供给与需求弹性的估计。[①] 但是，我们当然没有理由相信，国内需求和供给弹性就比出口需求弹性更容易估计。因此，这种间接的估计方法在实际中并不常用，实际中更多的是采用直接估计的方法。有关的经验文献最早可以追溯到 Orcutt（1950），设定（而不是推导出）的出口需求方程为：$\ln x_{it} = \alpha_{0i} + \alpha_{1i}\ln px_{it} + u_{it}$，其中，$x_{it}$表示 i 国的总出口，$px_{it}$代表出口价格指标。在此基础上直接加入表示进口国收入的指标，就可以同时估计出口的收入和价格弹性（Houtakker and Magee，1969）。

尽管从这个角度来估算进出口贸易的价格、收入等弹性似乎是简单和清晰的，但是，Kravis and Lipsey（1978）等发现，即使从最细分的产品层次来考虑，以同种货币计价的相同商品在不同国家的价格、同一国家内给定产品的国内价格与出口价格之间仍然存在显著的差异。也就是说，完全替代模型中的价格恒等公式（或称一价定律）：$pi_i = p_i = px_i = e \cdot p_w$，在大多数情况下，是不符合实际的。更为关键的是，不完全替代模型隐含地假设了出口供给的价格弹性无穷大。从这个角度，完全替代

① 不妨以出口需求价格弹性为例，首先将该国某种同质品的需求方程和供给方程简化为：$Q_d = l_1(p)$和$Q_s = n_2(p)$，则其出口为$x = Q_s - Q_d$，出口的价格弹性可以表示为：$e_x = \frac{dX}{dp}\frac{p}{X} = \frac{p}{X} = \frac{Q_s}{X}e_s - \frac{Q_d}{X}e_d$。

模型更多的是承担一种理论出发点的作用。

（二）不完全替代模型

在此基础上，Goldstein and Khan（1985）、Marquez and McNeilly（1988）等进一步提出，进、出口品与国内产品之间并不存在完全的替代，应该用不完全替代模型作为贸易弹性估算的基准，这更符合对外贸易的实际情形。相比于完全替代模型，在不完全替代模型中，进出口取决于国内外相对价格，而不是均等的单一价格。

虽然用于一国与世界其他国家的不完全替代模型是后续实证研究的主体，但广义的不完全替代模型，还包括能显示各国之间相互反馈效应的世界贸易模型（Deardorff and Stern，1977；Fair，1979）。这类模型通常由多个联立方程构成，每个方程用于估计某国与世界其他国家间的进出口值，或者更为复杂，模型里的联立方程由世界各国两两之间的贸易组成。

总体而言，完全替代模型与不完全替代模型适用的范围是不同的，现有研究大多以不完全替代模型为基础。但特别需要注意的是，无论是完全替代模型，还是不完全替代模型，都是以国家或产业为分析对象的，这样的角度对最终的估算结果会有什么影响吗？本节将在第六部分详细论证这个问题，下面先讨论国家或产业层次贸易弹性实际估算方程的推导。

## 二　不完全替代假设下的出口弹性估算方程

King（1997）提出，绝大多数对贸易弹性估算的文献，都或明确、或隐含地以不完全替代模型为基础。但是，最初具体估算进出口贸易收入、价格等弹性的文献为了简单，并没有在估算中考虑供给方面的影响，而是普遍假设供给的价格弹性无穷大。因为闲置的生产能力和规模报酬等原因，可以在很大程度上使得经济体在不改变价格的情况下增加商品供给（Cheng，1959）。问题是这种简化会因为遗漏变量和联立偏差等原因，在很大程度上导致最终估计结果是有偏和非一致的（Johnston，1984），对这些偏误的克服构成了现有估计贸易弹性文献的主体。总的来看，在不完全替代假设下，估计贸易弹性的方程大致可以划分为三类，即出口需求方程、出口决定方程和出口供给、需求联立方程（为了表述的简洁，本部分省略了国家或产业下标）。

（一）出口需求方程

出口需求方程可以简单地表示为：$x_t = f(p_t,\ y_t^*)$，其中，$x_t$ 为 $t$ 期的实际出口，$p_t$ 表示相对出口价格，$y_t^*$ 表示国外的实际收入。一般情况下，出口与 $p_t$ 负相关，与 $y_t^*$ 正相关，除非该商品属于劣等品（Magee，1975）。与 Houtakker and Magee（1969）直接设定不同，用于估算的出口需求方程则来自最为常用的、给定约束下消费者效用最大化的过程，该处理的前提要求是消费者效用函数的设定，要保证国内外商品是不完全替代的。由于出口决定方程和出口需求、供给联立方程获得直接估计方程的方式均较为类似，此处对这一处理过程（Senhadji and Montenegro，1999）作一分析。

仍然采用出口国与世界其他国家的划分方法，同时假设世界其他国家有一个无限期界的代表性消费者，产品没有中间品与最终品的差别，$y_t^*$ 表示世界其他国家内部的产品，$E_t$ 为期望算子，$\delta$ 代表主观折旧率。在给定的预算约束条件下，该代表性消费者最大化跨期效应，具体如下：

$$Max_{(y_t^*,x_t^*)} U_t = Max_{(y_t^*,x_t^*)} E_t\left[\sum_{t=0}^{\infty}(1+\delta)^{-1} u(y_t^*,x_t^*)\right] \quad (2\text{—}1)$$

*s. t.*

$$b_{t+1}^* = (1+r)b^* + (st_t^* - y_t^*) - p_t x_t^* \quad (2\text{—}2)$$

其中，$b^*$ 表示世界其他国家持有的出口国债券资产（为正，为负则反之），$st_t^*$ 表示服从一阶自回归过程的随机禀赋，其无条件均值和方差分别为$\overline{st^*}$、$\sigma^2/(1-\mu^2)$。$\mu$ 用以控制针对禀赋的外部冲击的持续程度，同时，$st^* = \mu \cdot st_{t-1}^* + (1-\mu)\overline{st}^* + \varepsilon_t^*$，$0 \leqslant \mu \leqslant 1$、$\varepsilon_t^* \approx (0,\ \sigma^2)$。构造 Lagrangian 函数，并求其一阶条件（$\lambda_t$ 为 Lagrangian 乘子）可得：$u_{y^*}(t) = \lambda_t$，$u_{x^*}(t) = \lambda_t px_t$，$\lambda_t = (1+\delta)^{-1} E_t(1+r)\lambda_{t+1}$。为得到具体的出口方程，Senhadji and Montenegro（1999）进一步利用 Clarida（1994）和 de la Croix and Urban（1995）等构造的具体即期效用函数①：$u_t(y_t^*,\ x_t) = e^{a_0+\vartheta\varphi_t}(y_t^*)^{1-\alpha}/(1-\alpha) + e^{b_0+\vartheta\psi_t}(x_t)^{1-\beta}/(1-\beta)$，其中，$\varphi_t$、$\Psi_t$ 分别

① 采用 $C-D$、$CES$ 或其他非线性效用函数并不影响最终出口需求方程的基本形式（Algieri，2004）。

为导致代表性消费者偏好发生变动的平稳冲击，$\vartheta_{\varphi_t}$、$\vartheta_{\psi_t}$代表具体的平稳冲击；$\alpha$、$\beta$ 通常被称为曲率参数，它们的倒数可以被解释为贸易品和非贸易品的长期跨期替代弹性。可解得 $y_t^* = \lambda_t^{(-1/\alpha)} (e^{a_0 + \vartheta_{\varphi_t}})^{(1/\alpha)}$、$x_t = \lambda_t^{(-1/\beta)} (e^{b_0 + \vartheta_{\psi_t}})^{(1/\beta)}$，进而解出 $\lambda$ 代入并取对数形式，通过系数简化并加入误差项后的形式为：

$$\ln x_t = \alpha_0 + \alpha_1 \ln y_t^* + \alpha_2 \ln px_t + \varepsilon_t \qquad (2—3)$$

显然，上述处理过程始终隐含的假设是，出口供给的价格弹性无穷大。这样一个假设自然是不现实的，特别是针对单个国家短期内的出口供给情况。因此，以出口需求方程为基础，直接采用 OLS 方法进行弹性估计，必然会产生两方面的偏误：第一，出口价格和出口数量之间可能是互为因果的关系，比如出口需求增加会导致出口价格上升，进而带动出口供给增加以满足出口需求的变动，也就是说，相对于误差项（$\varepsilon_t$），出口价格并不是外生的；第二，忽略出口供给还会导致遗漏变量偏误。后续的实践操作主要是处理这两方面的偏误，出口决定方程通过在估计中加入供给面变量来处理遗漏变量偏误，而出口需求、供给联立方程则同时通过出口供给和出口需求方程来处理出口价格和出口数量之间的互为因果问题。

### （二）出口决定方程

Sato（1977）在考虑进口收入弹性的时候曾提到，利用传统的方法，忽略生产能力，可能会导致进口收入弹性的高估。Krugman（1989）通过一个简单的模型将 Sato（1977）的观点扩展到出口方面，发现由于产品品种的增加，增长越快的国家通常也具有更高的出口收入弹性，也就是我们常说的“45°规则”。Goldar（1989）、Wu（2008）等明确强调，出口是由出口需求和出口供给共同决定的，在估计价格、收入等弹性的过程中，必须控制供给面的影响因素。尽管仍然可以采用 OLS 方法估计，但估计的基本方程式应调整为：

$$\ln x_t = \alpha_0 + \alpha_1 \ln y_t^* + \alpha_2 \ln px_t + \alpha_3 \ln y_t + \varepsilon_t \qquad (2—4)$$

另外，在现有文献中，上式中加入的测度供给面的变量主要有两类，分别是国内需求压力（$ddp_t$）和出口盈利能力（$ec_t$）。通常认为，国内需求的增加会导致出口部门减少出口并增加国内市场的供给，反则反之。

但是，Ball（1961）、Artus（1970）、Thirlwall（1980）等认为，出口与国内需求压力之间并不存在如上所述的确切关系，依据不同的条件，如初始均衡时出口企业边际成本的斜率等，可能存在不同的关系。另外，出口盈利能力有相对盈利能力和绝对盈利能力的区别，相对盈利能力采用商品出口价格与该商品的国内销售价格之比来衡量，绝对盈利能力则采用出口价格与生产成本之比来衡量（Muscatelli et al.，1995）。Winter（1981）还曾提出，盈利能力对出口的影响还会在很大程度上受到国内需求压力的影响，反之亦然。也就是说，盈利能力变量与国内需求压力变量前待估系数同时也是另一变量的函数。[①] 不过，后续研究很少采用盈利能力控制供给面因素，更多的是采用国内需求压力变量，这类研究通常也被称为"国内需求压力假说"（Rahmaddi and Ichihashi，2012）。

（三）出口需求、供给联立方程

出口决定方程可以很好地处理供给面遗漏方面的问题，但却不能处理由出口价格和出口数量互为因果带来的内生性问题。虽然 Bairam（1988）、Marquez and McNeilly（1988）、Riedel（1988）、O' Neil and Ross（1991）等曾尝试利用2SLS方法来处理，但大多数文献都是以 Goldstein and Khan（1978）为基础，采用同时构建出口需求方程与出口供给方程的结构化模型来处理，方程结构可以简单表示为：

$$\ln x_t^d = \alpha_0 + \alpha_1 \ln \frac{px_t}{pxw_t} + \alpha_2 \ln yw_t \quad (2\text{—}5)$$

$$\ln x_t^s = \beta_0 + \beta_1 \ln \frac{px_t}{p_t} + \beta_2 \ln y_t \quad (2\text{—}6)$$

其中，$x_t^s$ 为出口供给，$p_t$ 表示国内的价格水平（此处的含义不同于上文出口需求方程中的价格水平），$y_t$ 表示国内的生产能力（其他表述如上），做一变换可得：

$$\ln x_t = a_0 + a_1 \ln pxw_t + a_2 \ln yw_t + a_3 \ln y_t + a_4 \ln p_t \quad (2\text{—}7)$$

① 简单的表述就是（为简化，此处省略对数形式以及需求方面的变量）：$x_t = (\alpha_0 + \alpha_1 ec_t) ddp_t + (\alpha_2 + \alpha_3 ddp_t) ec_t$，从而，待估系数是另一变量的函数：$x_t = \alpha_0 ddp_t + \alpha_2 ec_t + (\alpha_1 + \alpha_3) ddp_t \times ec_t$。由于存在（$\alpha_1 + \alpha_3$）项，所以，对上述交叉效应的估计，需要做额外的假设，比如，是国内需求能力的变化率影响出口，那么：$x_t = (\alpha_0 + \alpha_1 ec_t) \Delta ddp_t + (\alpha_2 + \alpha_3 ddp_t) ec_t$，此可以得到直接用于估计的方程：$x_t = \alpha_0 \Delta ddp_t + \alpha_2 ec_t + \alpha_1 \Delta ddp_t \times ec_t + \alpha_3 ddp_t \times ec_t$。

$$\ln px_t = b_0 + b_1 \ln pxw_t + b_2 \ln yw_t + b_3 \ln y_t + b_4 \ln p_t \quad (2\text{—}8)$$

上述关系通常被称为均衡模型，其前提是假设，相对于价格变动，出口需求的调整是瞬时的，也就是说贸易弹性不存在长短期的差别。另外，有少数采用出口需求、供给联立方程的文献，以 Houthakker and Taylor（1970）为基础，将非均衡调整行为纳入出口方程中，假设出口变动是本期出口需求与上期实际出口之间差异的函数①，即 $\Delta \ln x = \delta\ (\ln x_t^d - \ln x_{t-1})$，其中，$\delta$ 是调整系数，$\Delta$ 为一阶差分算子。将这一调整方式代入均衡模型后，经过系数表述简化可得：

$$\ln x_t = c_0 + c_1 \ln pxw_t + c_2 \ln yw_t + c_3 \ln y_t + c_4 \ln p_t + c_5 \ln px_{t-1} + c_6 \ln x_{t-1} \quad (2\text{—}9)$$

$$\ln px_t = d_0 + d_1 \ln pxw_t + d_2 \ln yw_t + d_3 \ln y_t + d_4 \ln p_t + d_5 \ln px_{t-1} + d_6 \ln x_{t-1} \quad (2\text{—}10)$$

考虑非均衡调整后的关系通常被称为非均衡模型（Aurikko，1985）。Arize（1987）更是提出，非均衡模型更适合于估算加入出口供给以后的贸易弹性。另外，依据非均衡模型，还可能得到出口的长期价格弹性与收入弹性。

## 三　不完全替代假设下弹性估算方程中的其他因素

影响出口的因素非常多（Bergstrand，1985；Helpman，1987；Limao and Venables 等，1999），贸易引力模型更是将共同边界、语言、宗教、殖民历史、制度质量等都归于其中。不过弹性估算方程中通常考虑到的影响因素主要是汇率和外生的政策变化两类，其中汇率因素又具体分为汇率水平值与汇率波动。

### （一）生产率、贸易成本与企业出口行为

围绕生产率、贸易成本与企业出口行为的文献实际上是从自我选择效应和出口学习效应两条路径展开的。一方面，由于企业进入出口市场需要支付额外的固定成本和沉没成本，如建立国外销售渠道、运输成本、进入壁垒等，只有当企业的生产率足够高时，才能克服这些成本从出口

① 这一调整来自出口滞后具有指数衰减权重的假设，即 $\log X(t) = \int_0^\infty \delta_e^{-\delta\theta} \log X^d (t-\theta) d\theta$。

中获取利润，因此，生产率高的企业会“自我选择”进入出口市场（Jensen and Musick，1996；Clerides et al.，1998；Aw et al.，2000；Bernard，2003；Melitz，2003；Crespi et al. 等，2007）。另一方面，企业进入出口市场，从中获得先进的技术和管理经验，进而通过出口学习效应，可以直接或间接地提高自身的生产率水平（Blalock and Gertler，2004；Biesebroeck，2005）。近年来国内学者也开始从微观企业层面考察生产率、贸易成本与企业出口行为的关系，并作了一些有益的探索。如张杰等（2009）利用中国本土制造业企业层面数据，并结合 OP 方法和 PSM 模型所做的研究发现，出口学习效应促进了本土制造业企业全要素生产率的提高，从而在中国验证了出口学习效应假说；而赵伟等（2011）利用中国工业企业微观数据的研究支持了自我选择效应。

（二）国内市场分割与企业出口

中国省份地区间普遍存在着“以邻为壑”的“囚徒困境”式的市场分割现象。朱希伟等（2005）最早从理论层面关注到，市场分割会阻碍本地本土企业利用国内市场来实现规模扩张和规模经济效应。这导致中国出口企业在国外市场并不追求构建产品的自有品牌，也不依靠打造自身的自主创新研发能力，而是使用国外采购商或发包者的品牌、依赖于国外发包者的销售终端渠道，以低廉的产品价格竞争来获取国外发包商的生产订单。市场分割实际上降低了中国本土企业进入国外市场的高端竞争优势和生产效率门槛要求（张杰等，2010）。

（三）政府鼓励出口的政策体系与企业出口

Bernard and Jensen（2004）认为，政府补贴可以通过收集国际市场信息，或加强潜在出口企业和在位出口企业之间的联系，降低国际市场进入成本或其他与出口有关的成本，从而促进潜在出口企业进入国际市场。Volpe Martincus and Carballo（2008）在整合相关研究的基础上指出，由于企业出口过程异常复杂，国际市场信息不对称问题深刻影响了企业的出口活动。具体而言，企业在进入国际市场时必须寻找并确认潜在贸易伙伴，并对其资信情况、商誉和经营能力进行评估，而这些必要的出口环节都包含了极高的交易成本，在这种情况下，政府机构的出口促进活动就可以通过解决信息不对称问题，降低企业出口过程中的交易成本，促进本国企业的出口活动。而且这种效应主要表现为“拓展性贸易边际”

增长，而不是“集约性贸易边际”增长。但 Helmers and Trofimenko (2010) 从补贴实际分配过程的复杂性出发，指出了政府补贴可能存在的、不容小觑的负面作用。首先，补贴不仅容易引发外部贸易伙伴的报复行为，而且会弱化价格的市场信号作用，扭曲有限资源在国内的合理配置；其次，补贴政策会直接加大政府的财政负担，提高政府财政赤字水平；再次，也是在现实中最容易发生的，即使该政策确实促进了企业的出口活动，但是由于补贴政策体系非常复杂，正确选择合适的补贴对象也相应地比较困难，而且补贴分配过程不易监管，很容易由于相关官员的寻租行为而被滥用。

（四）基础设施与出口

现有文献大多是从运输成本的角度，探讨基础设施对出口贸易量的影响。Bougheas et al.（1999）在李嘉图模型的基础上，通过将运输成本和基础设施内生化，分析了基础设施对出口贸易的作用机制。研究发现，对于基础设施投资水平达到最优的国家，基础设施的水平和贸易流量之间存在正向的关系，并且基础设施数量和质量的差异可能会造成运输成本的不同，而国家间运输成本的不同会造成在国际市场上竞争能力的差异。Francois and Manchin（2007）、Edwards and Odendaal（2008）等利用多国间的双边贸易数据，检验了基础设施水平对出口量和出口决策的影响，结果显示：在控制了关税偏好、发展水平和距离等因素之后，基础设施水平不但显著影响双边出口水平，还影响出口发生的可能性。盛丹等（2011）的研究结果显示，除网络基础设施外，其他各项基础设施的建设对中国企业的出口决策和出口量均具有显著的促进作用，而且从标准化系数来看，基础设施的建设对出口决策的影响相对较大。

（五）汇率水平值

此处的汇率本质上是属于相对价格的一个部分，但是 Rose（1990，1991）、Ostry and Rose（1992）等的结论，即贬值不能显著改善贸易收支，却和 Reinhart（1995）、Senhadji and Montenegro（1999）等完全相反，这说明在估计出口贸易弹性的时候，应忽视汇率的影响。而且，如上文的阐述，在不完全替代模型中，特别强调了必须利用汇率将不同货币统一折算。但是，在后续的实证估计中，无论是依据出口决定方程，还是出口需求、供给联立方程，都没有给予汇率因素足够的重视。但正如

Maddala（1992）论证的，如果设定如下方程（第三个为辅助回归方程）：

$$\ln x_t = \alpha_0 + \alpha_1 \ln\left(\frac{px_t}{e \times pxw_t}\right) + \alpha_2 \ln yw_t \tag{2—11}$$

$$\ln x_t = \beta_0 + \beta_1 \ln\left(\frac{px_t}{pxw_t}\right) + \beta_2 \ln yw_t \tag{2—12}$$

$$\ln pxw_t = \gamma_0 + \gamma_1 \ln\left(\frac{px_t}{pxw_t}\right) + \gamma_2 \ln yw_t \tag{2—13}$$

可得：$E(\beta_1) = (1 + \gamma_1) \times \alpha_1$，$E(\beta_2) = (1 + \gamma_2) \times \alpha_2$。也就是说，忽略汇率变量，对弹性估计的结果会带来一定的偏误，该偏误具体会取决于辅助回归系数的大小。Rao and Singh（2007）还发现，出口国贸易对象的货币如果以贬值为主，忽略汇率因素会低估价格弹性的绝对值，反则反之。

（六）汇率波动

汇率波动与出口之间的关系最早可以追溯到 Hooper and Kohlhagen（1978）。他们认为，由于贸易合同确定的汇率与交货时的汇率通常不同，较大的汇率波动会导致风险规避者减少贸易。但是 De Grauwe（1988）提出，如果收入效应大于替代效应，汇率波动反而会促进贸易的增长，这是因为，汇率波动增加会提高出口收入的预期边际效应。Froot and Klemperer（1989）认为，除了风险偏好外，在寡头市场结构条件下，汇率波动对出口的影响还取决于市场份额。此外，Baldwin and Krugman（1989）、Dixit（1989）等认为国际贸易中的时滞，特别是对那些具有较大沉没成本的贸易，来自汇率波动的不确定性同样会极大地影响贸易的发生。因此，影响出口变动的因素除竞争力和国外需求外，可能还应该包括汇率波动（Martha and Maria，2004），即（$\sigma_t^e$ 表示汇率波动）：

$$\ln x_t = \alpha_0 + \alpha_1 \ln\left(\frac{px_t}{pxw_t}\right) + \alpha_2 \ln yw_t + \alpha_3 \ln \sigma_t^e + \varepsilon_t \tag{2—14}$$

（七）企业特征与企业出口行为

首先是企业规模因素。在新贸易理论框架下，规模经济对于出口的推动作用不仅体现在市场容量上，更主要体现在企业自身具有的规模所形成的成本优势（Bonaccorsi，1992；Yeaple，2003）。规模较大的企业通常在市场势力、品牌建设与维护、销售终端渠道开拓、产品升级、产品定价策略、融资以及与当地政府关系协调等方面具有优势。其次是企业区位因素。产业集群内广泛的产业链乃至产品内分工所形成的纵向非一体化分工协作网络，有效地降低了各个环节零配件与组装企业的生产成本，进而极大地降低了产品的生产成本，使集群具有强大的低成本出口竞争优势。集聚所带来出口优势的另一个因素，是集群形态所内涵的灵活多变的供货能力和大规模定制能力，有效降低了出口贸易中的不确定和国外客户的搜寻成本，以及企业进入国外市场的壁垒和沉淀成本，从而促进了企业出口的扩张（Greenaway and Kneller，2008）。再次是企业的出口经验。由于企业进入出口市场时需支付一个不可还原的沉没成本，企业当前的市场参与状况自然就会受到先前出口经验的影响。Roberts and Tybout（1997）运用哥伦比亚 1981—1989 年制造业企业的数据量化了企业先前出口经验对当期出口参与决定的影响，通过建立一个关于区分利润异质性和沉没成本的动态离散选择模型来解释企业的出口决定，他们的研究结果表明，沉没成本显著存在，并且企业先前的出口经验使其当期参与出口的概率提高了 60%。

（八）内需压力与出口

最近几年，有很多国家，也包括一些发达国家，在外部需求萎缩及出口竞争力下降的情况下，出口反而出现快速增长的情况，出口需求方程无法解释这种现象。因此，有越来越多的文献开始从供给面关注国内需求变动对出口的影响（Blum et al.，2010；Rho and Rodrigue，2010；Soderbery，2010；Ahn and McQulid，2012；G. Vannoorenberghe，2012）。这类研究一般是将出口决定方程中的总产出，分解为趋势项和产能利用率，进而利用产能利用率来代理国内需求变动，并将其命名为“国内需求压力”；其逻辑是，国内需求发生变动会导致企业产能利用率产生同向变动；如内需增长，会迫使企业提高产能利用率。进而，他们将国内需求压力增加导致出口企业减少出口并增加国内市场供给（反则反之），称为“内需压力假说”（Rahmaddi and Ichihashi，2012）。

## 四 变量的选择、测度与计量技术应用

如引文所提到的，大多数估计得到的出口贸易弹性，无论是价格弹性，还是收入弹性，针对不同的国家，其符号、大小等存在较大的差异，这个可能还可以理解；但是，针对相同的国家，其符号、大小等仍然存

在非常大的差异就很难想象。究其原因，除了上述理论基础以及据此采用的出口弹性估算方程存在不同外，在很大程度上还在于，不同估计采用的变量和估计方法存在很大的不同。本部分在梳理的基础上，还尝试着对合适的变量和实证方法作出预判。

（一）变量选择与测度

1. 出口变量

对这个变量的处理存在的争议似乎最少，尽管也有一些例外采用出口额数据来测度出口的情况，如 Benacek 等（2003），但大多数文献普遍采用的是不同层次的、以某一年为基期的实际出口或出口量指数，它们认为，出口额里面包含了价格信息，直接采用可能会导致弹性估计结果的偏差。但是，目前为止，这种判断尚缺乏理论论证，后续研究应考虑为出口变量的具体形式提供详细的证明。

2. 国内外相对出口价格

国内外相对出口价格通常是采用国内出口价格和世界其他国家出口竞争者价格（转换为同种货币）的比例来表示（Goldstein and Khan，1985），其大小还可以用于测度出口品在国际市场上的竞争力。但这种测度却存在一些很难克服的问题。比如，在实际估算中如何测算出口价格？因为各国真实的出口价格指数很难获得，而国内消费者价格指数反映的只是国内市场所有产品的价格变动，生产者价格指数并不包括所有需要关注的出口部门。因此，绝大多数文献转而采用单位出口额指数来代替，该指数被定义为出口额与出口量的比值，其隐含的假设是各类出口品是同质的（King，1997）。可是，如果不同类别出口商品的价格存在较大差异，那么与之相关的单位出口额指数，往往会因为国内外市场结构差异、消费者偏好变化、权重结构变化、不同商品签订合同与运达之间的时滞、公司内部交易价格等原因，背离实际价格的变动轨迹。另外，从测度竞争力的角度来看，出口价格并不是国际市场竞争的全部，还存在很多类似差异化、广告等方式的非价格竞争方式。

有鉴于此，遵循 Enoch（1978）、Posner and Steer（1979）的思路，Algieri（2004）强调，如果要克服上述问题，可以考虑采用相对成本来代替相对出口价格。批发价格指数与标准化单位劳动成本是最为常用的生产成本代理指标，但标准化单位劳动成本指标只能测度生产成本的较小部分，特别是在资本投入占主体的情况下。在这样的背景下，批发价格指数（$wp_k$）自然成了测度国内外出口价格水平的最常用的选择。因此，某经济个体面临的世界其他国家出口竞争者价格指数可以表示为：

$$pxw_j = \sum_i \alpha_{ji} \sum_k \beta_{ik} wp_k \quad (2—15)$$

其中，$i=1, \cdots, N$；$k=1, \cdots, N-1$；$\alpha_{ji}$表示 $i$ 国或地区在 $j$ 国或地区的出口中所占的比重；$\beta_{ik}$表示 $k$（$k \neq i$ 或 $j$）国或地区的出口在 $i$ 国或地区所占的比重，且 $\sum \alpha_{ji} = 1$，$\sum \beta_{ik} = 1$。问题是，这种方式在针对更细层次（如产业层次）研究的时候却无法应用，因为即使是一位码产业层次的批发价格指数，目前大多数国家也都没有提供，我们所能获得的只有按不同分类方法（如 HS、SITC、CPC 等）统计的分国别、商品的贸易数据。

不过，联合国统计署（UNSD，2005）调查发现，各国统计机构使用的贸易指数通常为 Laspeyres 指数、Paasche 指数与 Fisher 指数三类，它们之间只是适用范围不同，并无好坏之分。另外，依据平均方法的不同，每一类价格指数有算术平均和几何平均两种。进而依据参照时点的不同，每一种又存在定基（fixed-base）与链式（chained）的区别。几何平均相比算术平均，能考虑产品之间的替代效应，而链式相比定基，能考虑产品的进入与退出。Gaulier et al.（2008）更具体地提供了不同效用函数与出口价格指数之间的精确（exact）对应关系，具体为：如果效用函数是 Leontief 形式的，对应的出口价格指数可以是算术平均的 Laspeyres 指数或 Paasche 指数；如果效用函数是 C—D 形式的，对应的价格指数就应该是几何平均的 Laspeyres 指数或 Paasche 指数；如果效用函数是二次项（如超越对数）形式的，精确对应的就应该是 Fisher 指数。

3. 世界收入

世界收入变量用于衡量出口市场规模的变动，即在给定的出口价格下，世界市场对出口品的需求大小。因此，根据标准的需求理论，现有文献主要从收入角度对其进行估算，主要指标有实际 GDP、工业产出等（Goldstein and Khan，1978）。但从收入角度进行测算不可避免地会存在三个方面的问题：第一，如果采用实际值，那就等于隐含的假设消费者不存在货币幻觉（Goldstein and Khan，1985）；第二，消费理论（如生命周期理论、持久收入假说等）还指出，消费者的购买并不是完全由本期收入决定的；第三，出口市场消费者的收入并不仅仅只花费在进口上，而是覆盖经济体内所有的商品和服务，而且在假设国外消费者偏好或品味不变的情况下，其收入中用于购买进口品的部分还会受进口竞争品、替代品及其他一系列商品价格的影响。基于此，Senhadji and Montenegro（1999）强调从支出角度对世界收入进行测算，具体可以采用总吸收（消费、投资和政府支出之和，又或者 GDP 减去各自的出口）。另外，已有文献均毫无例外地利用某年度出口贸易的比重作为权重来计算世界收入。

4. 国内需求压力

如前文所指出的，国内需求压力和出口盈利主要用于测度出口供给能力的大小，出口盈利又可细分为相对盈利和绝对盈利。但是，与考虑国内外相对出口价格的情况一致，相对盈利和绝对盈利的数据很难获得，因此，国内需求压力就成了控制出口方程中供给因素的必然选择，大多数研究采用产能利用作为对应的代理变量。问题是，国内需求压力的变动能很好地体现在产能利用变动中的前提是，出口与国内需求压力无关，这自然与我们想要检验的假说相互矛盾（Riedel et al.，1984）。而且产能利用变量的采用，还会使得估计出现因为方程两端同时存在出口变量而产生的联立偏误。Algieri（2004）等曾采用没有包括出口的实际收入测度国内需求压力，以克服上述问题。但以这一变量为基础检验的是“某经济个体国内销售量发生变动，出口有何变动”。这与我们实际需要检验的问题，即“如果对某经济个体的国内需求发生变动，那么该个体的出口如何变动?”并不一致。因此，为了克服事先与事后变量之间的不同，与测度世界收入类似，同样应该考虑从支出角度出发。因为，事先的国内需求变化自然会体现在事后的支出变化中（Culem，1987）。

（二）计量技术

从贸易弹性估计的发展历史可以很清楚地看出，计量技术的每一次突破性进步，都可以从根本上带动贸易弹性估计的变革。从 Houthakker and Magee（1969）开始，Wilson and Takacs（1979）、Warner and Kreinin（1983）、Bahmani-Oskooee（1986）、Marquez and McNeilly（1988）、Marquez（1990）等，都是采用标准的 OLS、2SLS 或者 FMOLS 估计。这一类的文献因为其相互之间的结果差异较大，因而也受到了最为广泛的质疑。

除了理论基础、代理变量选择与测度等原因外，随着时间序列技术的发展，后续研究更认为，以前的研究不可避免地会存在伪回归，Bahmani-Oskooee（1998）、Bahmani-Oskooee and Niroomand（1998）、Caporale and Chui（1999）等依据单位根、自回归分布滞后模型与协整技术，进一步从计量理论上完善了贸易弹性的估计。

但是，时间序列估计更多的是采用宏观国家层次数据，不能考虑到不同产业或产品之间的异质性。另外，由于贸易弹性估计需要同时考虑众多国家的情况，对数据对称性、时间段的长短要求较高。面板计量技术的发展极大地克服了原有时间序列估计在这两方面存在的不足，而且还可以克服变量间多重共线性的困扰，提供更高的自由度和更高的估计效率，更好地识别和度量单纯的时间序列数据或横截面数据所不能发现的影响因素，构造和检验更加复杂的模型。因此，成为目前最为流行的贸易弹性估计方法（Bobic，2010）。

## 五 企业异质性与出口贸易弹性

前述出口需求方程、出口决定方程和出口需求供给联立方程，都隐含着企业同质的假设，这虽然简化了一般均衡的分析过程，但却与企业在生产率、成本控制、市场定位以及经营理念等多方面存在巨大差异的事实相矛盾。异质性贸易理论模型，随着 Eaton and Kortum（2002）、Bernard 等（2003）、Melitz（2003）and Chaney（2008）等的不断创新，加上微观层次数据可利用性的加强，使得国际贸易研究视角会不可避免地从过去的国家层面逐渐过渡到产品和企业层面。但需要特别注意的是，以异质性贸易理论为基础构建出口方程，进而估计出口贸易弹性的时候，利用不同的贸易模型，其弹性估计结果可能会存在差异。

### （一）扩展边际、可变加成与相对价格弹性

不同的异质性贸易模型，可能会因为不同的贸易边际，产生不同的贸易弹性。因为从理论的角度，异质性贸易模型引入企业差异有很多方式，代表性的有生产率差异（如 Eaton and Kortum，2002；Melitz，2003）和价格加成差异（如 Bernard et al.，2003）。Simonovska and Waugh（2012）证明，对出口目的国来说，给定 Eaton and Kortum（2002）、Bernard 等（2003）、Melitz（2003）的生产率函数形式，同时假定任一出口

国生产进入成本与本国劳动力成比例、出口市场进入成本与出口目的国劳动力成比例，利用 Eaton and Kortum（2002）、Bernard 等（2003）、Melitz（2003）[①] 会产生相同的贸易流和价格指数表示。

但是，从具体估计的角度，以采用 Armington 假设的模型为参照（该类模型最大的特点在于其最大相对价格差异恰好等于贸易双方不可观测的贸易摩擦，下文简称 Armington 模型），Simonovska and Waugh（2012）发现，Eaton and Kortum（2002）、Melitz（2003）等因为存在内生的非贸易品和出口市场选择，即出口的广度边际，其不可观测的贸易摩擦必定高于 Armington 模型；而 Bernard 等（2003）模型的贸易摩擦会比 Eaton and Kortum（2002）更高，因为其还包括可变加成和生产率差异。那么，要实现相同的贸易数据，Bernard 等（2003）模型自然需要最小的价格弹性，Eaton and Kortum（2002）和 Melitz（2003）次之，Armington 模型的最大。

此处，之所以只涉及相对价格弹性，是因为异质性贸易理论大多采用 CES 效用函数，该效用函数属于典型的一次齐次函数，而依据齐次函数获得的出口对收入的弹性始终等于 1，只有假设产品的种类数量是可以变动的，CES 效用函数对所有变量的一次齐次性才不再成立（姚枝仲等，2010）。更重要的，为了得到科学合理的出口估计方程，后续研究所依据的理论模型必须同时考虑广度边际和可变价格加成，好在 Chaney（2008）的模型假定符合这所有的要求。问题是，符合这些要求的模型又是否完全吻合于以往使用非微观层面数据的研究呢？

### （二）计总偏差与出口贸易弹性

根据笔者的阅读面，现有的涉及出口价格与收入弹性的文献，均没有考虑过这个问题。因此，此处采用与 Chaney（2008）类似的模型，作一严格论证，并分析可能的问题及其来源、后果（为了表述的简洁，下面的证明都没有加入时间下标）。

假定存在 $N$ 个非对称国家，每个国家的人口规模为 $L_i$，任何一个国家都由 $H+1$ 个生产部门组成，其中部门 0 提供单一的同质品，而其他部

---

① Simonovska and Waugh（2012）的证明还包括另外两个模型：Krugman（1980）和 Anderson and Van Wincoop（2003）。

门则由连续统形式的差异化产品构成，生产中只使用劳动力要素。如果 $i$ 国代表性消费者消费 $q_0$ 单位的商品 0、$q_h(\omega)$ 单位 $h$ 部门 $\omega$ 品种商品，定义如下嵌套形式的效用函数：

$$U = q_0^{\mu_0} \prod_{h=1}^{H} \left( \int_{\Omega_h} q_h(\omega)^{\frac{\sigma_h - 1}{\sigma_h}} d\omega \right)^{\left(\frac{\sigma_h}{\sigma_h - 1}\right)\mu_h} \tag{2—16}$$

其中，$\mu_0 + \sum_{h=1}^{H} \mu_h = 1$，$\sigma_h$ 为 $h$ 部门不同品种商品的替代弹性，且 $\sigma_h > 1$。为了简单，假设同质商品 0 是以规模报酬不变技术生产的，一单位劳动力可以生产 $w_i$ 单位商品 0；另外，作为一般计价物，假设其价格为 1，因此国家 $i$ 的工资和生产率也可以表示为 $w_i$。

为了得到均衡条件下各个企业的出口函数，笔者将 Krugman（1980）的贸易成本具体细分为可变贸易成本（$\tau_{ij}^h$）和固定贸易成本（$f_{ij}^h$），其中 $\tau_{ij}^h$ 采用冰山成本的形式，表示 $i$ 国 $h$ 部门某一企业出口一单位商品，只有 $1/\tau_{ij}^h$ 单位到达 $j$ 国，而 $f_{ij}^h$ 表示 $i$ 国 $h$ 部门某一企业出口到 j 国所产生的固定支出。与 Melitz（2003）、Helpman 等（2004）类似，假设 $h$ 部门所有企业的生产率（$\varphi$）来自 Pareto 分布（分布参数为 $\gamma_h > \sigma_h - 1$）：

$$P(\tilde{\varphi}_h < \varphi) = G_h(\varphi) = 1 - \varphi^{-\gamma_h} \tag{2—17}$$

由此可以得到 $i$ 国 $h$ 部门生产率为 $\varphi$ 的企业生产 $q$ 单位商品并出口到 $j$ 国的总成本为：$c_{ij}^h(q) = \frac{w_i \tau_{ij}^h}{\varphi} q + f_{ij}^h$。在垄断竞争的条件下，由于任意两种商品的边际效用之比等于它们的出口价格之比，据此可以得到该企业的最优出口价格为：$p_{ij}^h(\varphi) = \left(\frac{\sigma_h}{\sigma_h - 1}\right) \frac{w_i \tau_{ij}^h}{\varphi}$。那么，$i$ 国 $h$ 部门生产率为 $\varphi$ 的企业出口到 $j$ 国的出口方程为：

$$e_{ij}^h(\varphi) = p_{ij}^h(\varphi) q_{ij}^h(\varphi) = \mu_h Y_j \left(\frac{p_{ij}^h}{p_j^h}\right)^{1-\sigma_h} \tag{2—18}$$

其中，$Y_j$ 为 $j$ 国的收入，$p_j^h$ 为 $j$ 国 $h$ 部门的价格指数。另外，利用利润为零可以很容易获得临界条件下的生产率水平（$\bar{\varphi}_{ij}^h$）：

$$\bar{\varphi}_{ij}^h = \left(\frac{\sigma_h}{\mu_h}\right)^{\frac{1}{\sigma_h - 1}} \frac{\sigma_h}{\sigma_h - 1} \left(\frac{f_{ii}^h}{Y_j}\right)^{\frac{1}{\sigma_h - 1}} \frac{w_i \tau_{ij}^h}{P_j^h} \tag{2—19}$$

与 Eaton and Kortum（2002）类似，此处假定连续统形式的产品集是外生给定的，与 $L_n w_n$ 成比例。那么在企业生产率存在差异的情况下，$i$ 国 $h$ 部门的总出口方程可以表示为：

$$x_{ij} = L_i w_i \int_{\bar{\varphi}_{ij}^h}^{\infty} e_{ij}^h(\varphi) dG_h(\varphi) = L_i w_i (\bar{\varphi}_{ij}^h) e_{ij}^h(\bar{\varphi}_{ij}^h) \left[\frac{1}{\gamma_h - (\sigma_h - 1)} G'_h(\bar{\varphi}_{ij}^h)\right] \tag{2—20}$$

这表明，从微观企业计总所得到的 $i$ 国 $h$ 部门的总出口方程与不考虑微观基础的出口方程不同。此处出口不仅仅是国外收入、相对出口价格、生产率等的函数，更为重要的，还会受到生产率分布参数、替代弹性等的影响。以此为基础，估计 $i$ 国 $h$ 部门出口价格、收入弹性的计量方程应该是：

$$\ln x_{ij} = \alpha_0 + \alpha_1 \ln Y_j + \alpha_2 \ln \frac{p_{ij}^h(\bar{\varphi})}{P_j^h} + \alpha_3 \ln \bar{\varphi}_{ij}^h + \alpha_4 \ln \frac{1}{\gamma_h - (\sigma_h - 1)} G'_h(\bar{\varphi}_{ij}^h) + \varepsilon_t \tag{2—21}$$

如果不考虑部门内部不同企业在生产率上存在的差异，那么来自宏观、产业层次 OLS 估计的出口收入弹性 $\hat{\alpha}_1$、出口价格弹性 $\hat{\alpha}_2$ 应该分别为：

$$E[\hat{\alpha}_1] = \alpha_1 + \alpha_4 Corr(\ln Y_j, \ln \frac{1}{\gamma_h - (\sigma_h - 1)}) G'_h(\bar{\varphi}_{ij}^h) \frac{\sqrt{Var(\ln \frac{1}{\gamma_h - (\sigma_h - 1)} G'_h(\bar{\varphi}_{ij}^h))}}{\sqrt{Var(\ln Y_j)}} \tag{2—22}$$

$$E[\hat{\alpha}_2] = \alpha_2 + \alpha_4 Corr(\ln \frac{p_{ij}^h(\bar{\varphi})}{P_j^h}, \ln \frac{1}{\gamma_h - (\sigma_h - 1)}) G'_h(\bar{\varphi}_{ij}^h) \frac{\sqrt{Var(\ln \frac{1}{\gamma_h - (\sigma_h - 1)} G'_h(\bar{\varphi}_{ij}^h))}}{\sqrt{Var(\ln \frac{p_{ij}^h(\bar{\varphi})}{P_j^h})}} \tag{2—23}$$

因此，遗漏的异质性变量与国外收入、相对出口价格的相关系数越大，遗漏偏误越大；同理，遗漏变量的相对方差越大，偏误也越大。在 Pareto 分布中，由于 $\gamma_h$ 越大表示低生产率的企业越多，如果各部门的替代弹性不变，那么 $\alpha_4$ 通常为负，而 $\ln \frac{1}{\gamma_h-(\sigma_h-1)}G'_h(\bar{\varphi}_{ij}^h)$ 又与 $\ln Y_j$ 正相关①，所以忽略企业之间的差异会高估出口的收入弹性。由于 $\ln \frac{p_{ij}^h(\bar{\varphi})}{P_j^h}$ 与 $\ln \frac{1}{\gamma_h-(\sigma_h-1)}G'_h(\bar{\varphi}_{ij}^h)$ 之间是正相关还是负相关无法确定，我们暂时无法确知出口价格弹性偏误的具体方向。

如上文所说，Krugman（1989）曾提出一国的出口收入弹性和进口收入弹性之比基本等于其本国的收入增长率与其外部收入增长率之比的“45°规则”。这意味着一国的经济增长越快，那么该国出口的收入弹性也越大。Krugman 的解释是，快速增长的国家，其出口的增长，主要是由产品品种增加引起在国际市场上的相对份额增长造成的。但是，Amurgo-Pacheco and Pierola（2008）分析了 24 个发达国家和发展中国家 1990—2005 年的贸易流量，发现这些国家的出口增长却主要源自集约的边际（86%）。钱学锋和熊平（2010）针对中国的研究也表明，无论在多边层次还是在双边层次，中国的出口增长同样呈现出主要沿着集约边际实现的特征。因此，结合本部分的分析，笔者认为，“45°规则”更为科学的解释应该是，在经济增长较快的经济体，其生产率的波动程度 [Var（$\ln \frac{1}{\gamma_h-(\sigma_h-1)}G'_h(\bar{\varphi}_{ij}^h)$）] 也相对较大，忽略企业之间的差异，会相对更大地高估出口的收入弹性。从这个意义上说，“45°规则”本身可能并不成立。

---

① 按定义，$Y_j=(1+\pi)W_jL_j$，其中，$\pi$ 表示利润率。由 Chaney(2008) 有：$\pi=\frac{\sum_{h=1}^{H}\sum_{i,j=1}^{N}W_jL_j(\int_{\bar{\varphi}_{ij}}^{\infty}\pi_{ij}^h(\varphi)dG(\varphi))}{\sum_{n=1}^{N}W_nL_n}$，而 $\pi_{ij}(\varphi)=(p_{ij}(\varphi)-c_{ij}(\varphi))q_{ij}(\varphi)-f_{ij}=\frac{\mu}{\sigma}Y_j\left[\frac{\frac{\sigma}{\sigma-1}\cdot\frac{w_i\tau_{ij}}{\varphi}}{P_j}\right]^{1-\sigma}-f_{ij}$，由此可得 $\pi=\frac{\sum_{h=1}^{H}\frac{\mu_h}{\sigma_h}\left(\frac{\sigma_h-1}{\gamma_h}\right)}{1-\sum_{h=1}^{H}\frac{\mu_h}{\sigma_h}\left(\frac{\sigma_h-1}{\gamma_h}\right)}$。所以 $Y_j=\frac{L_jw_j}{1-\sum_{h=1}^{H}\frac{\mu_h}{\sigma_h}\left(\frac{\sigma_h-1}{\gamma_h}\right)}$，而 $\frac{L_jw_j}{1-\sum_{h=1}^{H}\frac{\mu_h}{\sigma_h}\left(\frac{\sigma_h-1}{\gamma_h}\right)}$、$\frac{1}{\gamma_h(\sigma_h-1)}G'_h\left(\bar{\varphi}_{ij}^{h}\right)$ 分别为 $\gamma_h$ 的增（减）函数，$\sigma_h$ 的减（增）函数。

### 六　中国出口贸易弹性的估算

21世纪以来，由于出口在中国宏观经济增长中的重要作用，有越来越多的国内外研究关注中国出口贸易的弹性。依据宏观国家层次数据所得到的中国出口价格弹性与收入弹性的大致区间，分别为［-2.03（朱真丽和宁妮，2002），-0.0056（张明，2001）］、［0.014（海闻和沈琪，2006），4.93（乔晶，2010）］。虽然从表面上来看，这些研究所采用的计量方法都比较合理，处理过程也较为规范，这说明相比于思想，以往我们更为关注相关计量技术的学习和应用。但是，在变量的选择与测度上，普遍显得较为草率，比如，大多数文献都是简单的直接从收入角度进行测度，又或者利用消费价格指数、生产价格指数等直接表示出口价格等。

除此之外，估计结果之所以存在如此显著的差异，更主要的还是因为估计方程的设定不科学。首先，虽然大部分都没有明确提出，但国内估计中国出口贸易弹性的文献，毫无例外都是遵循不完全替代模型的思想，并采用出口需求方程来估计。正如以上所分析的，这样处理虽然简单，但却没有考虑遗漏供给面因素对估计结果的影响。姚枝仲等（2010）的研究是一个例外，他们利用Feenstra（1994）提出的价格指数来控制新产品可能产生的影响，从本质上来说，通过对数处理后，相当于在估计方程中增加了一个反映新产品种类变动的变量，尽管不同于出口决定方程的处理，但这种方式却类似于在出口需求方程中加入对供给面因素的控制。其次，仅在估计中控制供给面因素，还是不能处理因为出口量和出口价格互为因果等原因对估计结果的影响。

那么，采用出口决定方程或者出口需求、供给联立方程是否就能得到准确的估计结果呢？回答是否定的。事实上，最值得我们关注的是，现有大部分国内外研究，多是从宏观层次数据出发来估计对应的出口贸易弹性。但是，正如本节所论证的，在样本企业存在差异的情况下，这样的处理会存在明显的估计偏差。更进一步，忽略企业在规模、生产率等方面的显著差异，虽然不能确认其对出口价格弹性影响的具体方向，但却可以肯定这种处理会在一定程度上高估出口的收入弹性。

# 第三节　文献评述

## 一　企业异质性角度

从企业异质性的角度来看，企业规模和生产率分布方面的研究还是存在一些不足。第一，认为企业规模服从某种分布的研究，如 Bottazzi and Secchi（2003）、Fujiwara et al.（2004）等，除了依据的样本不具有代表性、多数没有深入到行业层次[①]等问题之外，通常是先简单假设某一具体的分布，然后利用 OLS 或修正的 OLS 估计出该分布的参数，并直接采用拟合优度值代替分布检验，没有考虑存在替代性分布拟合程度更好的可能性。第二，如 Axtell（2001）等认为的，偏离目标（target）分布是由竞争排斥所引致的推断，忽略了企业规模或生产率分布并不服从目标分布的可能性。第三，结合 Chaney（2008）和 di Giovanni and Levchenko（2011）等研究还可以发现，现有文献在企业规模异质性和生产率异质性的关系上，存在循环论证的问题，缺乏对企业生产率分布的科学估计和严格检验，在生产率分布的选择上较为随意。第四，目前尚缺乏针对中国企业异质性的实证研究，因而，基于中国样本的研究所做的企业分布的假设，均没有严谨的证明。

## 二　出口增长的影响因素角度

另一方面，从出口增长的影响因素角度来看，首先，对出口增长问题的研究，尽管视角较多，但却忽视了作为现代市场经济重要特征之一的企业动态视角。从原有视角，如出口二元边际（Hummels and Klenow，2005；钱学峰、熊平，2010）、出口专业化（Parteka，2010；高凌云等，2013）等，仍然不能为中国企业动态、出口等方面丰富而又独特的素材提供科学的方法论支持。同时，现有对企业动态的研究，多以企业的进入与退出为主，尽管企业的进入、退出确实较为频繁，但在位企业出口规模的扩张和收缩同样不可忽视；而在企业动态的经济效应研究方面，

---

① Sun and Zhang（2012）、章韬和孙楚仁（2012）在帕累托分布假设下，分 GBT 2 位数行业对不同类企业规模和生产率的帕累托分布参数进行了估计。

侧重关注企业动态对生产效率的影响，缺少针对出口的研究。

其次，仅仅控制外需和相对出口价格的出口需求方程，存在互为因果和遗漏变量等问题。出口需求、供给联立方程，虽然可以在一定程度上克服出口量与出口价格之间存在的因果性问题，可又不能处理遗漏变量偏误，因为联立方程中的需求方程仍然是直接采用出口需求方程；而且联立方程还需做出更多的涉及具体出口供给方程形式、出口市场出清等方面的假设。采用出口决定方程研究出口影响因素是更合适的选择，因为一方面，出口决定方程不存在遗漏变量问题，另一方面，解决因互为因果导致的内生性问题，更多的只是考虑，选择依据具体估计方程的、合适的工具变量和计量技术。但是，相对于出口需求方程，现有文献缺乏得出具体出口决定方程的严谨逻辑推导，导致其应用受到极大制约。

再次，现有对出口增长问题的研究，忽视了内部市场和外部市场之间的相互联系。原因在于，异质性贸易理论与新贸易理论类似，均假设边际成本不变。这一假设，导致后续经过最优化处理之后，无法引入供给面变量，而这正是出口决定方程缺乏严谨理论基础的根本症结所在；进而，导致不同市场之间缺乏相互联系和影响。因为，边际成本不变，意味着某一市场需求条件发生变化，比如国内市场需求增加，只会影响企业对国内市场的销售，而外部市场因为其需求和边际成本不变，利润最大化的销售数量并不会因为其他市场变化而发生变化。按照这一逻辑，既然内需与出口之间毫无联系，又何谈“加快形成消费、投资、出口协调拉动经济增长的新局面”呢？

最后，“内需压力假说”虽然为后续研究内需变动对出口的影响提供了参考，但是目前并没有研究为“内需压力假说”提供令人信服的内在机制和严格的证据，从而极大地削弱了“内需压力假说”的可信度。

本书的研究，拟从企业动态视角全面测度企业进入、退出、扩张、收缩对出口变动的贡献。同时，通过放松边际成本不变假设，引入国内外市场之间的相互联系，拓展异质性贸易理论。进而利用一般均衡的研究范式，为能系统分析内外需、竞争力等变量的出口决定方程构建科学的理论体系。以此为基础，重点利用中国企业和产业层次数据，对中国的出口决定方程进行经验估计，以揭示显著影响中国出口增长的关键因素；并在控制其他变量的情况下，依据不同形式的企业动态，着重研究内需变动对出口增长的影响机制。最后，提出能有效协调消费、投资与出口发展的针对性政策建议。

# 第三章

# 中国工业企业的异质性*

大量基于微观企业生产和贸易数据的研究发现，即使在定义很狭窄的行业之内，企业之间在生产规模和效率等方面，仍然存在显著的差异（Salter，1960；Chew et al.，1990；Bartelsman and Doms，2000；Bernard et al.，2007 等），而这显然有悖于新古典贸易理论和新贸易理论中，同质代表性企业的经典假定。在这一背景下，以 Melitz（2003）、BEJK（2003）、Yeaple（2005）等为代表，通过引入企业异质性假设，建立并拓展了异质性贸易理论，将分析进一步深入到企业的生产、贸易和投资行为层面，突破了以产业为对象的研究范畴，提出了国际贸易研究中一些新的发展方向，如多产品企业、外包、公司内贸易等，构成了目前国际贸易研究的前沿领域。

虽然异质性贸易理论的发展，如 Melitz（2003）在分析出口企业的自选择效应时，最初仅是直接引入企业异质性假设，并没有给出生产率分布的具体函数形式；但是，考虑到贸易中的企业行为特征等因素（Bernard et al.，2007），后续基于异质性贸易理论的研究，在分析和检验特定问题，尤其是在需要给出模型解析解或具体定量结果的时候，又必须假设分布函数恰当的具体形式（Chaney，2008；Melitz and Ottaviano，2008 等）。

可是，现有文献中假设的企业生产率可能服从的分布较多，常见的有帕累托分布（Chaney，2008 等）、对数正态分布（Capuano and Schmerer，2013 等）和指数分布（Caliendo and Rossi-Hansberg，2012）等。至于

---

* 本章的部分内容已刊于《世界经济》2014 年第 6 期。

为什么选择这些分布，Chaney（2008）、Combes et al.（2012）、Capuano and Schmerer（2013）等认为，除数理上方便处理外，主要是因为企业规模服从类似分布。但问题是，就算这一逻辑合理，现有假设及检验企业规模分布的文献得到的企业规模分布类型也不一致，常见的有齐普夫定律（Axtell，2001 等）、对数正态分布（Cefis et al.，2009 等）、幂律分布（Gaffeo et al.，2003 等）和帕累托分布（Konno，2013 等）等。

这说明，相比于异质性贸易理论及其在不同领域的快速发展，现有研究反而对一些基础性的问题，如对企业规模和生产率分布所做的假设是否合理？为什么不同研究之间具有如此大的差异？同时，这些分布之间具有什么样的内在联系？企业规模的分布和生产率的分布能否直接类比？等等，缺乏科学合理的解答。不仅如此，Bartelsman et al.（2003）提出，某经济单元某一时点有大量不同规模或生产率的新企业进入，新企业进入后会与该时点仍在位的、不同规模或生产率的企业在产品、要素等市场展开竞争，企业之间的竞争使得该经济单元同时出现获利企业和亏损企业（也称获胜企业和失败企业），进而新进入企业和原在位企业在对其生产和经营环境认识加深的基础上做出扩张、收缩或退出的决策。因此，在同一时点，还会存在大量的企业退出，竞争中的失败者会因亏损而退出该产业。与此同时，退出企业的生产要素和市场份额在该进入单元仍在位的企业间重新配置，并形成某种均衡的分布状态。这意味着，企业规模或生产率的分布可以在很大程度上反映出该经济单元的生态特征和健康状态，对它们的正确认识，还可以为经济政策的制定提供参考（杨其静等，2010）。

本章利用中国经济普查的全样本工业企业数据，依据分布参数的极大似然估计和分布的非参数检验，从总体和行业层面，具体估计、检验和比较了我国工业企业规模和生产率的异质性，试图对上述疑问提供严格的分析，以期为异质性贸易理论的发展及其在中国的应用提供坚实的基础。本章的边际贡献主要体现在两个方面：第一，相比 Axtell（2001）、di Giovanni and Levchenko（2011）等，细致阐释了传统估计方法可能存在的问题，并在参数极大似然估计的基础上，将分布检验和替代性分布检验引入企业规模和生产率分布研究中；第二，利用中国经济普查数据库中的全样本工业企业，分别从总体和行业层次对我国企业规模和生产率的分布进行了严格估计和检验，是对 Combes et al.（2012）、章韬和孙楚仁（2012）等研究的有益补充。

## 第一节　不同分布的联系与区别

如引言部分所归纳的，现有的异质性贸易理论及实证文献，经常假设或验证的企业规模和生产率服从的分布包括：幂律分布（Power Law）、齐普夫定律（Zipf's Law）、帕累托分布（Pareto Distribituon）、对数正态分布（Log-normal Distribution）和指数分布（Exponential Distribution）等。这几类分布的共性是，大多数事件的规模、程度或频次很小，而只有少数事件的规模、程度或频次相当大。由于齐普夫定律、帕累托分布和幂律分布本质上具有一致性，所以本节先论证齐普夫定律、帕累托分布、幂律的内在联系，以简化后文的分析。事实上，现有文献在齐普夫定律、帕累托分布或幂律分布相互之间关系的认识上有些模糊，有些文献甚至将这些分布截然对立（Adamic and Huberman，2000）。然后，再以帕累托分布为代表，比较它们与对数正态分布和指数分布之间的联系。

### 一　齐普夫定律、帕累托分布与幂律分布的一致性

齐普夫定律，是由 Zipf（1936）在对英语文献中单词出现频次进行大量统计以检验前人的定量化公式时提出的词频分布定律，具体可以表述为：如果把一篇较长文章中每个词出现的频次统计起来，按照高频词在前、低频词在后的递减顺序排列，那么不同词的序号与其出现频次的积，将近似地为一个常数。若用 $x$ 表示频次，$r$ 表示等级序号，即有 $x \times r = C$，$C$ 为常数，这一关系常用 rank-size 图刻画。帕累托分布是目前文献中最常见的生产率分布假设，除此以外，还被广泛用于描述自然和社会中的众多现象，如城市规模大小的分布、地震规模大小的分布等（Newman，2005）。与齐普夫定律不同的是，帕累托分布是累积分布的概念，指的是规模或频次大于 $x$ 的事件发生的概率与 $x$ 之间的反向关系。如果 $X$ 是一个随机变量，则 $X$ 的概率分布为：$P(X>x)=\left(\frac{x}{x_{\min}}\right)^{-k}$。其中，

$x$是任何大于$x_{min}$的数，$x_{min}$是 $X$ 最小的可能值①，$k$ 为正，通常被称为尺度参数（*scaling parameter*）。而幂律一般是指概率密度函数近似服从幂函数，即概率密度函数为 $p_X(x)dx = Pr(x \leqslant X \leqslant x + dx) = Cx^{-a}dx$ 的随机变量 $X$ 的分布，其中 $C = (a-1)x_{min}^{a-1}$②。与帕累托分布不同的是，幂律是概率密度的概念，指的是规模、程度等于 $x$ 的事件发生的概率与 $x$ 之间的反向关系。

由上述定义可以推知，对同一随机变量分布的描述，无论齐普夫定律、帕累托分布，还是幂律，其内在分布关系是一致的，只是表述方式有所不同。首先，尽管齐普夫定律是规模与其排序的关系，而帕累托分布是规模与其频数的关系，但齐普夫定律和帕累托分布本质上是可以等同的。不妨以企业规模为例说明，按定义，齐普夫定律描述的是，排在第 $r$ 位的企业，其规模为 $x$，这等价于：有 $r$ 个企业，其规模大于等于 $x$，而这又恰恰是帕累托分布的定义。唯一的差别在于，对齐普夫定律来说，$r$ 在横轴上，$x$ 在纵轴上；而帕累托分布是 $r$ 在纵轴上，$x$ 在横轴上。其次，由累积分布函数 $P(X <= x) = 1 - P(X > x)$，求导就可以得到服从幂律分布的随机变量 $X$ 的密度分布函数：$p_X(x) = \frac{k}{x_{min}}\left(\frac{x}{x_{min}}\right)^{-k-1}$，$k = a - 1$。

为了明确上述分析，本书利用中国工业企业规模的总体分布情况来提供齐普夫定律、帕累托分布和幂律分布之间关系的例证。与 Axtell（2001）类似，此处暂且采用从业人员合计测度企业规模。③ 首先，图3—1（1）刻画了企业从业人员合计与其频次的关系，散点图显示绝大多数企业的规模很小，只有少数企业的规模比较大。④ 其次，图 3—1（2）描述对数刻度下的企业规模与其频次的对应，散点图显示了企业规模等

---

① 因为 $k > 0$，分布 $P(X > 0) = \left(\frac{x}{x_{min}}\right)$在 $x \to 0$ 的时候发散，所以帕累托分布必然存在下限 $x_{min}$。

② 由 $\int_{x_{min}}^{\infty} p(x)dx = C\int_{xmin}^{\infty} x^{-\alpha}dx = 1$ 得到。

③ 数据来自 2008 年中国第二次经济普查工业企业数据库，本章第三节提供了详细的处理和说明。

④ 为了清晰表述这一关系，笔者仅保留了就业人数小于 600 人的企业，如果包括所有的企业，规模和频次的散点图将简化为与坐标轴重合的“L”形折线。

于 $x$ 的事件发生的概率与 $x$ 之间的反向关系。而且，在等分间隔的情况下，呈现出越往尾部噪声越大的典型帕累托分布特征，即越往右相同间隔包括的样本企业数量越少、统计波动越大。再次，图 3—1（3）、图 3—1（4）分别是双对数刻度的企业规模与其排序的 rank-size 图、双对数刻度的企业规模与累积概率图，正如前文所分析的，两图之间的差别仅在于，对齐普夫定律来说，排序在横轴上，规模在纵轴上；而帕累托分布是累计概率在纵轴上，企业规模在横轴上。因此，后文不再区分齐普夫定律、帕累托分布和幂律分布，而是仅从帕累托分布出发，估计、检验和比较中国工业企业规模和生产率的异质性。

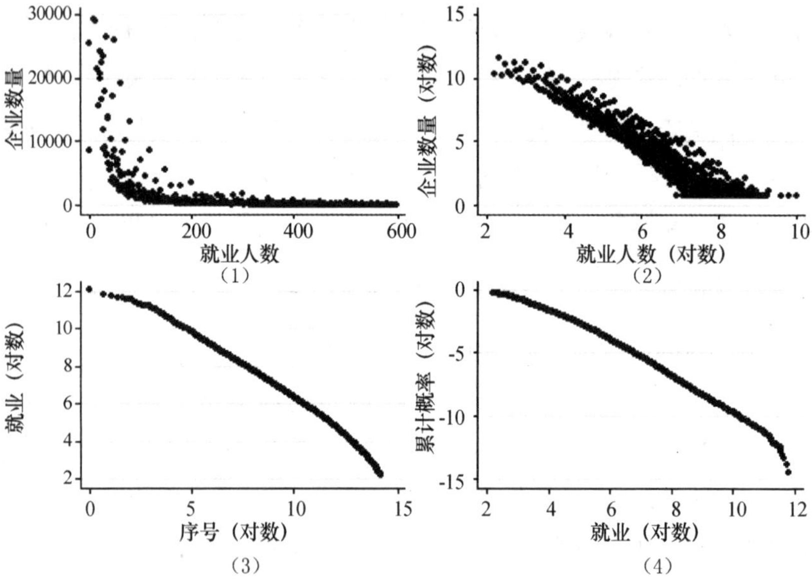


**图 3—1　中国全样本工业企业从业人员合计的分布情况**

## 二　帕累托分布、对数正态分布和指数分布的联系

在双对数坐标图上，幂律分布、齐普夫定律和帕累托分布一般都表现为一条斜率为幂指数的负数的直线，特别是在大样本的情况下。但是，与幂律分布、齐普夫定律和帕累托分布相比，对数正态分布和指数分布还是存在明显不同。下面以帕累托分布作为联系纽带，分析和比较三类分布之间的联系和差异。

首先，对数正态分布是指：若随机变量 $X$ 的对数 $lnX$ 服从正态分布 $N(\mu, \sigma)$，则 $X$ 服从对数正态分布。它的概率密度函数为：$C_1 \frac{1}{x}\exp\left[-\frac{(\ln x-\mu)^2}{2\sigma^2}\right]$，根据 $\int_{x_{\min}}^{\infty} Cf(x)dx = 1$ 可得：$C_1 = \sqrt{\frac{2}{\pi\sigma^2}}\left[erfc\left(\frac{\ln x_{\min}-\mu}{\sqrt{2}\sigma}\right)\right]^{-1}$，$erfc$ 为误差函数，$\mu$ 和 $\sigma$ 分别被称为对数正态分布的对数均值和对数标准差。对数正态分布与帕累托分布的主要差别在于，对对数正态分布的密度函数两边取对数只能得到，$\ln f(x) = -\ln x - \ln\sqrt{2\pi}\sigma - \frac{(\ln x-\mu)^2}{2\sigma^2}$，在双对数坐标图上，仅在对数标准差足够大的情况下才能近似表现为一条直线。而对帕累托分布的两边取对数，可以直接得到线性形式。

其次，相比于帕累托分布，指数分布在取对数的情况下，同样不能得到线性形式的表达式。因为指数分布的密度函数为：$C_2e^{-\lambda x}$，分布的区间是［0，∞）。根据$\int_{x_{\min}}^{\infty} Cf(x)dx = 1$ 可得：$C_2 = \lambda e^{\lambda x_{\min}}$。其中，$\lambda > 0$ 是分布的一个参数，常被称为率参数。指数分布和帕累托分布的联系在于，如果随机变量 $X$ 服从参数为 $x_{\min}$ 和 $k$ 帕累托分布，可以推得 $Y = \ln\left(\frac{X}{x_{\min}}\right)$ 服从率参数为 $k$ 的指数分布。反过来，如果 $Y$ 服从率参数为 $k$ 的指数分布，则 $x_{\min}e^Y$ 服从参数为 $x_{\min}$ 和 $k$ 的帕累托分布。因为 $Pr(Y<y)$ 等价于 $Pr\left(\ln\left(\frac{X}{x_{\min}}\right)<y\right)$，可得 $Pr(X<x_{\min}e^y) = 1-\left(\frac{x_{\min}}{x_{\min}e^y}\right)^k$，即 $Pr(Y<y) = 1-e^{-ky}$。

为了对帕累托分布、对数正态分布和指数分布之间的差异有更直观的认识，笔者仍然利用中国工业企业就业规模的总体分布情况，来提供帕累托分布与对数正态分布和指数分布之间关系的例证。图3—2显示，在就业规模分布的右尾部位，帕累托分布和对数正态分布对就业规模分布的拟合效果明显好于指数分布，而在右尾底部，对数正态分布的偏离程度要大于帕累托分布。但是，在就业规模分布的左部，指数分布的拟合效果要好于对数正态分布和帕累托分布。

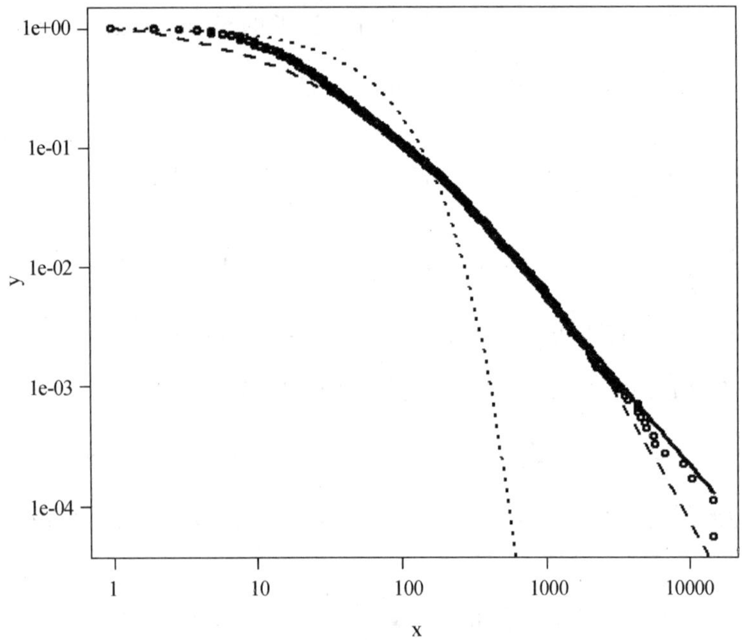


**图 3—2 帕累托、对数正态和指数分布对企业就业规模的拟合效果**

注：实线为帕累托分布拟合线，虚线为对数正态分布拟合线，点线为指数分布拟合线。

## 第二节 分布估计与检验的方法体系

判断随机变量是否服从某种分布 $P(x)$，需要通过三个阶段的工作：第一，假设关注的随机变量确实服从分布 $P(x)$，进而利用合适的方法估计该分布的所有参数；第二，在参数估计的基础上，设定检验统计量，判断假设的分布是否合理；第三，利用替代性分布检验，判断是否有其他分布拟合效果更好。

### 一 帕累托分布的估计与检验

针对帕累托分布，从估计的角度，最常用的方法是对帕累托分布函数的两边直接取对数，得到线性形式的 $\log P(x) = k \cdot \log(x_{\min}) - k \cdot \log(x)$，然后采用最小二乘法估计尺度参数（Arnold，1983；Axtell，2001；章韬和孙楚仁，2012；等），而且还可以考虑直接利用最小二乘估计的 $R^2$ 值作为分布拟合优度检验的依据（Axtell，2001；di Giovanni et al.，2011 等）。但这一简单估计方法可能存在较多问题：首先，最小二乘估计要求误差项服从正态分布，即被解释变量是高斯白噪声的。但是，对 $P(x)$ 取对数后，累积概率变量就不再为白噪声了，因为一旦假定 $\log P(x)$ 服从正态分布，那么 $P(x)$ 只能是服从对数正态分布，这导致估计及检验随机变量服从何种分布的工作变得毫无意义。其次，由于帕累托分布是累计分布的概念，即 $P(x)=P(x-1)-p(x)$，这使得被解释变量存在严重的自相关问题。再次，不管随机变量总体服从何种分布，最小二乘回归的拟合线通常无法满足 $\int_{x_{\min}}^{\infty} p(x)dx = 1$ 的约束条件（Weisberg，1985）。最后，最小二乘估计并没有考虑 $x_{\min}$ 值对尺度参数估计的重要性。如前文所分析的，帕累托分布只在（$x_{\min}$，$\infty$）区间成立，估计时如果 $x_{\min}$ 取值过小，会导致最小二乘估计纳入那些不服从分布的样本，从而影响尺度参数的正确估计，而取值过大又会丢掉有价值的样本点信息，增大尺度参数估计的误差。另外，从分布拟合评价标准的角度，最小二乘估计的 $R^2$ 值可能只是必要条件，其他的常见分布，如对数正态分布、指数分布等，一定区间内采用最小二乘估计也可能得到较大的 $R^2$ 值。

基于此，Wasserman（2003）、Bauke（2007）等证明了在大样本的情况下，极大似然估计能提供尺度参数的准确估计。不妨假设企业规模或生产率确实是服从参数为 $k$ 和 $x_{\min}$ 的帕累托分布，由此可构造帕累托分布的对数似然函数：$L = \ln p(x \mid k) = \ln \prod_{i=1}^{n} \frac{k-1}{x_{\min}} \left(\frac{x_i}{x_{\min}}\right)^{-k}$，其中，$n$ 表示样本数量。由 $\partial L/\partial k=0$ 可以得到具有渐近正态、一致等特性，同时标准差等于 $\frac{\hat{k}-1}{\sqrt{n}} + O(1/n)$①的尺度参数的极大似然估计②：

$$\hat{k} = 1 + n\left[\sum_{i=1}^{n} \ln \frac{x_i}{x_{\min}}\right]^{-1} \tag{3—1}$$

---

① 因为均值 $\int_{x_{\min}}^{\infty} xp(x)dx = C\int_{x_{\min}}^{\infty} x^{-k+1}dx$ 在 $k \leqslant 2$ 的情况下发散，此处隐含假设 $k > 1$。

② 由于本章估计采用的是2008年第二次全国经济普查的企业数据，文中仅提供了连续型变量极大似然估计的结果，离散型变量帕累托分布参数极大似然估计的结果可见 Clauset et al.（2009）的研究。

但是，上面尺度参数的极大似然估计，是建立在真实的 $x_{min}$ 值已知的假定下，正如在评价最小二乘估计缺点时所提到的，选择不同的 $x_{min}$ 值对尺度参数的估计结果影响非常大。那么实际估计过程中，该如何确定 $x_{min}$ 值，是否可以假定其为已知的值，如随机变量序列中的最小值，又或者从累计概率分布图、概率密度分布图等图形中通过直观的观测得到呢？Goldstein et al.（2004）利用非参数 Kolmogorov-Smirnov 统计量（以下简称"$K-S$ 统计量"），较好地解决了这个问题。不仅如此，基于 $K-S$ 统计量的 $K-S$ 检验，还可以很方便地用来检验实际分布是否符合拟合的理论分布（Clauset et al.，2007，2009）。$K-S$ 统计量的基本算法在于，计算和寻找实际累积分布和理论累积分布之间的最大差值（取绝对值），即：

$$D = \max_{x \geqslant x_{min}} |S(x) - P(x)| \qquad (3—2)$$

其中，$S(x)$ 表示观测值的实际累积分布函数，$P(x)$ 表示具有估计参数的理论累积分布函数，然后选择 $\underset{x_{min}}{argmin}(D)$ 作为所求的 $x_{min}$ 估计量。

针对验证企业生产率是否服从帕累托分布的意图，仅是准确地估计出企业生产率分布的尺度参数和 $x_{min}$ 值还远远不够。上面提到，验证随机变量是否服从帕累托分布之前，需要先假定该随机变量服从帕累托分布，可事实上，无论随机变量是否服从帕累托分布，通过极大似然估计和 $K-S$ 统计量，可以将尺度参数和 $x_{min}$ 值都估计出来，但这并不能说明企业的生产率就服从帕累托分布。因此，与 Clauset et al.（2007）、Clauset et al.（2009）等一致，笔者也采用较为常用的、基于 $K-S$ 统计量的 $K-S$ 拟合优度检验法，对企业生产率是否服从帕累托分布进行验证。①

## 二　替代性分布检验

利用极大似然估计和 $K-S$ 统计量准确估计出帕累托分布的尺度参数和 $x_{min}$ 值，进而利用 $K-S$ 分布拟合优度检验，即使发现企业生产率服从帕累托分布的原假设不能拒绝，也还不足以说明帕累托分布就是拟合程度最好的，因为，仍然存在其他分布，如前文提到的常用的对数正态分

① 附录 3—1 提供了检验过程需注意的细节。

布（Capuano and Schmerer，2013）、指数分布（Caliendo and Rossi-Hansberg，2012）假设，具有更好拟合的可能。这就要求我们在进行帕累托分布参数的估计和分布拟合检验后，继续进行替代性分布检验。

因为 $K-S$ 分布拟合优度检验需要对不同的替代性分布，重复本节前一部分的过程，然后比较不同替代性分布 $p$ 值的大小。而现在的问题是，在通过帕累托分布检验之后，我们只需要知道是否有其他分布比帕累托分布拟合得更好。针对随机变量的实际观测值数据集，常用的直接检验何种分布拟合程度更好的方法，包括 $\chi^2$ 检验、似然比检验（Vuong，1989）和 Bayesian 检验（Stouffer et al.，2005）等。但 $\chi^2$ 检验更适用于离散分布的检验，对于连续分布，由于需要对资料分组而失去较多信息，而 Bayesian 检验会在一定程度上减弱抽样波动的影响，从而不能识别偶然性对检验结果的影响，因此本章采用似然比检验对替代性分布进行判断。

利用似然比检验对替代性分布进行选择的基本思路是，对相同的数据集，比较不同分布假设下的似然值，越大说明拟合得越好，比较似然比对数的正负号与此等价。因此，针对企业规模和生产率数据，假设存在两个候选的分布，其概率密度函数分别为 $p_1(x)$、$p_2(x)$，由此可以得到两个分布的似然值为：

$$L_1 = \prod_{i=1}^{n} p_1(x_i),\ L_2 = \prod_{i=1}^{n} p_2(x_i) \tag{3—3}$$

进而，这两个分布的对数似然比就可以表示为：

$$R = \sum_{i=1}^{n} [\ln p_1(x_i) - \ln p_2(x_i)] \tag{3—4}$$

Vuong（1989）证明，利用实际数据集估计出的 $\hat{R}$ 值大于等于真实 $R$ 值绝对值的概率可以表示为：

$$p(\hat{R} \geqslant |R|) = \frac{1}{\sqrt{2\pi n\sigma^2}}\left[\int_{-\infty}^{-|R|} e^{-t^2/2n\sigma^2}dt + \int_{|R|}^{+\infty} e^{-t^2/2n\sigma^2}dt\right] \tag{3—5}$$

其中，$\sigma^2 = \frac{1}{n}\sum_{i=1}^{n}\left[(\ln p_1(x_i) - \ln p_2(x_i)) - \left(\frac{1}{n}\sum_{i=1}^{n}\ln p_1(x_i) - \frac{1}{n}\sum_{i=1}^{n}\ln p_2(x_i)\right)\right]^2$。考虑真实的 $R$ 值为零或接近于零的情况，这表示似然比对数不能区分哪种分布更合适，$p(\hat{R} \geqslant |R|)$ 等价于得到给定 $\hat{R}$ 的概

率，此时，如果 $p(\hat{R})$ 很小（如 $p<0.1$），就可以拒绝真实的 $R$ 值为零或接近于零的原假设，说明 $\hat{R}$ 值的符号可以作为判断何种分布拟合程度更好的依据。

## 第三节 数据库、指标的选择与说明

根据帕累托分布的概率分布函数 $P(X>x)=\left(\frac{x}{x_{min}}\right)^{-k}$，上文分析了 $x_{min}$的选择。对于尺度参数估计以及后续的帕累托分布检验和替代性分布检验为什么至关重要，因为选择的 $x_{min}$值过小，不符合帕累托分布的样本点进入会导致错误的估计结果；而选择的 $x_{min}$值过大又会损失大量符合要求的样本信息，从而降低估计和检验的准确性。这也是本章选择 $K-S$ 统计量确定 $x_{min}$值的原因。更进一步，上述逻辑对估计企业规模、生产率分布所用数据库的选择也提出了更高的要求。因为，如果估计和检验依据的数据库，不是全样本或者来自全样本随机抽样产生的具有代表性的子样本，就无法估计出准确的 $x_{min}$值，自然也无法得到企业相关变量的真实分布（Combes et al.，2012）。

### 一 数据库选择与说明

目前，对中国经济问题的研究，有相当多的国内外学者使用了中国工业企业数据库。虽然这一数据库具有样本大、指标多、时间长等优势，但是，这一数据库并不适用于对企业规模、生产率等分布的研究，因为除了样本匹配混乱、指标大小异常、测度误差明显和变量定义模糊等问题之外（聂辉华等，2012），针对本章的主题，中国工业企业数据库最大的不足在于，它仅仅只提供了全部国有及规模以上非国有工业企业的数据。对具有典型右拖尾特征的分布来说（Bernard et al.，2007），这一数据库实际上截除了大部分处于分布左边的、规模较小和生产率较低的样本企业，这必然导致实际估计得到的 $x_{min}$值过大，并增加服从帕累托分布的可能性。

但经济普查数据不存在这样的问题，可以满足本章的要求，除生产率分布稳健性检验部分外，本章后续估计和检验基本是建立在 2008 年第二次经济普查数据库中全样本工业企业或从中随机抽样的基础上。2008年全国经济普查的对象是在我国境内从事第二产业和第三产业的全部法人单位、产业活动单位和个体经营户，其优势在于既包括规模以上企业，又包括规模以下企业。其中，第二产业的具体范围包括：采矿业，制造业，电力、热力、燃气及水生产和供应业，合计有工业企业1979135家。而中国工业企业数据库中，在不做任何剔除的情况下，2008年的工业企业只有399594家，只占全部工业企业数的20.2%。不过，经济普查数据库也有一些劣势，因为一年的数据无法进行时序的比较，对生产率分布的研究也只能限于单要素生产率分析；同时，经济普查数据库仅有规模以上企业提供了财务数据，而规模以下企业除了企业代码、名称和国民经济行业代码等定性指标外，只提供了年末从业人员合计、全年营业收入合计等少数几个相关的数量指标。

## 二 指标选择与说明

与Axtell（2011）、Fujiwara et al.（2004）等一致，本章同样利用年末从业人员合计、全年营业收入合计作为企业规模的代理变量，而用全年营业收入除年末从业人员合计表示企业生产率。需特别强调的是，对劳动生产率或全要素生产率的衡量，标准的做法是采用更能反映企业生产效率的工业增加值，而不是营业收入。只是由于我国第二次经济普查对规模以下企业仅提供了少数指标，没有工业增加值数据，也无法通过会计恒等式计算获得，因而此处利用人均收入来代替企业的生产效率。虽然全年营业收入合计与工业增加值具有较高的相关系数，但全年营业收入合计是指企业在销售商品、提供劳务及让渡资产使用权等活动中形成的收入，核算的基础是工业产品的销售总量，不管是否为本期生产；而工业增加值的核算前提是工业产品的生产总量，只要是本期生产的，不论是否销售，都需计入工业总产值，并反映在减去中间投入后的工业增加值中，两者之间还是存在一定的出入。

以此为基础，笔者剔除了年末从业人员合计、全年营业收入合计、资产总计等指标缺失的企业135614家，剔除企业生产率两端各0.5%分位的异常企业18434家，最后用于分布参数估计和检验的工业企业为1825087家。另外，前文提到，不同工业行业内部的企业在很多方面均存在较大的差异。例如，图 3—3 提供了不同二位数工业行业内企业数量占样本总体比重的直方图。其中，烟草制品业（代码 06）所含的企业数量最少，为 206 个，约占样本总量的 0.01%；而非金属矿物制品业（代码 31）所含的企业数量最多，为 199256 个，是烟草制品业的 967 倍，占样本总量的比重超过 10.9%。这说明对企业异质性的研究，除了总体层次的分析外，还需深入到工业行业内部。

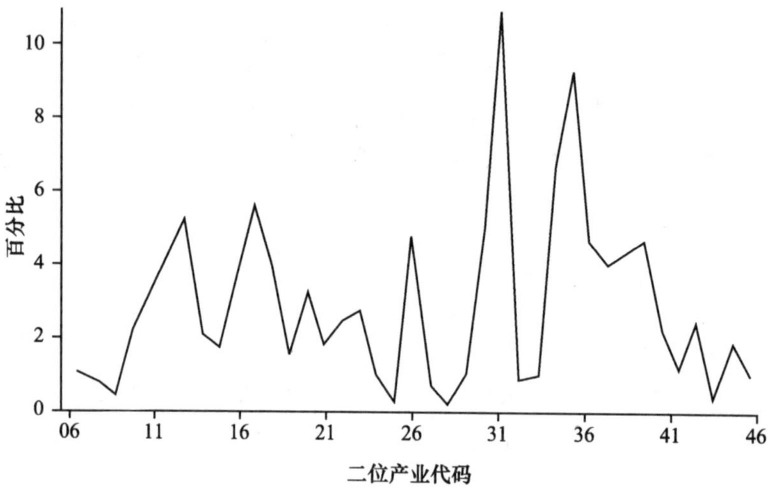


**图 3—3 不同二位数工业行业内企业数量占总体的比重**

## 第四节 中国工业企业规模的分布特征

针对工业企业规模分布的估计与相关检验①，本节使用了年末从业人员合计和全年营业收入合计两个指标②，并分行业总体和二位数行业两个层次进行判断，其中，每一层次采用的处理顺序为：（1）利用极大似然方法和 $K-S$ 统计量分别估计 $\hat{x}_{min}$ 和 $\hat{k}$，并绘制累积分布图与帕累托分布拟

① 本章第二节的计算和检验过程由 R 软件（V3.0.2）及其中的部分软件包（poweRlaw）完成，该软件包是按幂律分布估计。由于计算设备的限制，在进行全样本分布的参数估计和检验时，仅从中随机抽取 50% 的样本。本章所有的过程数据、结果及程序代码备索。

② 单位分别为人、千元人民币。

合线；（2）对这一结果进行非参数 $K-S$ 分布检验，并计算检验 $p$ 值；（3）对应现有研究中常用的对数正态分布和指数分布假设，进行两次替代性分布检验，计算帕累托分布相对它们的对数似然比和检验 $p$ 值；（4）根据检验 $p$ 值的选择原则，判断合适的分布类型。

## 一 企业就业规模的分布特征

考虑以年末从业人员合计测度的企业规模，表 3—1 中分布的估计和检验结果显示，整体而言，相比于对数正态分布和指数分布，帕累托分布对企业规模的拟合效果更好。首先，在全样本的情况下，估计的$\hat{x}_{min}$和$\hat{k}$分别为 201 和 2.26，$K-S$ 分布检验的 $p$ 值为 1.00；同时，对数正态分布的替代性分布检验 $p$ 值为 0.95，超过接受原假设的临界值；而指数分布的替代性分布检验 $p$ 值为 0.07，尽管符合接受原假设的临界值，但是 $\hat{R}$ 值为 1.80，说明帕累托分布的似然值更大，拟合程度更好。因此，全样本估计与检验的结果支持企业就业规模服从帕累托分布的判断，这一结果与 Axtell（2001）、Fujiwara et al.（2004）等一致。

**表 3—1 中国工业企业就业规模分布的估计及检验结果**

| 样本行业 | 帕累托分布 | | | 对数正态分布 | | 指数分布 | | 支持分布 |
|---|---|---|---|---|---|---|---|---|
| | $\hat{x}_{min}$ | $\hat{k}$ | $p$ 值 | $\hat{R}$ | $p$ 值 | $\hat{R}$ | $p$ 值 | |
| 所有行业 | 201 | 2.26 | 1.00 | 0.07 | 0.95 | 1.80 | 0.07 | $P$ |
| 煤炭开采和洗选业 | 452 | 1.93 | 1.00 | 0.07 | 0.94 | 3.11 | 0.00 | $P$ |
| 石油和天然气开采业 | 43 | 1.55 | 0.99 | 0.12 | 0.91 | 7.13 | 0.00 | $P$ |
| 黑色金属矿采选业 | 52 | 2.24 | 1.00 | -0.32 | 0.75 | 5.91 | 0.00 | $P$ |
| 有色金属矿采选业 | 420 | 2.74 | 1.00 | 0.12 | 0.91 | 1.90 | 0.06 | $P$ |
| 非金属矿采选业 | 51 | 2.31 | 1.00 | -0.22 | 0.82 | 2.46 | 0.01 | $P$ |
| 其他采矿业 | 28 | 2.68 | 1.00 | 0.51 | 0.61 | 2.64 | 0.01 | $P$ |
| 农副食品加工业 | 34 | 2.21 | 1.00 | -0.91 | 0.36 | 5.89 | 0.00 | $P$ |
| 食品制造业 | 23 | 1.99 | 1.00 | -1.78 | 0.08 | 8.04 | 0.00 | $L$ |
| 饮料制造业 | 31 | 2.08 | 1.00 | -0.68 | 0.50 | 5.96 | 0.00 | $P$ |
| 烟草制品业 | 811 | 2.11 | 0.81 | -0.21 | 0.83 | 1.74 | 0.08 | $P$ |
| 纺织业 | 216 | 2.58 | 1.00 | -0.29 | 0.77 | 3.35 | 0.00 | $P$ |

**续表**

| 样本行业 | 帕累托分布 | | | 对数正态分布 | | 指数分布 | | 支持分布 |
|---|---|---|---|---|---|---|---|---|
| | $\hat{x}_{min}$ | $\hat{k}$ | $p$ 值 | $\hat{R}$ | $p$ 值 | $\hat{R}$ | $p$ 值 | |
| 纺织服装、鞋、帽制造业 | 198 | 2.60 | 1.00 | -1.13 | 0.26 | 1.64 | 0.10 | $P$ |
| 皮革、毛皮、羽毛（绒）及其制品业 | 287 | 2.32 | 1.00 | -0.59 | 0.56 | 3.77 | 0.00 | $P$ |
| 木材加工及木、竹、藤、草制品业 | 34 | 2.39 | 1.00 | -0.89 | 0.37 | 4.41 | 0.00 | $P$ |
| 家具制造业 | 44 | 2.21 | 1.00 | -0.51 | 0.61 | 5.43 | 0.00 | $P$ |
| 造纸及纸制品业 | 79 | 2.34 | 1.00 | -0.30 | 0.77 | 3.50 | 0.00 | $P$ |
| 印刷业和记录媒介的复制 | 33 | 2.37 | 1.00 | -0.20 | 0.84 | 6.28 | 0.00 | $P$ |
| 文教体育用品制造业 | 130 | 2.23 | 1.00 | -0.65 | 0.52 | 2.80 | 0.01 | $P$ |
| 石油加工、炼焦及核燃料加工业 | 14 | 1.73 | 0.93 | -1.26 | 0.21 | 9.77 | 0.00 | $P$ |
| 化学原料及化学制品制造业 | 81 | 2.33 | 1.00 | -0.27 | 0.78 | 4.22 | 0.00 | $P$ |
| 医药制造业 | 243 | 2.41 | 1.00 | -0.81 | 0.42 | 3.03 | 0.00 | $P$ |
| 化学纤维制造业 | 174 | 2.09 | 1.00 | -0.45 | 0.65 | 5.21 | 0.00 | $P$ |
| 橡胶制品业 | 23 | 1.94 | 1.00 | -1.48 | 0.14 | 6.13 | 0.00 | $P$ |
| 塑料制品业 | 45 | 2.27 | 1.00 | -0.28 | 0.78 | 4.80 | 0.00 | $P$ |
| 非金属矿物制品业 | 34 | 2.34 | 1.00 | -0.44 | 0.66 | 2.79 | 0.01 | $P$ |
| 黑色金属冶炼及压延加工业 | 117 | 1.99 | 1.00 | 0.18 | 0.86 | 3.27 | 0.00 | $P$ |
| 有色金属冶炼及压延加工业 | 117 | 2.14 | 1.00 | -0.33 | 0.74 | 3.43 | 0.00 | $P$ |
| 金属制品业 | 46 | 2.26 | 1.00 | -0.98 | 0.32 | 4.53 | 0.00 | $P$ |
| 通用设备制造业 | 127 | 2.39 | 1.00 | -0.19 | 0.85 | 2.54 | 0.01 | $P$ |
| 专用设备制造业 | 158 | 2.54 | 1.00 | 0.20 | 0.84 | 2.68 | 0.01 | $P$ |
| 交通运输设备制造业 | 28 | 1.91 | 1.00 | -1.60 | 0.11 | 8.40 | 0.00 | $P$ |
| 电气机械及器材制造业 | 263 | 2.51 | 1.00 | -0.31 | 0.76 | 3.39 | 0.00 | $P$ |

**续表**

| 样本行业 | 帕累托分布 | | | 对数正态分布 | | 指数分布 | | 支持分布 |
|---|---|---|---|---|---|---|---|---|
| | $\hat{x}_{min}$ | $\hat{k}$ | $p$ 值 | $\hat{R}$ | $p$ 值 | $\hat{R}$ | $p$ 值 | |
| 通信、计算机及其他电子设备制造业 | 80 | 1.94 | 1.00 | -0.90 | 0.37 | 7.58 | 0.00 | *P* |
| 仪器仪表及文化、办公用品机械制造业 | 35 | 2.02 | 1.00 | -0.11 | 0.91 | 7.10 | 0.00 | *P* |
| 工艺品及其他制造业 | 34 | 2.10 | 1.00 | -1.67 | 0.10 | 6.14 | 0.00 | *L* |
| 废弃资源和废旧材料回收加工业 | 27 | 2.40 | 1.00 | -0.17 | 0.87 | 6.52 | 0.00 | *P* |
| 电力、热力的生产和供应业 | 11 | 1.71 | 1.00 | -0.62 | 0.53 | 5.06 | 0.00 | *P* |
| 燃气生产和供应业 | 27 | 1.91 | 1.00 | -0.51 | 0.61 | 10.71 | 0.00 | *P* |
| 水的生产和供应业 | 181 | 2.39 | 1.00 | -0.04 | 0.97 | 2.88 | 0.00 | *P* |

注：*P*、*L*、*E* 分别表示帕累托、对数正态和指数分布；加黑表示有其他分布比帕累托分布拟合更好，下同。

其次，如 Rossi-Hansberg et al.（2007）和本章第二节所分析的，分行业估计得到的$\hat{x}_{min}$和 $\hat{k}$，与全样本相比，差异较大。如烟草制品业的$\hat{x}_{min}$值等于 811，而电力、热力的生产和供应业的$\hat{x}_{min}$值只有 11；有色金属矿采选业的 $\hat{k}$ 为 2.74，而石油与天然气开采业的 $\hat{k}$ 只有 1.55。这说明，停留在总体层次的估计，并不能体现行业之间企业就业规模分布的显著差异，图 3—4 提供了对应的累积分布图和帕累托分布拟合线。

再次，除食品制造业、工艺品及其他制造业外，分行业工业企业就业规模均服从帕累托分布。值得注意的是，食品制造业、工艺品及其他制造业同时服从帕累托分布、对数正态分布和指数分布。其中，食品制造业对数正态分布和指数分布的替代性分布检验，得到的 $p$ 值分别为 0.08、0.00，$\hat{R}$ 值分别为 -1.78、8.04；而工艺品及其他制造业对数正态分布和指数分布的替代性分布检验，得到的 $p$ 值分别为 0.10、0.00，$\hat{R}$ 值分别为 -1.67、6.14。说明对这两个行业，对数正态分布的拟合程度比帕累托分布更高，而帕累托分布又优于指数分布。

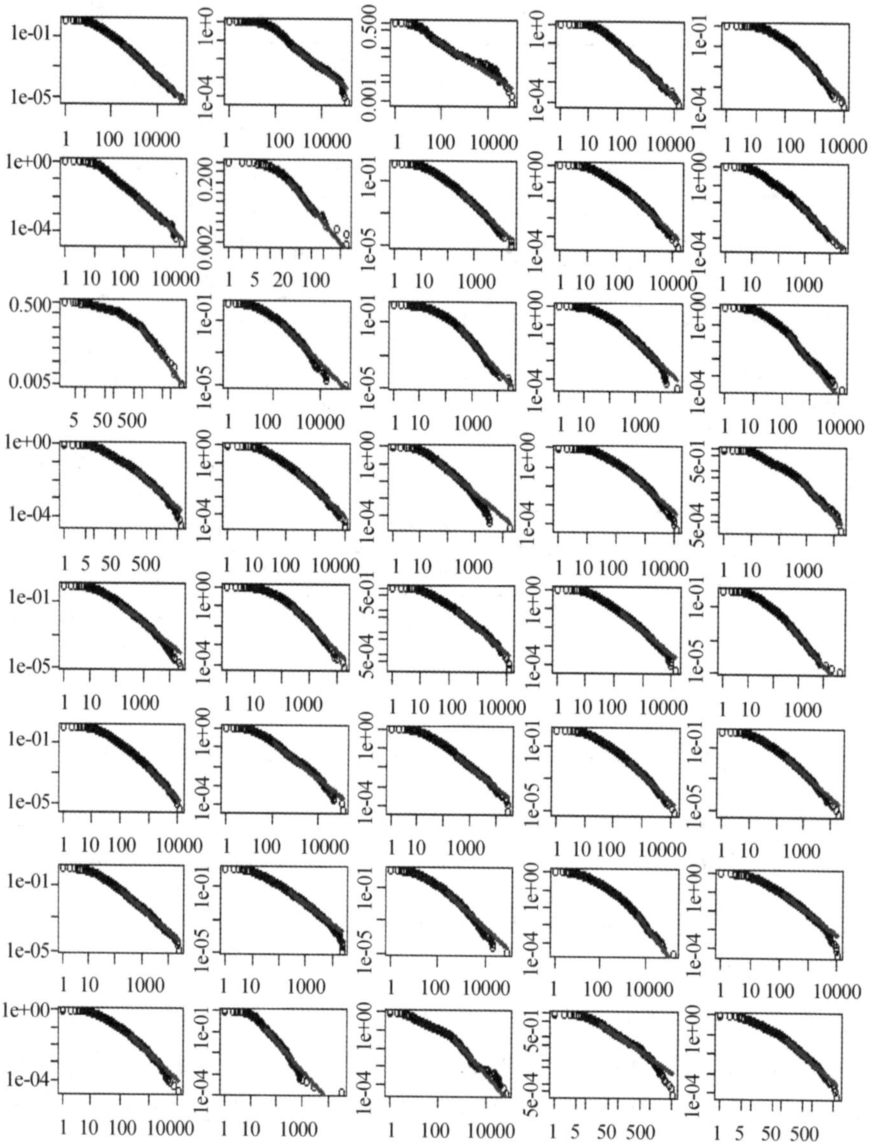

**图3—4 中国工业企业就业规模的累积分布图与帕累托拟合线**

注：子图按先左右、后上下的顺序，依次为所有行业，煤炭开采和洗选业，石油和天然气开采业，黑色金属矿采选业，有色金属矿采选业，非金属矿采选业，其他采矿业，农副食品加工业，食品制造业，饮料制造业，烟草制品业，纺织业，纺织服装、鞋、帽制造业，皮革、毛皮、羽毛（绒）及其制品业，木材加工及木、竹、藤、草制品业，家具制造业，造纸及纸制品业，印刷业和记录媒介的复制，文教体育用品制造业，石油加工、炼焦及核燃料加工业，化学原料及化学品制造业，医药制造业，化学纤维制造业，橡胶制品业，塑料制品业，非金属矿物制品业，黑色金属冶炼及压延加工业，有色金属冶炼及压延加工业，金属制品业，通用设备制造业，专用设备制造业，交通运输设备制造业，电气机械及器材制造业，通信、计算机及其他电子设备制造业，仪器仪表及文化、办公用品机械制造业，工艺品及其他制造业，废弃资源和废旧材料回收加工业，电力、热力的生产和供应业，燃气生产和供应业，水的生产和供应业。

## 二 企业收入规模的分布特征

考虑到与 Axtell（2001）、Fujiwara et al.（2004）的可比性，本处对以全年营业收入合计测度的企业规模分布做类似分析，另一层含义是为企业就业规模分布提供稳健性检验。表 3—2 的结果显示，在总体特征上，基于收入规模的估计和检验结果与就业规模大体类似。首先，在全样本的情况下，估计的$\hat{x}_{min}$和 $\hat{k}$ 分别为 86500 和 2.18，$K-S$ 分布检验的 $p$ 值为 1.00；同时，对数正态分布的替代性分布检验的 $p$ 值为 0.89，同样超过接受原假设的临界值；而指数分布的替代性分布检验的 $p$ 值虽为 0.00，符合接受原假设的临界值，但 $\hat{R}$ 值为 4.88，说明帕累托分布的似然值更大，拟合程度更好。因此，全样本估计与检验的结果支持企业收入规模服从帕累托分布的判断。分行业估计得到的参数值，与全样本相比，差异同样较大（图 3—5 提供了对应的累积分布图和帕累托分布拟合线）。这再次说明，总体层次的分布估计，并不能体现行业内部企业收入规模分布的显著差异。

**表 3—2　中国工业企业收入规模分布的估计及检验结果**

| 样本行业 | 帕累托分布 | | | 对数正态分布 | | 指数分布 | | 支持分布 |
|---|---|---|---|---|---|---|---|---|
| | $\hat{x}_{min}$ | $\hat{k}$ | $p$ 值 | $\hat{R}$ | $p$ 值 | $\hat{R}$ | $p$ 值 | |
| 所有行业 | 86500 | 2.18 | 1.00 | 0.14 | 0.89 | 4.88 | 0.00 | *P* |
| 煤炭开采和洗选业 | 41892 | 2.04 | 1.00 | -0.95 | 0.34 | 7.40 | 0.00 | *P* |
| 石油和天然气开采业 | 4905 | 1.37 | 0.99 | -1.17 | 0.24 | 125.7 | 0.00 | *P* |
| 黑色金属矿采选业 | 65110 | 2.27 | 1.00 | -0.28 | 0.78 | 5.05 | 0.00 | *P* |
| 有色金属矿采选业 | 276914 | 2.73 | 1.00 | 0.08 | 0.93 | 4.12 | 0.00 | *P* |
| 非金属矿采选业 | 71850 | 3.70 | 0.99 | -0.25 | 0.81 | 4.06 | 0.00 | *P* |
| 其他采矿业 | 6600 | 1.82 | 0.93 | -0.47 | 0.63 | 2.47 | 0.01 | *P* |
| 农副食品加工业 | 35512 | 2.02 | 1.00 | -0.80 | 0.42 | 4.85 | 0.00 | *P* |
| 食品制造业 | 65312 | 2.22 | 1.00 | -0.03 | 0.98 | 3.95 | 0.00 | *P* |
| 饮料制造业 | 4936 | 1.64 | 0.59 | -1.82 | 0.07 | 7.96 | 0.00 | *L* |
| 烟草制品业 | 32621 | 1.46 | 1.00 | -1.11 | 0.27 | 3.98 | 0.00 | *P* |
| 纺织业 | 54970 | 2.28 | 1.00 | -1.79 | 0.07 | 9.79 | 0.00 | *L* |

**续表**

| 样本行业 | 帕累托分布 | | | 对数正态分布 | | 指数分布 | | 支持分布 |
|---|---|---|---|---|---|---|---|---|
| | $\hat{x}_{min}$ | $\hat{k}$ | $p$ 值 | $\hat{R}$ | $p$ 值 | $\hat{R}$ | $p$ 值 | |
| 纺织服装、鞋、帽制造业 | 65725 | 2.62 | 1.00 | -0.07 | 0.95 | 4.31 | 0.00 | $P$ |
| 皮革、毛皮、羽毛（绒）及其制品业 | 45962 | 2.20 | 1.00 | -0.89 | 0.37 | 6.50 | 0.00 | $P$ |
| 木材加工及木、竹、藤、草制品业 | 69078 | 2.68 | 1.00 | -0.56 | 0.58 | 5.87 | 0.00 | $P$ |
| 家具制造业 | 65024 | 2.41 | 1.00 | 0.08 | 0.93 | 3.93 | 0.00 | $P$ |
| 造纸及纸制品业 | 53420 | 2.27 | 0.98 | -1.52 | 0.13 | 6.57 | 0.00 | $P$ |
| 印刷业和记录媒介的复制 | 4910 | 1.82 | 0.63 | -1.08 | 0.28 | 6.54 | 0.00 | $P$ |
| 文教体育用品制造业 | 56077 | 2.46 | 1.00 | -0.50 | 0.61 | 5.80 | 0.00 | $P$ |
| 石油加工、炼焦及核燃料加工业 | 556908 | 2.19 | 1.00 | 0.09 | 0.93 | 2.63 | 0.01 | $P$ |
| 化学原料及化学制品制造业 | 139122 | 2.22 | 1.00 | -0.04 | 0.97 | 117.3 | 0.00 | $P$ |
| 医药制造业 | 57381 | 2.12 | 1.00 | -0.98 | 0.33 | 7.25 | 0.00 | $P$ |
| 化学纤维制造业 | 87035 | 1.93 | 1.00 | -0.85 | 0.40 | 6.10 | 0.00 | $P$ |
| 橡胶制品业 | 37429 | 2.10 | 1.00 | 0.07 | 0.95 | 2.55 | 0.01 | $P$ |
| 塑料制品业 | 40511 | 2.32 | 1.00 | -0.85 | 0.40 | 6.76 | 0.00 | $P$ |
| 非金属矿物制品业 | 99127 | 2.53 | 1.00 | -0.20 | 0.84 | 4.08 | 0.00 | $P$ |
| 黑色金属冶炼及压延加工业 | 141252 | 1.82 | 1.00 | -0.09 | 0.93 | 3.32 | 0.00 | $P$ |
| 有色金属冶炼及压延加工业 | 120823 | 2.15 | 1.00 | -0.12 | 0.91 | 4.11 | 0.00 | $P$ |
| 金属制品业 | 28006 | 2.11 | 1.00 | 0.07 | 0.94 | 2.64 | 0.01 | $P$ |
| 通用设备制造业 | 28905 | 2.15 | 1.00 | -0.31 | 0.75 | 4.66 | 0.00 | $P$ |
| 专用设备制造业 | 56556 | 2.17 | 1.00 | -0.56 | 0.57 | 4.80 | 0.00 | $P$ |
| 交通运输设备制造业 | 140817 | 1.98 | 1.00 | 0.07 | 0.94 | 1.45 | 0.15 | $P$ |
| 电气机械及器材制造业 | 46551 | 1.91 | 1.00 | -0.81 | 0.42 | 4.34 | 0.00 | $P$ |

续表

| 样本行业 | 帕累托分布 | | | 对数正态分布 | | 指数分布 | | 支持分布 |
|---|---|---|---|---|---|---|---|---|
| | $\hat{x}_{min}$ | $\hat{k}$ | $p$ 值 | $\hat{R}$ | $p$ 值 | $\hat{R}$ | $p$ 值 | |
| 通信、计算机及其他电子设备制造业 | 53400 | 1.79 | 1.00 | -1.24 | 0.22 | 5.21 | 0.00 | P |
| 仪器仪表及文化、办公用品机械制造业 | 2217 | 1.71 | 0.15 | -2.01 | 0.04 | 4.44 | 0.00 | L |
| 工艺品及其他制造业 | 96540 | 3.10 | 1.00 | 0.14 | 0.89 | 3.10 | 0.00 | P |
| 废弃资源和废旧材料回收加工业 | 4951 | 1.69 | 1.00 | -2.26 | 0.02 | 7.01 | 0.00 | L |
| 电力、热力的生产和供应业 | 90285 | 1.82 | 1.00 | -0.46 | 0.65 | 2.72 | 0.01 | P |
| 燃气生产和供应业 | 191324 | 2.21 | 1.00 | -0.51 | 0.61 | 4.36 | 0.00 | P |
| 水的生产和供应业 | 11773 | 1.97 | 1.00 | -0.77 | 0.44 | 4.01 | 0.00 | P |

其次，除饮料制造业，纺织业，仪器仪表及文化、办公用机械制造业，废弃资源和废旧材料回收加工业外，其余分行业工业企业收入规模全部服从帕累托分布。其中，饮料制造业对数正态分布和指数分布的替代性分布检验，得到的 $p$ 值分别为 0.07、0.00，$\hat{R}$ 值分别为 -1.82、7.96；纺织业对数正态分布和指数分布的替代性分布检验，得到的 $p$ 值分别为 0.07、0.00，$\hat{R}$ 值分别为 -1.79、9.79；仪器仪表及文化、办公用机械制造业对数正态分布和指数分布的替代性分布检验，得到的 $p$ 值分别为 0.04、0.00，$\hat{R}$ 值分别为 -2.01、4.44；废弃资源和废旧材料回收加工业对数正态分布和指数分布的替代性分布检验，得到的 $p$ 值分别为 0.02、0.00，$\hat{R}$ 值分别为 -2.26、7.01。说明这四个行业，对数正态分布比帕累托分布具有更好的拟合性，而帕累托分布又优于指数分布。

### 三　企业规模分布估计和检验结果的经济含义

Axtell（2001）、Luttmer（2007）等强调，只有在政府管制较少、较自由的竞争市场条件下，企业在规模上才会呈现帕累托指数大致等于 1 的

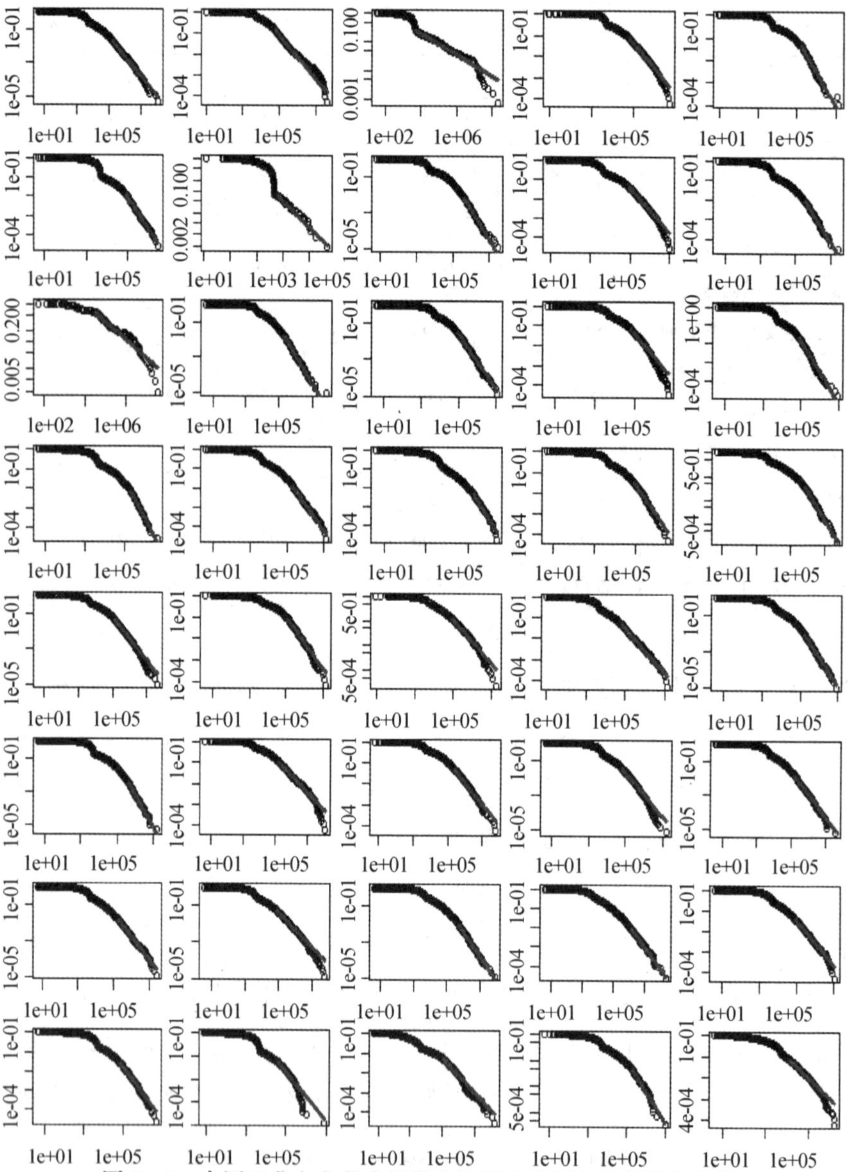

**图 3—5 中国工业企业收入规模的累积分布图与帕累托拟合线**

注：子图按先左右、后上下的顺序，依次为所有行业，煤炭开采和洗选业，石油和天然气开采业，黑色金属矿采选业，有色金属矿采选业，非金属矿采选业，其他采矿业，农副食品加工业，食品制造业，饮料制造业，烟草制品业，纺织业，纺织服装、鞋、帽制造业，皮革、毛皮、羽毛（绒）及其制品业，木材加工及木、竹、藤、草制品业，家具制造业，造纸及纸制品业，印刷业和记录媒介的复制，文教体育用品制造业，石油加工、炼焦及核燃料加工业，化学原料及化学品制造业，医药制造业，化学纤维制造业，橡胶制品业，塑料制品业，非金属矿物制品业，黑色金属冶炼及压延加工业，有色金属冶炼及压延加工业，金属制品业，通用设备制造业，专用设备制造业，交通运输设备制造业，电气机械及器材制造业，通信、计算机及其他电子设备制造业，仪器仪表及文化、办公用品机械制造业，工艺品及其他制造业，废弃资源和废旧材料回收加工业，电力、热力的生产和供应业，燃气生产和供应业，水的生产和供应业。

分布状态。[①] 当存在扭曲竞争的因素时，该经济体的帕累托指数就会偏离1。正向偏离（大于1）说明企业之间的异质性较小，较大规模企业所占比重明显小于目标状态，企业存在扩张约束，如融资和准入限制；负向偏离表示企业之间的异质性较大，较大规模企业所占比重明显大于目标状态，存在垄断等竞争不足问题。但是，由于对任何随机分布都可以估计出帕累托分布参数，因此检验企业规模的帕累托指数是否偏离1，其前提是需要验证表征企业规模的变量确实服从帕累托分布，之前的研究大多没有注意帕累托指数因分布函数误设产生偏离的情况。本节的估计和检验结果表明，中国全样本工业企业的就业和收入规模，整体服从帕累托分布，从而排除了因分布函数误设产生偏差的可能。

在此基础上，本章利用2008年中国全样本工业企业就业和收入衡量的企业规模，得到的帕累托指数分别为1.26和1.18，说明我国较大规模企业所占比重略小于目标状态，整体来看企业发展面临扩张约束。从细分行业的结果也可以看出，帕累托指数大于1的行业所占比重大于帕累托指数小于1的行业，如从就业和收入规模分布的角度，帕累托指数大于1的行业分别为29个和25个。但是，帕累托指数大于和小于1的行业同时存在，说明那些旨在消除企业扩张约束、或促进竞争的单一目标政策，其效应在不同的行业会截然不同。因此，新形势下我国深化企业改革的一系列政策，其指向应该力求明确。

## 第五节　中国工业企业生产率的分布特征

对中国工业企业生产率分布特征的分析，同样包括所有行业和二位数行业个体两个层次（图3—6提供了对应的累积分布图和帕累托分布拟合线），其中每一层次的处理顺序，与对企业规模分布的分析完全相同。

---

① R软件软件包（poweRlaw）采用幂律分布的函数形式，因而得到的帕累托指数应该是$k=a-1$。

## 一　工业企业生产率的分布特征

表3—3的估计和检验结果显示，首先，全样本条件下，中国工业企业生产率分布的$\hat{x}_{min}$值为666.67[①]，$\hat{k}$为3.21，显示企业规模分布的上尾比生产率分布的上尾更厚；同时，帕累托分布检验的$p$值为1.00，而对数正态分布替代性检验的$p$值和指数分布替代性检验的$p$值均大于0.10，说明帕累托分布对全样本工业企业生产率的拟合效果更好。另外，对那些帕累托分布提供了更好拟合的两位数工业行业来说，其$\hat{x}_{min}$值和$\hat{k}$与全样本相比，差异依然较大。如其他采矿业的$\hat{x}_{min}$值和$\hat{k}$仅分别为186.73和2.65，这些都与企业就业、收入规模分布的结论类似。

表3—3　　2008年中国工业企业生产率分布的估计及检验结果

| 样本行业 | 帕累托分布 | | | 对数正态分布 | | 指数分布 | | 支持分布 |
|---|---|---|---|---|---|---|---|---|
| | $\hat{x}_{min}$ | $\hat{k}$ | $p$值 | $\hat{R}$ | $p$值 | $\hat{R}$ | $p$值 | |
| 所有行业 | 666.67 | 3.21 | 1.00 | -1.50 | 0.13 | 0.46 | 0.65 | $P$ |
| 煤炭开采和洗选业 | 89.89 | 1.85 | 0.02 | -8.65 | 0.00 | 6.50 | 0.00 | $N$ |
| 石油和天然气开采业 | 180.00 | 2.21 | 0.13 | -2.98 | 0.00 | 4.03 | 0.00 | $L$ |
| 黑色金属矿采选业 | 216.28 | 2.20 | 0.33 | -5.76 | 0.00 | 2.92 | 0.00 | $L$ |
| 有色金属矿采选业 | 127.62 | 2.03 | 0.68 | -5.74 | 0.00 | 7.39 | 0.00 | $L$ |
| 非金属矿采选业 | 460.00 | 3.06 | 1.00 | -0.41 | 0.68 | 3.44 | 0.00 | $P$ |
| 其他采矿业 | 186.73 | 2.65 | 0.99 | -0.16 | 0.87 | 3.45 | 0.00 | $P$ |
| 农副食品加工业 | 265.80 | 2.29 | 0.60 | -5.20 | 0.00 | 1.49 | 0.14 | $L$ |
| 食品制造业 | 341.67 | 2.70 | 1.00 | -2.15 | 0.03 | 2.07 | 0.04 | $L$ |
| 饮料制造业 | 360.00 | 2.68 | 1.00 | -1.78 | 0.07 | 2.99 | 0.00 | $L$ |
| 烟草制品业 | 80.94 | 1.60 | 0.00 | -3.78 | 0.00 | -0.52 | 0.60 | $N$ |
| 纺织业 | 428.51 | 2.94 | 1.00 | -2.09 | 0.04 | 1.11 | 0.27 | $L$ |
| 纺织服装、鞋、帽制造业 | 269.43 | 2.78 | 1.00 | -0.48 | 0.63 | 4.42 | 0.00 | $P$ |

① 单位为千元人民币。

**续表**

| 样本行业 | 帕累托分布 | | | 对数正态分布 | | 指数分布 | | 支持分布 |
|---|---|---|---|---|---|---|---|---|
| | $\hat{x}_{min}$ | $\hat{k}$ | $p$ 值 | $\hat{R}$ | $p$ 值 | $\hat{R}$ | $p$ 值 | |
| 皮革、毛皮、羽毛（绒）及其制品业 | 190.32 | 2.51 | 1.00 | -2.10 | 0.04 | 5.17 | 0.00 | *L* |
| 木材加工及木、竹、藤、草制品业 | 247.50 | 2.83 | 1.00 | -2.13 | 0.03 | 3.00 | 0.00 | *L* |
| 家具制造业 | 356.37 | 3.06 | 1.00 | -1.45 | 0.15 | 1.83 | 0.07 | *P* |
| 造纸及纸制品业 | 287.60 | 2.85 | 1.00 | -2.14 | 0.03 | 2.56 | 0.01 | *L* |
| 印刷业和记录媒介的复制 | 292.69 | 3.04 | 1.00 | -0.79 | 0.43 | 4.20 | 0.00 | *P* |
| 文教体育用品制造业 | 246.73 | 2.90 | 1.00 | -1.70 | 0.09 | 2.67 | 0.01 | *L* |
| 石油加工、炼焦及核燃料加工业 | 1914.66 | 5.07 | 0.30 | -2.74 | 0.01 | -6.95 | 0.00 | *E* |
| 化学原料及化学制品制造业 | 357.51 | 2.43 | 0.40 | -5.05 | 0.00 | -1.17 | 0.24 | *L* |
| 医药制造业 | 851.76 | 3.38 | 1.00 | -2.32 | 0.02 | -1.63 | 0.10 | *L* |
| 化学纤维制造业 | 1033.20 | 3.11 | 0.01 | -5.54 | 0.00 | -9.65 | 0.00 | *N* |
| 橡胶制品业 | 260.00 | 2.63 | 1.00 | -2.06 | 0.04 | 3.86 | 0.00 | *L* |
| 塑料制品业 | 360.00 | 2.89 | 1.00 | -1.61 | 0.11 | 2.73 | 0.01 | *P* |
| 非金属矿物制品业 | 286.53 | 2.69 | 1.00 | -1.43 | 0.15 | 4.18 | 0.00 | *P* |
| 黑色金属冶炼及压延加工业 | 2311.88 | 6.56 | 0.34 | -2.44 | 0.01 | -4.46 | 0.00 | *E* |
| 有色金属冶炼及压延加工业 | 194.44 | 1.95 | 0.00 | -9.32 | 0.00 | -0.53 | 0.60 | *N* |
| 金属制品业 | 246.16 | 2.62 | 1.00 | -2.44 | 0.01 | 4.54 | 0.00 | *L* |
| 通用设备制造业 | 266.67 | 2.82 | 1.00 | -2.31 | 0.02 | 3.25 | 0.00 | *L* |
| 专用设备制造业 | 480.00 | 2.99 | 1.00 | -0.96 | 0.34 | 2.74 | 0.01 | *P* |
| 交通运输设备制造业 | 286.67 | 2.72 | 1.00 | -2.14 | 0.03 | 3.41 | 0.00 | *L* |
| 电气机械及器材制造业 | 219.29 | 2.40 | 0.97 | -3.91 | 0.00 | 4.75 | 0.00 | *L* |
| 通信、计算机及其他电子设备制造业 | 298.43 | 2.49 | 1.00 | -3.19 | 0.00 | 2.54 | 0.01 | *L* |

续表

| 样本行业 | 帕累托分布 | | | 对数正态分布 | | 指数分布 | | 支持分布 |
|---|---|---|---|---|---|---|---|---|
| | $\hat{x}_{min}$ | $\hat{k}$ | $p$ 值 | $\hat{R}$ | $p$ 值 | $\hat{R}$ | $p$ 值 | |
| 仪器仪表及文化、办公用品机械制造业 | 318.38 | 2.77 | 1.00 | -1.91 | 0.06 | 2.69 | 0.01 | $L$ |
| 工艺品及其他制造业 | 283.38 | 2.76 | 1.00 | -1.15 | 0.25 | 4.34 | 0.00 | $P$ |
| 废弃资源和废旧材料回收加工业 | 348.33 | 2.40 | 0.92 | -3.92 | 0.00 | 2.18 | 0.03 | $L$ |
| 电力、热力的生产和供应业 | 246.67 | 2.40 | 1.00 | -2.99 | 0.00 | 3.81 | 0.00 | $L$ |
| 燃气生产和供应业 | 729.60 | 2.90 | 0.96 | -3.06 | 0.00 | -1.86 | 0.06 | $L$ |
| 水的生产和供应业 | 449.50 | 3.32 | 1.00 | -1.17 | 0.24 | 1.02 | 0.31 | $P$ |

注：$N$ 表示无法判断，下同。

其次，企业就业规模只在两个行业、企业收入规模只在四个行业存在对数正态分布拟合程度更高的情况。但是，企业生产率分布，在所有39个二位数工业行业内，帕累托分布业，和黑色金属冶炼及压延加工业。也就是说，Chaney（2008）、Caliendo and Rossi-Hansberg（2012）和Capuano and Schmerer（2013）等研究所做的生产率分布假设，只有在特定行业才有其合理性。这意味着，仅仅依据企业规模的分布简单类推企业生产率的分布是不合理的。

拟合优于对数正态分布和指数分布的只有10个行业，而对数正态分布拟合优于帕累托分布和指数分布的占到了23个，指数分布优于对数正态分布和帕累托分布的也有两个，分别是石油加工、炼焦及核燃料加工业和黑色金属冶炼及压延加工业。

再次，表3—1、表3—2的结果显示，针对企业就业规模分布和收入规模分布，如果仅仅是进行帕累托分布的参数估计和分布拟合检验，那么总体样本和所有二位数工业行业样本都不能拒绝服从帕累托分布的假设；但是，在估计和检验工业企业生产率分布的时候，表3—3第四列中，煤炭开采和洗选业、烟草制品业、化学纤维制造业、有色金属冶炼及压延加工业四个行业，$K-S$ 分布检验的 $p$ 值仅分别为0.02、0.00、0.01、

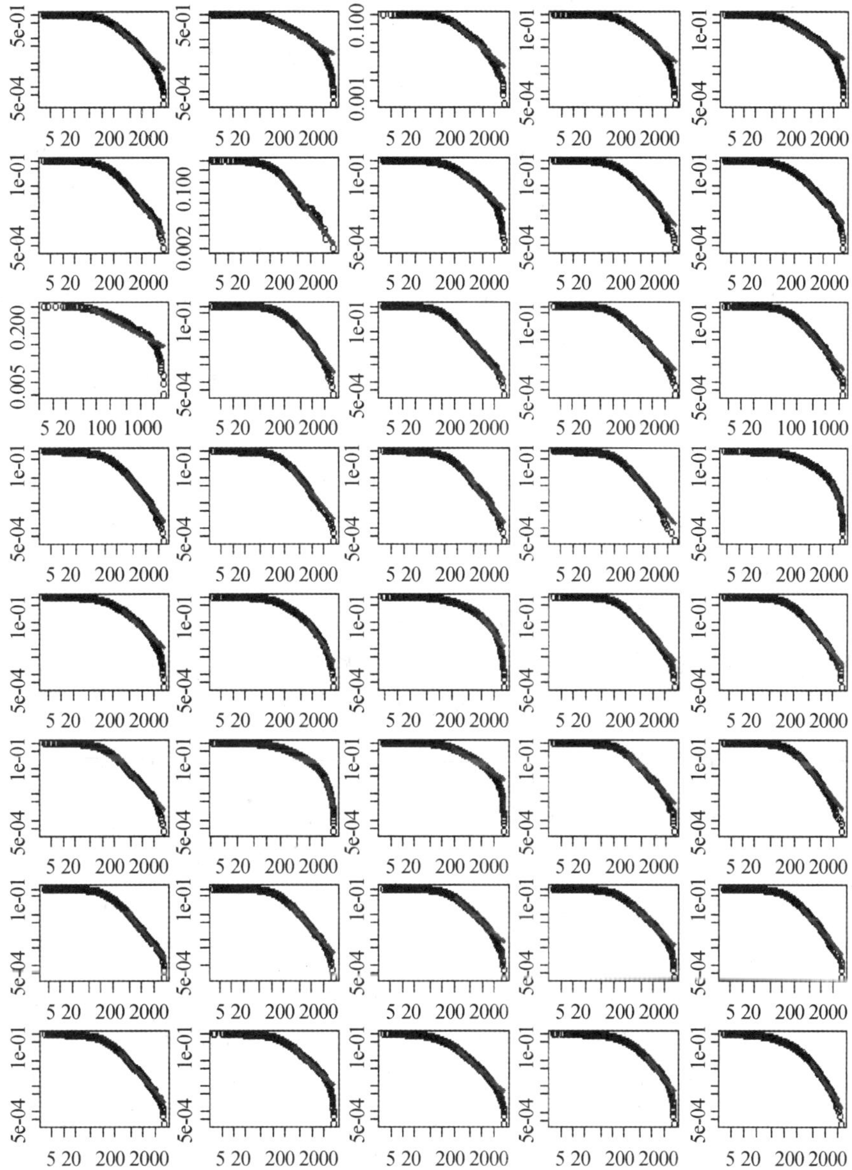


**图 3—6　中国工业企业生产率的累积分布图与帕累托拟合线**

注：子图按先左右、后上下的顺序，依次为所有行业，煤炭开采和洗选业，石油和天然气开采业，黑色金属矿采选业，有色金属矿采选业，非金属矿采选业，其他采矿业，农副食品加工业，食品制造业，饮料制造业，烟草制品业，纺织业，纺织服装、鞋、帽制造业，皮革、毛皮、羽毛（绒）及其制品业，木材加工及木、竹、藤、草制品业，家具制造业，造纸及纸制品业，印刷业和记录媒介的复制，文教体育用品制造业，石油加工、炼焦及核燃料加工业，化学原料及化学品制造业，医药制造业，化学纤维制造业，橡胶制品业，塑料制品业，非金属矿物制品业，黑色金属冶炼及压延加工业，有色金属冶炼及压延加工业，金属制品业，通用设备制造业，专用设备制造业，交通运输设备制造业，电气机械及器材制造业，通信、计算机及其他电子设备制造业，仪器仪表及文化、办公用品机械制造业，工艺品及其他制造业，废弃资源和废旧材料回收加工业，电力、热力的生产和供应业，燃气生产和供应业，水的生产和供应业。

0.00，这验证了前面提到的，无论企业生产率是否服从帕累托分布，通过极大似然估计和 $K-S$ 统计量，可以将尺度参数和 $x_{min}$ 值都估计出来，但这并不能说明企业的生产率就服从帕累托分布。

最后，煤炭开采和洗选业、烟草制品业、化学纤维制造业、有色金属冶炼及压延加工业四个行业，没有通过帕累托分布检验。虽然通过了对数正态分布或指数分布的替代性分布检验，但替代性检验只是判断何种分布拟合程度更好，在没有通过初始分布检验的情况下，并不能得到这四个行业内企业生产率服从对数正态分布或指数分布的结论。而且，对这四个行业，分别利用对数正态分布和指数分布替换帕累托分布，重复本章第二节的过程，得到的分布检验 $p$ 值仍都小于 0.10。

## 二 稳健性分析

第一部分的结果表明，与企业就业、收入规模分布不同，大部分细分工业行业中，对数正态分布对企业生产率的拟合效果，要优于帕累托分布和指数分布。但这一结论是普遍性的规律，还是会随不同年份的经济普查样本、相同年份但不同营业年限等发生改变呢？本部分利用相同估计和检验方法，依据不同类别的中国全样本工业企业，为企业生产率分布特征的稳健性提供证据。

首先，笔者利用中国 2004 年第一次经济普查中的全样本工业数据库，比较不同年份工业企业生产率的分布是否存在显著差异。相比于 2008 年的第二次经济普查，2004 年我国的第一次经济普查，包括工业企业 1355278 家，剔除年末从业人员合计、全年营业收入合计、资产总计等指标缺失的企业 142085 家、企业生产率两端各 0.5% 分位的异常企业 13088 家，最后可用于估计和检验的工业企业为 1295562 家。表 3—4 的估计和检验结果显示，我国工业企业生产率的分布特征非常稳定。从总体样本的角度，帕累托分布对 2004 年工业企业生产率分布的拟合效果最好。从细分行业角度，相比于 2008 年的 23 个工业行业，2004 年有 22 个工业行业，对数正态分布的拟合效果优于帕累托分布和指数分布；而且，除煤炭开采和洗选业、烟草制品业等少数行业外，2004 年和 2008 年生产率分布保持一致的工业行业有 31 个。

其次，按 Cabral and Mata（2003）、Angelini and Generale（2008）等

的逻辑，伴随企业经营年限的增加，其内、外部经营环境会逐渐改善。因此，笔者推测，经营年限较长的企业样本，其生产率分布的右偏程度会更小，从而更可能服从对数正态分布。笔者按经营年限是否超过10年为标准①，将2008年的全样本工业企业划分为两个子样本后，表3—5提

**表3—4　　2004年中国工业企业生产率分布的估计及检验结果**

| 样本行业 | 帕累托分布 | | | 对数正态分布 | | 指数分布 | | 支持分布 |
|---|---|---|---|---|---|---|---|---|
| | $\hat{x}_{min}$ | $\hat{k}$ | $p$ 值 | $\hat{R}$ | $p$ 值 | $\hat{R}$ | $p$ 值 | |
| 所有行业 | 373.17 | 4.24 | 1.00 | 0.03 | 0.97 | 1.69 | 0.09 | *P* |
| 煤炭开采和洗选业 | 350.00 | 3.80 | 0.97 | 0.35 | 0.73 | 1.28 | 0.20 | *P* |
| 石油和天然气开采业 | 191.67 | 2.77 | 1.00 | -3.44 | 0.00 | 2.57 | 0.01 | *L* |
| 黑色金属矿采选业 | 237.89 | 2.60 | 0.86 | -5.44 | 0.00 | -2.81 | 0.00 | *L* |
| 有色金属矿采选业 | 148.08 | 2.60 | 1.00 | -3.14 | 0.00 | 1.78 | 0.07 | *L* |
| 非金属矿采选业 | 342.08 | 3.24 | 1.00 | -1.48 | 0.14 | 0.56 | 0.58 | *P* |
| 其他采矿业 | 1180.39 | 8.34 | 0.53 | -0.23 | 0.82 | -0.57 | 0.57 | *P* |
| 农副食品加工业 | 408.00 | 3.56 | 1.00 | -1.64 | 0.10 | -0.76 | 0.45 | *L* |
| 食品制造业 | 366.00 | 2.97 | 0.97 | -4.28 | 0.00 | -3.00 | 0.00 | *L* |
| 饮料制造业 | 133.05 | 2.52 | 1.00 | -3.30 | 0.00 | 1.97 | 0.05 | *L* |
| 烟草制品业 | 288.89 | 3.72 | 1.00 | 0.03 | 0.97 | 2.76 | 0.01 | *P* |
| 纺织业 | 276.67 | 3.87 | 1.00 | -0.90 | 0.37 | 0.90 | 0.37 | *P* |
| 纺织服装、鞋、帽制造业 | 318.65 | 3.62 | 1.00 | -1.10 | 0.27 | 0.80 | 0.42 | *P* |
| 皮革、毛皮、羽毛（绒）及其制品业 | 224.56 | 3.32 | 1.00 | -1.15 | 0.25 | 1.74 | 0.08 | *P* |
| 木材加工及木、竹、藤、草制品业 | 221.87 | 2.66 | 1.00 | -4.21 | 0.00 | -1.54 | 0.12 | *L* |
| 家具制造业 | 161.26 | 3.15 | 1.00 | -0.32 | 0.75 | 3.29 | 0.00 | *P* |
| 造纸及纸制品业 | 329.25 | 3.09 | 1.00 | -2.80 | 0.01 | -1.10 | 0.27 | *L* |

① 经营年限依据2008年经济普查数据库中的“开业时间”计算，实际估计时剔除了经营年限超过60年的企业；另外，采用其他年数（如5年、15年）作为划分标准，不会改变总体特征；对其他分类样本估计和检验结果感兴趣的读者可向笔者函索。

续表

| 样本行业 | 帕累托分布 | | | 对数正态分布 | | 指数分布 | | 支持分布 |
|---|---|---|---|---|---|---|---|---|
| | $\hat{x}_{min}$ | $\hat{k}$ | $p$ 值 | $\hat{R}$ | $p$ 值 | $\hat{R}$ | $p$ 值 | |
| 印刷业和记录媒介的复制 | 198.29 | 3.08 | 1.00 | -1.26 | 0.21 | 2.19 | 0.03 | *P* |
| 文教体育用品制造业 | 176.31 | 2.70 | 1.00 | -3.44 | 0.00 | 0.70 | 0.48 | *L* |
| 石油加工、炼焦及核燃料加工业 | 816.67 | 4.63 | 1.00 | -2.78 | 0.01 | -4.32 | 0.00 | *E* |
| 化学原料及化学制品制造业 | 232.50 | 3.21 | 1.00 | -1.91 | 0.06 | 0.90 | 0.37 | *L* |
| 医药制造业 | 215.75 | 2.87 | 1.00 | -1.71 | 0.09 | 0.97 | 0.33 | *L* |
| 化学纤维制造业 | 150.00 | 2.24 | 0.40 | -6.83 | 0.00 | -0.99 | 0.32 | *L* |
| 橡胶制品业 | 499.50 | 3.17 | 0.97 | -4.01 | 0.00 | -4.77 | 0.00 | *E* |
| 塑料制品业 | 437.50 | 3.81 | 1.00 | -0.59 | 0.55 | 0.32 | 0.75 | *P* |
| 非金属矿物制品业 | 320.00 | 3.36 | 1.00 | -1.29 | 0.20 | 1.21 | 0.23 | *P* |
| 黑色金属冶炼及压延加工业 | 129.99 | 2.51 | 1.00 | -4.25 | 0.00 | 1.50 | 0.13 | *L* |
| 有色金属冶炼及压延加工业 | 187.50 | 2.84 | 1.00 | -1.84 | 0.07 | 2.74 | 0.01 | *L* |
| 金属制品业 | 233.84 | 2.89 | 1.00 | -2.66 | 0.01 | 0.85 | 0.39 | *L* |
| 通用设备制造业 | 154.77 | 2.49 | 1.00 | -3.94 | 0.00 | 2.14 | 0.03 | *L* |
| 专用设备制造业 | 190.22 | 3.03 | 1.00 | -1.54 | 0.12 | 2.10 | 0.04 | *P* |
| 交通运输设备制造业 | 162.42 | 2.79 | 1.00 | -1.79 | 0.07 | 3.00 | 0.00 | *L* |
| 电气机械及器材制造业 | 568.75 | 3.62 | 1.00 | -2.01 | 0.04 | -2.04 | 0.04 | *L* |
| 通信、计算机及其他电子设备制造业 | 82.40 | 2.10 | 0.89 | -6.06 | 0.00 | 2.00 | 0.05 | *L* |
| 仪器仪表及文化、办公用品机械制造业 | 397.57 | 3.11 | 0.97 | -2.07 | 0.04 | -1.65 | 0.10 | *L* |
| 工艺品及其他制造业 | 314.18 | 3.14 | 1.00 | -1.26 | 0.21 | 1.32 | 0.19 | *P* |
| 废弃资源和废旧材料回收加工业 | 95.80 | 2.53 | 1.00 | -2.08 | 0.04 | 4.72 | 0.00 | *L* |
| 电力、热力的生产和供应业 | 275.47 | 2.48 | 0.00 | -2.49 | 0.01 | -2.14 | 0.03 | *N* |

续表

| 样本行业 | 帕累托分布 | | | 对数正态分布 | | 指数分布 | | 支持分布 |
|---|---|---|---|---|---|---|---|---|
| | $\hat{x}_{min}$ | $\hat{k}$ | $p$ 值 | $\hat{R}$ | $p$ 值 | $\hat{R}$ | $p$ 值 | |
| 燃气生产和供应业 | 179.82 | 2.57 | 1.00 | −3.10 | 0.00 | 1.77 | 0.08 | L |
| 水的生产和供应业 | 282.35 | 3.49 | 1.00 | −0.29 | 0.77 | 3.93 | 0.00 | P |

**表3—5　2008年不同经营年限企业生产率分布的估计及检验结果**

| 样本行业 | 经营年限≤10 | | | | | | |
|---|---|---|---|---|---|---|---|
| | 帕累托分布 | | 对数正态分布 | | 指数分布 | | 支持分布 |
| | $\hat{k}$ | $p$ 值 | $\hat{R}$ | $p$ 值 | $\hat{R}$ | $p$ 值 | |
| 0 | 2.54 | 1.00 | −2.50 | 0.01 | 4.82 | 0.00 | L |
| 1 | 1.78 | 0.00 | −9.90 | 0.00 | 2.10 | 0.04 | N |
| 2 | 2.49 | 0.59 | −1.20 | 0.23 | 2.52 | 0.01 | P |
| 3 | 2.20 | 0.65 | −5.18 | 0.00 | 4.45 | 0.00 | L |
| 4 | 2.10 | 0.95 | −4.11 | 0.00 | 8.44 | 0.00 | L |
| 5 | 2.92 | 1.00 | −0.38 | 0.71 | 4.34 | 0.00 | P |
| 6 | 2.63 | 0.58 | −0.06 | 0.96 | 3.81 | 0.00 | P |
| 7 | 2.46 | 0.90 | −3.25 | 0.00 | 1.54 | 0.12 | L |
| 8 | 2.75 | 1.00 | −0.97 | 0.33 | 3.91 | 0.00 | P |
| 9 | 2.43 | 0.98 | −3.12 | 0.00 | 3.63 | 0.00 | L |
| 10 | 1.69 | 0.02 | −1.47 | 0.14 | 0.26 | 0.80 | N |
| 11 | 2.54 | 0.98 | −3.37 | 0.00 | 2.91 | 0.00 | L |
| 12 | 2.81 | 1.00 | −0.18 | 0.85 | 5.08 | 0.00 | P |
| 13 | 2.67 | 1.00 | −1.25 | 0.21 | 3.96 | 0.00 | P |
| 14 | 2.76 | 1.00 | −2.29 | 0.02 | 2.47 | 0.01 | L |
| 15 | 2.97 | 1.00 | −0.41 | 0.68 | 4.51 | 0.00 | P |
| 16 | 3.03 | 1.00 | −1.68 | 0.09 | 1.15 | 0.25 | L |
| 17 | 2.98 | 1.00 | −0.56 | 0.57 | 3.33 | 0.00 | P |
| 18 | 3.14 | 1.00 | −1.34 | 0.18 | 1.23 | 0.22 | P |
| 19 | 2.79 | 0.01 | −6.09 | 0.00 | −9.05 | 0.00 | N |
| 20 | 2.46 | 0.67 | −4.49 | 0.00 | 0.25 | 0.81 | L |
| 21 | 3.05 | 1.00 | −2.17 | 0.03 | −0.76 | 0.45 | L |
| 22 | 2.96 | 0.01 | −5.12 | 0.00 | −7.03 | 0.00 | E |

续表

| 样本行业 | 经营年限≤10 | | | | | | |
|---|---|---|---|---|---|---|---|
| | 帕累托分布 | | 对数正态分布 | | 指数分布 | | 支持分布 |
| | $\hat{k}$ | p 值 | $\hat{R}$ | p 值 | $\hat{R}$ | p 值 | |
| 23 | 2. 66 | 1. 00 | -2. 01 | 0. 04 | 4. 43 | 0. 00 | *L* |
| 24 | 2. 79 | 1. 00 | -1. 47 | 0. 14 | 4. 23 | 0. 00 | *P* |
| 25 | 2. 66 | 1. 00 | -1. 80 | 0. 07 | 3. 54 | 0. 00 | *L* |
| 26 | 1. 86 | 0. 00 | -11. 9 | 0. 00 | -4. 56 | 0. 00 | *N* |
| 27 | 1. 91 | 0. 00 | -10. 2 | 0. 00 | -1. 05 | 0. 29 | *N* |
| 28 | 2. 84 | 1. 00 | -1. 64 | 0. 10 | 2. 62 | 0. 01 | *P* |
| 29 | 2. 84 | 1. 00 | -0. 76 | 0. 44 | 5. 52 | 0. 00 | *P* |
| 30 | 2. 77 | 1. 00 | -1. 91 | 0. 06 | 2. 04 | 0. 04 | *L* |
| 31 | 2. 64 | 1. 00 | -2. 05 | 0. 04 | 4. 07 | 0. 00 | *L* |
| 32 | 2. 62 | 1. 00 | -2. 60 | 0. 01 | 3. 15 | 0. 00 | *L* |
| 33 | 2. 73 | 1. 00 | -1. 76 | 0. 08 | 2. 22 | 0. 03 | *L* |
| 34 | 2. 66 | 1. 00 | -1. 93 | 0. 05 | 2. 39 | 0. 02 | *L* |
| 35 | 2. 84 | 1. 00 | -0. 36 | 0. 72 | 4. 59 | 0. 00 | *P* |
| 36 | 2. 35 | 0. 94 | -3. 85 | 0. 00 | 3. 08 | 0. 00 | *L* |
| 37 | 2. 73 | 1. 00 | -2. 14 | 0. 03 | 1. 51 | 0. 13 | *L* |
| 38 | 3. 01 | 0. 90 | -1. 45 | 0. 15 | -0. 20 | 0. 84 | *P* |
| 39 | 3. 15 | 1. 00 | -1. 39 | 0. 17 | 1. 86 | 0. 06 | *P* |

| 样本行业 | 经营年限>10 | | | | | | |
|---|---|---|---|---|---|---|---|
| | 帕累托分布 | | 对数正态分布 | | 指数分布 | | 支持分布 |
| | $\hat{k}$ | *p* 值 | $\hat{R}$ | *p* 值 | $\hat{R}$ | *p* 值 | |
| 0 | 2. 41 | 1. 00 | -4. 41 | 0. 00 | 5. 88 | 0. 00 | *L* |
| 1 | 2. 06 | 0. 98 | -4. 14 | 0. 00 | 7. 71 | 0. 00 | *L* |
| 2 | 2. 08 | 0. 00 | -2. 41 | 0. 02 | 2. 81 | 0. 00 | *N* |
| 3 | 2. 31 | 0. 91 | -4. 08 | 0. 00 | 3. 21 | 0. 00 | *L* |
| 4 | 1. 92 | 0. 38 | -6. 15 | 0. 00 | 9. 35 | 0. 00 | *L* |
| 5 | 2. 94 | 1. 00 | -0. 83 | 0. 41 | 4. 33 | 0. 00 | *P* |
| 6 | 2. 91 | 0. 82 | 0. 08 | 0. 94 | 1. 85 | 0. 06 | *P* |
| 7 | 2. 46 | 0. 79 | -4. 12 | 0. 00 | 0. 89 | 0. 37 | *L* |
| 8 | 2. 52 | 1. 00 | -2. 30 | 0. 02 | 3. 48 | 0. 00 | *L* |

**续表**

| 样本行业 | 经营年限 > 10 | | | | | | |
|---|---|---|---|---|---|---|---|
| | 帕累托分布 | | 对数正态分布 | | 指数分布 | | 支持分布 |
| | $\hat{k}$ | p 值 | $\hat{R}$ | p 值 | $\hat{R}$ | p 值 | |
| 9 | 2.45 | 1.00 | -2.72 | 0.01 | 4.13 | 0.00 | *L* |
| 10 | 2.18 | 0.01 | -1.06 | 0.29 | -0.06 | 0.95 | *N* |
| 11 | 2.76 | 1.00 | -2.01 | 0.04 | 3.36 | 0.00 | *L* |
| 12 | 2.80 | 1.00 | -0.99 | 0.32 | 3.34 | 0.00 | *P* |
| 13 | 2.37 | 1.00 | -3.06 | 0.00 | 5.86 | 0.00 | *L* |
| 14 | 2.78 | 1.00 | -2.00 | 0.05 | 2.98 | 0.00 | *L* |
| 15 | 3.09 | 1.00 | -0.67 | 0.50 | 2.97 | 0.00 | *P* |
| 16 | 2.65 | 1.00 | -2.33 | 0.02 | 4.11 | 0.00 | *L* |
| 17 | 3.22 | 1.00 | -1.50 | 0.13 | 1.51 | 0.13 | *P* |
| 18 | 2.75 | 1.00 | -1.75 | 0.08 | 4.08 | 0.00 | *L* |
| 19 | 2.15 | 0.00 | -8.15 | 0.00 | -7.08 | 0.00 | *N* |
| 20 | 2.69 | 0.84 | -3.74 | 0.00 | -1.89 | 0.06 | *L* |
| 21 | 2.41 | 0.65 | -4.63 | 0.00 | -0.06 | 0.95 | *L* |
| 22 | 2.06 | 0.00 | -6.42 | 0.00 | -2.31 | 0.02 | *N* |
| 23 | 2.85 | 1.00 | -1.16 | 0.25 | 3.30 | 0.00 | *P* |
| 24 | 2.91 | 1.00 | -1.38 | 0.17 | 1.99 | 0.05 | *P* |
| 25 | 2.67 | 1.00 | -2.37 | 0.02 | 2.70 | 0.01 | *L* |
| 26 | 5.02 | 0.21 | -2.14 | 0.03 | -3.97 | 0.00 | *L* |
| 27 | 2.46 | 0.01 | -6.02 | 0.00 | -5.36 | 0.00 | *N* |
| 28 | 2.74 | 1.00 | -1.99 | 0.05 | 2.40 | 0.02 | *L* |
| 29 | 2.52 | 0.99 | -3.09 | 0.00 | 4.29 | 0.00 | *L* |
| 30 | 2.70 | 1.00 | -2.20 | 0.03 | 2.50 | 0.01 | *L* |
| 31 | 2.55 | 1.00 | -2.52 | 0.01 | 4.96 | 0.00 | *L* |
| 32 | 2.57 | 1.00 | -2.80 | 0.01 | 1.34 | 0.18 | *L* |
| 33 | 2.56 | 1.00 | -3.29 | 0.00 | 1.77 | 0.08 | *L* |
| 34 | 2.59 | 1.00 | -1.71 | 0.09 | 4.53 | 0.00 | *L* |
| 35 | 2.94 | 1.00 | -0.58 | 0.56 | 4.67 | 0.00 | *P* |
| 36 | 2.47 | 0.83 | -2.94 | 0.00 | 1.83 | 0.07 | *L* |
| 37 | 2.39 | 1.00 | -3.09 | 0.00 | 3.15 | 0.00 | *L* |

续表

| 样本行业 | 经营年限 > 10 | | | | | | |
|---|---|---|---|---|---|---|---|
| | 帕累托分布 | | 对数正态分布 | | 指数分布 | | 支持分布 |
| | $\hat{k}$ | p 值 | $\hat{R}$ | p 值 | $\hat{R}$ | p 值 | |
| 38 | 2.64 | 0.35 | -2.26 | 0.02 | 0.46 | 0.65 | *L* |
| 39 | 3.92 | 1.00 | -0.31 | 0.76 | 0.73 | 0.46 | *P* |

注：0—39 与表 3—1—表 3—4 的样本行业一一对应。

供的结果显示，虽然不同子样本的细分行业中，有 28 个行业，生产率服从的最优分布没有发生变化，但同时，正如笔者所预计的，有 8 个行业，如食品制造业、黑色金属冶炼及压延加工业等，在经营年限小于等于 10 年的子样本里服从帕累托分布或无法判断分布，而在经营年限大于 10 年的子样本里服从对数正态分布。

### 三 企业生产率分布估计和检验结果的经济含义

本章针对企业生产率分布的估计和检验结果具有明确的经济含义。首先，从异质性贸易理论发展的角度，由于生产率分布形态在不同行业并不相同，因此，后续非总体层面的理论或实证研究，应该尽量与 Melitz (2003)、Combes et al. (2012) 等一致，采用生产率分布的一般形式，这是异质性贸易文献应该遵循的基本原则。其次，2004 年、2008 年我国工业企业总体样本生产率分布的 $\hat{k}$ 由 4.24 下降为 3.21，同时 $\hat{x}_{min}$ 值由 373.17 上升为 666.67，说明伴随着对外开放和社会主义市场经济体制改革的逐渐深入，我国工业企业整体的生产率水平有显著提升，且异质性程度加大，高生产率企业所占的比重明显增加。再次，如章韬和孙楚仁 (2012) 等所指出的，企业生产规模分布是否和生产效率分布一致，在一定程度上反映了现实经济中的扭曲情况。而 2008 年中国工业企业就业规模和收入规模的 $\hat{k}$ 分别为 2.26 和 2.18，低于同年生产率分布的 $\hat{k}$，企业规模分布的右尾，比生产率分布的右尾更厚，规模分布的差异程度明显高于生产率分布，说明我国仍然存在着明显的资源错配问题，企业间生产要素的流动受到限制，部分较大规模企业的生产率水平实际不高。

## 第六节　本章小结

企业规模和生产率异质性的假设，是异质性贸易理论发展的基石。相比新古典贸易理论和新贸易理论中的同质性企业假设，虽然涉及企业异质性的贸易文献都认为企业异质性假设更接近现实，但至今鲜有文献对企业异质性假设，特别是企业生产率的异质性，进行科学的估计和严格的检验。针对企业规模分布的研究，也存在样本不具有代表性、以估计替代检验等问题，有些将齐普夫定律、帕累托分布和幂律分布对立，有些甚至将企业规模异质性与企业生产率异质性等同。

基于此，本章首先分析了企业规模和生产率异质性文献中常见的分布，如齐普夫定律、帕累托分布、幂律分布、对数正态分布和指数分布等之间的联系与区别，然后引入了针对帕累托分布尺度参数估计和非参数检验的方法；而且考虑到企业规模或生产率通过了帕累托分布的检验，仍然存在其他分布拟合程度更好的可能性，笔者进一步引入了替代性分布检验的具体思路和方法；进而根据帕累托分布的特征，利用中国两次经济普查的全样本数据库，从总体和细分行业两个层次，具体估计检验和比较了中国工业企业规模和企业生产率的异质性，并提供了相应的稳健性分析。

本章的基本结论和政策启示有：（1）我国较大规模企业所占比重略小于目标状态，整体来看企业发展面临扩张约束；（2）总体层次的企业规模和生产率分布估计，并不能体现行业之间在企业规模分布和生产率分布上的显著差异，因此，新形势下我国深化企业改革的相关政策，应该具有明确的指向；（3）对中国工业企业来说，企业规模的异质性和生产率异质性存在明显的区别，规模分布的尾部比生产率分布的尾部更厚，显示我国仍然存在着明显的资源配置问题，部分较大规模企业的生产率水平实际不高，进一步克服和改善资源配置上的低效率是提高中国生产效率的关键；（4）本章利用经济普查全样本数据得到的企业规模和生产率的$\hat{x}_{\min}$值、$\hat{k}$等，还可用于那些以异质性贸易理论为基础的数值模拟研究之中。

最后，本章还存在一些不足之处，如与侧重于研究中国工业企业规模、生产率分布差别相比，探究企业规模或生产率分布变动的影响因素可能更加具有实践价值。另外，企业规模分布与生产率分布之间的差异是由什么原因造成的？而且，依据中国普查数据得到的结论是否具有普遍性？等等，都有待后续进一步的研究。

**附录 3—1**

$K-S$ 拟合优度检验的具体做法是，利用极大似然估计和 $K-S$ 统计量估计出的具体 $\hat{k}$ 和 $\hat{x}_{min}$，依据需要的精确度，构造一定数量的、服从帕累托分布且其分布参数等于已经估计出的 $\hat{k}$ 和 $\hat{x}_{min}$ 的数据集①，并重复利用极大似然估计和 $K-S$ 统计量估计出这些构造数据集各自的 $\hat{k^j}$ 和 $\hat{x^j_{min}}$（$j$ 为构造数据集编号），然后分别计算实际分布与其拟合分布的 $K-S$ 统计量，以及所有构造分布与其自身拟合分布的 $K-S$ 统计量。最后，将所有构造分布中 $K-S$ 统计量大于实际分布 $K-S$ 统计量占构造分布总量的比重，作为是否接受企业生产率服从帕累托分布原假设的 $p$ 值。

实际进行 $K-S$ 分布检验，还要处理三个关键环节。第一，在构造服从帕累托分布且其分布参数等于已经估计出的 $\hat{k}$ 和 $\hat{x}_{min}$ 的数据集时，注意是在全定义域上构造。具体来说，假设观测样本总量为 $N$，其中有比重 $n_r$ 的样本大于 $\hat{x}_{min}$，需要首先以 $\frac{n_r}{N}$ 的概率，从服从参数 $\hat{k}$ 和 $\hat{x}_{min}$ 的理论帕累托分布中抽取 $n_r \times N$ 个样本；然后以 $1-\frac{n_r}{N}$ 的概率，从实际观测值小于 $\hat{x}_{min}$ 的样本点中抽取余下的部分。第二，确定了构造数据集的方法后，还需要确定拟构造数据集的数量。Clauset et al.（2009）提出了一个所需 $p$ 值精确度与构造数据集数量之间对应关系的“拇指法则”，即构造数据集的数量等于 $\frac{1}{4}\varepsilon^{-2}$，其中 $\varepsilon$ 表示所要求的 $p$ 值的精确度。如本章后续估计和

---

① 构造服从帕累托分布的数据集，通常采用转换方法（*transformation method*），即假定 $r$ 在（0，1）区间服从均匀分布，则 $x=x_{\min}(1-r)^{\frac{-1}{\alpha-1}}$ 服从参数为（$x_{\min}$，$a$）的帕累托分布（Press et al.，1992）。

检验所需的 $p$ 值精度均为 0.01，也即至少需要构造 2500 个数据集（后文不再重复说明）。第三，需要确定，$K-S$ 分布检验在何种程度上接受原假设。此处笔者采用较为保守的判断标准（$p\text{-}value<0.1$）①，也就是说，如果 100 个构造数据集的 $K-S$ 统计量中，大于实际 $K-S$ 统计量的数量小于 10，就拒绝实际观测值服从帕累托分布的原假设。

① $p$ 值的渐近极限分布可参见 Gibbons（1971），也有文献采用 $p\text{-}value<0.05$ 的较为宽松的标准（Mayo and Cox，2006）。

# 第四章

# 企业动态划分规则及应用

## 第一节 企业动态的界定

在后续进行的企业动态分析之前，需要科学界定企业的进入、在位与退出。利用中国工业企业数据库①界定企业的退出，要着重考虑两个关键的问题：第一是确定划分企业退出，或者是进入、在位的规则，现有文献基本是采用两年规则（Andrew B Bernard and J Bradford Jensen，2007），即退出企业（以下简称“$X$”）被定义为，$t$ 期处于活动状态（通常以产出、出口或就业等指标大于零表示），而 $t+1$ 期不在企业数据库中；新进入企业（以下简称“$E$”）被定义为，$t$ 期处于活动状态，而 $t-1$ 期不在企业数据库中；在位企业（以下简称“$C$”）被定义为 $t-1$ 期、$t$ 期都处于活动状态。但是，如果存在只存活一期的企业（以下简称“$S$”），依据两年规则对企业动态进行的分类并不是互斥的。因为 $t$ 期运营的企业，相对于 $t-1$ 期，或者是新进入企业，或者是在位企业；而相对于 $t+1$ 期，只有两种去向，要么是继续在位，要么是退出。因此（上标 2、3 分别表示两年、三年规则，$N_t$表示 $t$ 期企业总数）：

$$N_t^2 = E_t^2 + C_t^2 = X_t^2 + C_{t+1}^2 \tag{4—1}$$

而这意味着：

---

① 本章依据的中国工业企业数据库，虽然只包括所有国有工业企业和规模以上非国有企业，但这一数据库的代表性仍然是值得肯定的。因为根据笔者的计算，相比 2004 年、2008 年的全国经济普查结果，中国工业企业数据库的核心变量，如产品销售收入、工业总产出等，计总之后占经济普查总量的比例都超过了 90%，出口的比重甚至超过了 97%。另外，中国各个年度统计年鉴的指标也大多是依据这一数据库计算得出（Brandt，Van Biesebroeck，and Zhang，2014）。

$$N_t^2 \neq E_t^2 + C_t^2 + X_t^2 \tag{4—2}$$

在采用三年规则的情况下，因为：$N_t^2 = N_t^3$，$E_t^2 = E_t^3 + S_t^3$，$X_t^2 = X_t^3 + S_t^3$，$C_t^2 = C_t^3 + X_t^3$，即：

$$N_t^3 = E_t^3 + C_t^3 + X_t^3 + S_t^3 \tag{4—3}$$

两年规则与三年规则具体差异见表 4—1。

**表 4—1 两年规则与三年规则的差异**

| 企业类型 | | $t-1$ 期 | $t$ 期 | $t+1$ 期 |
|---|---|---|---|---|
| 两年规则 | 进入（$E^2$） | 非运营 | 运营 | |
| | 在位（$C^2$） | 运营 | 运营 | |
| | 退出（$X^2$） | | 运营 | 非运营 |
| 三年规则 | 进入（$E^3$） | 非运营 | 运营 | 运营 |
| | 在位（$C^3$） | 运营 | 运营 | 运营 |
| | 退出（$X^3$） | 运营 | 运营 | 非运营 |
| | 仅在 $t$ 期存活（$S^3$） | 非运营 | 运营 | 非运营 |
| $t$ 期运营企业（$N_t$） | | 运营 | | |

所以，只有利用三年规则对企业动态进行划分，才可构成各子集之间互斥的完整闭集（表 4—2）。否则，在短期存活企业数量较多的情况下，计算企业退出率、进入率、企业流转率（退出率与进入率之和）等变量，就会存在非常明显的高估。

**表 4—2 三年规则下企业动态类型的划分标准**

| | 所有制 | $t-1$ | $t$ | $t+1$ | 类型 |
|---|---|---|---|---|---|
| 1 | 所有企业 | 就业人数 >0 | 就业人数 >0 | 就业人数 >0 | 在位企业 |
| 2 | 国有企业 | 就业人数 >0 | 就业人数 >0 | 缺失 | 退出企业 |
| 3 | 非国有企业 | 就业人数 >0 | 就业人数 >0，非运营 | 缺失 | 退出企业 |
| 4 | 非国有企业 | 就业人数 >0 | 就业人数 >0，运营 | 缺失 | 在位企业 |
| 5 | 国有企业 | 缺失 | 就业人数 >0 | 就业人数 >0 | 进入企业 |
| 6 | 非国有企业 | 缺失 | 就业人数 >0，经营年限 ≥2 | 就业人数 >0 | 在位企业 |

续表

| | 所有制 | $t-1$ | $t$ | $t+1$ | 类型 |
|---|---|---|---|---|---|
| 7 | 非国有企业 | 缺失 | 就业人数 >0，经营年限 <2 | 就业人数 >0 | 进入企业 |
| 8 | 国有企业 | 缺失 | 就业人数 >0 | 缺失 | 短期存活 |
| 9 | 非国有企业 | 缺失 | 就业人数 >0，运营，经营年限≥2 | 缺失 | 在位企业 |
| 10 | 非国有企业 | 缺失 | 就业人数 >0，运营，经营年限 <2 | 缺失 | 短期存活 |
| 11 | 非国有企业 | 缺失 | 就业人数 >0，非运营 | 缺失 | 短期存活 |

第二是企业的"伪进入、伪退出"。由于中国工业企业数据库只包括所有国有工业企业和规模以上非国有企业，这导致在各个统计年度，新进入企业有可能是那些过去已存在而未达到规模以上标准但现在达到这个标准的企业。同时，从这个数据库中退出的企业，有可能是上一统计年度超过规模以上标准，但现在未达到这个标准的企业；不过，Brandt et al.（2014）认为，由于企业意愿等因素的影响，规模以上这一门槛，对退出的扰动实际上并不存在。但出于慎重，笔者还是按照马弘、乔雪、徐嫄（2013）的原则，充分结合工业企业数据库中企业设立年份、出现在数据库中的初始年份、营业状态等，来综合判断企业的进入、在位与退出等类型，尽量降低由于工业企业数据库中企业样本选择标准造成的误差，减少短期退出之后再进入对企业退出界定的扰动（He and Yang，2015）。

## 第二节　中国工业企业动态的基本特征

根据三年规则，表 4—2 对中国工业企业的企业动态划分标准进行了细致的界定，包括 11 种情况。

表 4—3 提供了整体层面根据上述分类之后的测算结果①。具体而言，

① 此处的企业总数，是指经过连接后的中国工业企业数据库全部企业总数；而中国工业企业数据库的清理、连接等工作，将在本章第三节第三部分一并说明。

首先，中国工业企业中存在大量只存活一年的企业，占所有企业总数的比重平均为1.45%，如果不剔除，将会高估企业退出的比重，并可能影响相关实证的结果，这一结论与毛其淋和盛斌（2013）的判断是一致的，这也是本章强调采用三年规则的主要原因。其次，加入世界贸易组织之后，是中国工业发展极具活力的阶段之一，反映在企业动态上就是，每一年度企业的退出率都低于进入率，这与1999年、2000年有根本的不同。再次，中国工业的快速发展还反映在1999—2007年，中国工业企业退出率呈现出逐年递减的态势，年平均企业退出率约为2.93%；而企业进入率的变动恰好相反，年平均约为6.15%。

**表4—3　　　　　　　　中国工业企业动态分类的结果**

| | 1999 | 2000 | 2001 | 2002 | 2003 | 2004 | 2005 | 2006 | 2007 |
|---|---|---|---|---|---|---|---|---|---|
| 在位企业 | 121307 | 122117 | 128606 | 138905 | 151761 | 205641 | 220932 | 242540 | 280056 |
| 进入企业 | 5992 | 5350 | 9360 | 8203 | 9691 | 27712 | 14136 | 18890 | 16345 |
| 退出企业 | 6797 | 6953 | 5385 | 5839 | 6019 | 3232 | 3995 | 4245 | 2398 |
| 短期存活 | 1966 | 1979 | 1826 | 1791 | 3608 | 8490 | 1494 | 1439 | 3135 |
| 合计 | 136062 | 136399 | 145177 | 154738 | 171079 | 245075 | 240557 | 267114 | 301934 |

下面进一步从产业层面简单分析一下企业退出率的分布及其变动。现有研究计算企业退出率一般有两种方式（Baldwin、Liu and Wang，2013），分别是退出企业数量的比重和退出企业就业量的比重，本节采用退出企业数量的比重，即：$r_{it}^{X}=\frac{N_{X,t}^{3}}{N_{t}}$，其中，$r_{it}^{X}$表示$i$产业$t$期的企业退出率，其余标示如上文。图4—1显示，首先，不同产业的企业退出率存在非常大的不同，分布呈右拖尾特征，这也印证了文献综述部分提到的，在后续实证过程中控制产业层面变量的重要性。其次，各个产业企业退出率的众数逐年向左移动（为了清晰展示，图4—1只保留了三年的密度图），这与整体退出率逐年下降是一致的。[①]

① 从规模、存活年限、地区等方面对退出率分布所做的队列分析结果备索。

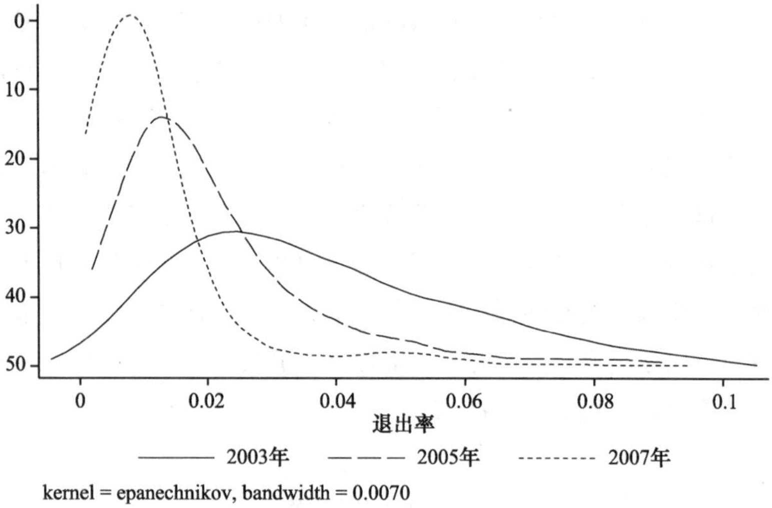


**图 4—1 四位数产业企业退出率的核密度**

## 第三节 在企业生存分析中的应用

近些年来，国际上众多的双边投资协定谈判，在准入领域、外资股权比例等多个方面，始终进展缓慢。保守者常用的论据包括：吸引外资的政策是以东道国放松管制、让渡一部分经济主权为代价的（Bernard and Sjoholm，2003）；而且，如果东道国政府的经济可持续发展观念淡薄，对项目审批把关不严，会不可避免地给母国的污染产业、夕阳产业等提供机会（Kimura and Kiyota，2007）；另外，按照 Helpman、Melitz and Yeaple（2004）等的研究，生产效率较高的外商投资企业通常会挤出部分低效率的东道国内资企业。

除此以外，Van Beveren（2007）、Bandick（2010）和 Varum、Rocha and da Silva（2014）等研究得出的外商投资企业具有“自由流动”（foot-loose）特性的结论，即在同等条件下，外商投资企业的退出风险通常高于内资企业，受到了广泛的关注。其逻辑是，相比于内资企业，外商投资企业与国际生产、销售网络等方面的联系程度更为紧密，这使得他们针对市场变动的反应相对会更灵敏，从而可以在不同国家实现生产资源重新配置的行为中占得先机。从这个角度，如果东道国在制定外资政策的时候，缺乏对外商投资企业退出特性的考虑，可能会给国内就业、经济安全等埋下巨大的隐患。

经过改革开放 30 多年的发展，我国利用外资取得了显著成就，连续 20 多年处于发展中国家的首位；2014 年吸引外资规模更是超过美国，成为世界第一。有大量的研究检验了外资对中国经济发展各个方面的重要作用，罗长远（2004）为此提供了非常全面的综述。继续坚持吸引外商投资的政策，似乎是毫无疑义的。不仅如此，国务院新近发布的《关于在自由贸易试验区暂时调整有关行政法规、国务院文件和经国务院批准的部门规章规定的决定》（以下简称《决定》），主要涉及的两个方面就是：关于外资企业及中外合资经营企业的多项事项由审批改为备案管理；对钢铁等多个领域开放，允许外资独资或控股。但是，与这一发展趋势和作为外资东道国所处地位不太相称的是，鲜有研究关注我国外商投资企业的相对退出行为。而对这一问题的科学分析，对我们全面、合理地评价过往外资政策至关重要；并且还可能在一定程度上为回答如何应对新一代双边投资协定、如何看待自贸区外商投资管理制度改革创新成果在全国的推广和复制①等问题，提供重要参考。

本节利用 1998—2008 年的中国工业企业数据，以及能控制不可观测异质性和多重生存期等问题的离散时间生存分析方法，估计了我国外商投资企业的相对退出风险。核心结论是：我国外商投资企业并没有体现出“自由流动”的特征，其无条件和条件退出风险均低于内资企业；这所有权溢价主要是源于学习效应，即新进入外资与本土合资、合作方之间，在已有知识存量的基础上，进一步相互取长补短，继而促使其退出风险相对下降得更快。这说明，除了竞争、溢出等正面效应之外，在某些条件下，外商投资企业对我国经济发展还能起到一定的稳定作用。

## 一　文献综述

企业动态是市场经济的重要特征之一（Daniel，1980；Schumpeter，

① 可参见国务院《关于推广中国（上海）自由贸易试验区可复制改革试点经验的通知》（2014）、广东省人民政府《关于复制推广中国（广东）自由贸易试验区第二批改革创新经验的通知》（2016）等。

1934；Wolfe，1960）。此处的企业动态是指某经济单元某一时点有大量异质性企业进入，新企业进入后会与在位的企业在产品、要素等市场展开竞争，使得该经济单元同时出现获利企业和亏损企业（也称获胜企业和失败企业），新进入企业和原在位企业在对其生产和经营环境认识加深的基础上，做出扩张、收缩或退出的决策，而退出企业的生产要素和市场份额将在该经济单元仍在位的企业间重新配置。

为上述经济现象提供理论解释的是学习模型。最初是被动学习模型，即 B. Jovanovic（1982）提出的贝叶斯噪声选择模型，假定企业事先并不知道自身的要素禀赋、效率等，只有在进入市场开展经营后才知道自身的生产率，进而通过生产率与成本的权衡来决定是退出，还是保持同等规模、扩大规模或是缩小产能继续运营。然后是主动学习模型，Ericson and Pakes（1995）在 Hopenhayn（1992）将创新作为外生过程的基础上，假设每个企业的生产率按照外生的 Markov 过程独立变动，产出是投入与外部冲击的函数，进入需要支付沉没成本，并且企业具有主动学习能力，能够通过投资活动来提高盈利能力；在获知外部冲击的条件下决定利润最大化的产出，对应均衡时给定的产出和投入品价格，生产率低于某一临界值的企业退出市场。

不过，上述学习模型提出的外部冲击较为笼统，并没有具体的指代。近年来，以 Bernard、Eaton、Jensen and Kortum（2003），Melitz（2003）等为代表的新—新贸易理论，将异质性企业条件下的产业动态模型与一般均衡的贸易模型相结合，探讨了由于贸易壁垒减少导致竞争加剧这一外部冲击下企业的行为选择及其影响。这些研究虽然在动机和渠道等方面存在诸多差异（Arkolakis，Costinot and Rodríguez-Clare，2012），但是它们的主要结论基本一致，即贸易自由化导致高效率企业扩张、低效率企业收缩或是退出。整体而言，新—新贸易理论虽然开阔了国际贸易理论研究的视野，可仅将关税减让（或贸易自由化）等看作是外部冲击的来源，基本没有考虑外资对企业动态的影响，仍是其局限之所在。

尽管缺乏从理论上将外资作为外部冲击，并研究其对企业动态，特别是企业退出影响的文献；但这方面的实证研究发展却很快，只是这些文献多侧重于研究外资对本土企业退出或生存的影响，较少关注内、外资企业在相对退出行为方面的差异。如 Blomström and Kokko（1998）等认为，外资可以通过溢出效应降低本土企业的退出风险；但 Gorg and Strobl（2003）等提出，外资进入既提升了产品市场的竞争程度，通过降低产品价格的方式降低了企业的价格—成本加成；又提升了要素市场的竞争程度，通过提高要素价格的方式降低了企业的价格—成本加成，并最终导致本土企业退出的风险上升。此外，Kejzar（2011）等还发现了内向外商投资通过后向联系加大上游行业企业退出风险、通过前向联系减少下游行业企业退出风险的证据。而从另一个角度，研究和比较内、外资企业绩效的文献，更多是关注两类企业在生产率、规模、融资和研发等方面的差异，同样没有重视这两类企业在相对退出行为上面的差异。如 Doms and Jensen（1998）、Blonigen and Tomlin（2001）发现美国外商投资企业的规模和劳动生产率远高于国内企业；Harris and Robinson（2002）等基于加拿大和英国的研究，得到了相似的结果。陈勇兵和蒋灵多（2012）等认为，在遇到融资约束的时候，外商投资企业可能通过母公司获得海外资本市场的信用。

目前，针对内、外资企业相对退出风险的研究较少，且其结论尚不明确。Ferragina、Pittiglio、and Reganati（2014）等认为，从理论的角度，一方面，外商投资企业属于跨国公司全球生产网络的组成部分，存在国际化方面的优势；在东道国经济状况恶化的时候，相对内资企业可以更加便利地在世界各地配置生产要素，也即外资企业的相对退出风险更高。另一方面，由于外来者劣势（liability of foreigner），外资企业相对需要支出更高的进入成本；从这个角度，外资企业的相对退出风险会更低。与之类似，相关经验研究的结果也存在较大差异，如 Kronborg and Thomsen（2009），Holmes、Hunt and Stone（2010）分别基于丹麦和英国的研究认为，外商投资企业的相对退出风险更低；而 Van Beveren（2007）、Varum et al.（2014）分别基于比利时、葡萄牙的研究结果则恰好相反；同样是基于葡萄牙的研究，José Mata and Portugal（2002）又认为内外资企业的退出风险并没有什么显著差异。

除内、外资所有权外，还有众多宏观、产业和企业层面的变量，可能影响企业退出的风险。具体而言，从宏观层面：一国或地区整体的经济状态一直被看作是导致企业退出的重要因素。Timothy Dunne and Roberts（1991）、Callejón and Segarra（1999）等发现企业退出行为具有“逆周期”的特征，在经济萧条的时候企业退出风险上升，而经济扩张的时候退出风险下降。而且，当前的经济增长形势不仅仅影响企业经营的市场环境，还会影响企业对未来市场的预期，当企业预计未来市场形势会恶化的时候，退出的风险会大幅增加（Geroski，Mata，and Portugal，2010）。

从产业层面：首先，产业增长会减少企业退出的风险。Audretsch and Mahmood（1994）、Jose Mata and Portugal（1994）等提供了产业增长会对企业退出产生反向影响的证据。其次，在市场机制完善的情况下，产业内企业的进入与退出存在紧密的联系。Johnson and Parker（1994）具体地将同一产业内上一期企业进入和退出对当期退出的正向影响，分别命名为竞争效应（competition effect）和乘数效应（multiplier effect）。Roberts and Thompson（2003）、Dejardin（2004）等分别提供了竞争效应和乘数效应存在的证据。再次，不同产业获得规模效应的最低有效规模是不一样的。产业的最低有效规模越大，新进入企业和原有在位企业达到这一生产规模的难度就越大，因而退出的风险也相应越高。Duetsch（1984）等均发现最低有效规模越大的产业，其企业退出的风险越高。最后，集中程度越高的产业，在位企业之间形成共谋抵制新进入企业的可能性也越大（Bunch and Smiley，1992）。

从企业层面：首先除学习模型强调的生产率会对企业退出风险产生显著影响之外，比较受关注的还包括企业规模。虽然规模大的企业，并不意味着其生产率也对应着高（高凌云，屈小博，贾朋，2014），但是相比于小规模企业，大企业拥有规模经济的优势（R. N. Agarwal，1997；Jose Mata and Portugal，1994）；而且大企业在声誉、获得外部资本、人力资源等方面，也更具优势（Esteve-Pérez，Sanchis-Llopis，and Sanchis-Llopis，2010）。Rajshree Agarwal and Audretsch（2001）等还发现，企业设立时的初始规模越大，后续退出的风险相应也越低。其次是企业的经营年限。Hannan（1998）等认为经营年限对企业退出的影响呈“倒 U”形，在临界点之前，随着经营年限的增加，企业初始设立时的要素禀赋以及经营战略，与快速变化的内外部环境的背离程度越来越大，对企业生存的影响超过了“干中学”等效应；而在临界点之后，情况恰好相反。再次，企业是否从事对外贸易与其退出风险同样具有非常密切的联系。如

W. Wagner（2011）指出，出口可以被认为是分散风险的一种方式，通过在处于不同经济周期的市场分配销售，可以减少企业退出的风险。

笔者认为，针对内、外资企业相对退出风险的研究，仍然存在一些亟须改进的地方。第一，验证外商投资企业是否具有“自由流动”特性的文献，大多存在着对企业退出界定不科学的问题。现行对企业退出的界定，基本传承自企业动态文献，采用的都是两年规则。但如果研究对象存在只存活一年的企业时，两年规则将不可避免地高估被解释变量。第二，验证外商投资企业是否具有“自由流动”特性的文献，虽然都强调同等条件，但实证过程中只控制了那些可以测度的条件，大多没有考虑无法观测的条件。第三，除了验证“自由流动”是否存在，目前仍然缺乏检验造成内、外资企业退出风险差异内在机制的研究。第四，中国工业企业数据库中数据的统计是以离散的年为单位的，但现有验证外商投资企业是否具有“自由流动”特性的文献，大多是采用基于连续时间的生存分析方法，如 Cox 模型。

整体而言，虽然验证外商投资企业是否具有“自由流动”特性更多是一个经验问题，但迄今为止，国内外还鲜有涉及中国外商投资企业相对退出行为及内在机制的研究，这与我国吸引外资规模世界第一的地位极不相称。除了提供中国样本、丰富现有研究之外，本节的边际贡献还体现在对以上四个缺陷的改进上。另外在细节上，本节对法人代码、企业设立年份等变量的处理，能很好地解决企业匹配、经营年限不一致等问题。

## 二　计量模型的设定

产业成长理论（或产业生命周期理论）讨论了创新企业与非创新企业的相对绩效（Timothy Dunne and Roberts，1991；Boyan Jovanovic and MacDonald，1994），如果将这一理论框架中的两类企业分别调整为外资企业与内资企业，可以非常方便地建立起企业所有权类型与相对生存的理论联系。以此为基础，根据企业生存分析的惯例，下面依无条件风险、条件风险的顺序展开论述。

首先，比较外商投资企业与内资企业的无条件退出风险，不考虑其他变量的影响，不对数据的概率分布做先验假设，也不需要估计参数。

最常用的方法是，比较每一类企业的非参数 Kaplan-Meier 生存函数估计量（Greene，2003）。具体公式为：

$$\hat{S}(t) = \prod_{t_0}^{t_j} [(n_j - d_j) / n_j] \tag{4—4}$$

其中，$\hat{S}(t)$ 表示生存至 $j$ 期的风险，$n_j$ 表示到 $j$ 期仍然在位企业的总数，$d_j$ 表示在 $j$ 期退出企业的数量。这一估计量的含义是：企业生存至 $t_j$ 的无条件风险等于之前每一个区间的条件风险之乘积。不仅如此，使用 Kaplan-Meier 估计量的另一个好处是，可以使用对数秩检验规范地检验外商投资企业与内资企业生存函数的等同性。

其次，正如笔者在文献评述部分提到的，本部分的分析并不仅仅局限于比较外商投资企业与内资企业的无条件退出风险，还需要定量比较在控制了企业、产业特征及其他不可观测变量的情况下，外商投资企业变量对企业退出的影响。此处值得注意的是，生存分析常用的 Cox 模型，至少存在四个方面的约束（Hess and Persson，2012）：第一，也是最关键的，Cox 模型是基于变量的连续性得到的，但现实数据总是离散的，对以年为间隔搜集得到的中国工业企业数据库而言，更是如此。第二，Cox 模型是按经验方式估计基准存活函数，没有参照任何理论分布，当存活时间大致服从某种理论分布时，其估计的准确度不理想。第三，Cox 模型无法纳入不可观测的个体异质性；在线性模型中，忽略不可观测的异质性相当于遗漏变量，如果遗漏变量与解释变量不相关，则不会影响估计量的一致性；但是在非线性的生存分析模型中，即使不可观测的异质性与解释变量不相关，仍会导致不一致的估计。第四，Cox 模型无法处理多重生存期（multi-spell）的情况，而本节利用的中国工业企业数据库中，就存在相同企业进入、退出、再进入等多种可能。

当然，相对样本总体而言，如果中国工业企业数据库中存在多重生存期的企业数量比较少，可忽略不计或是将其界定为完全不同的样本企业，也即假设同一企业不同的生存期不相关，可能并不影响最终的定性判断。但出于严谨，本部分还是尝试在 Willett and Singer（1995）等的基础上纳入企业不可观测的异质性，以控制多生存期的影响。具体而言，分别以 $S_{ij}(k) = Pr_i\{T_j > k\}$、$f_{ij}(k) = Pr_i\{T_j = k\}$ 表示企业 $i$ 在第 $j$ 个生存期

内时间 $k$ 的生存函数和概率分布函数。其中，$T_j$ 为表示第 $j$ 个生存期内事件发生的离散型随机变量。由此可以得到风险函数：

$$h_{ij}(k) = Pr_i\{T_j = k \mid T_j \geqslant k\} \tag{4—5}$$

因为经历后续事件（或状态）的企业必然会经历之前的事件，如经历第二个生存期的企业必然会经历第一个生存期。据此，将总样本分为若干个互斥的子样本，其中，子样本 1 包括 $n_1$ 个只经历第一个生存期的企业，子样本 2 包括 $n_2$ 个经历第一、第二两个生存期的企业……子样本 $j$ 包括 $n_j$ 个经历了第一到第 $j$ 个生存期的企业，以此类推。继而，定义一个二元归并变量：

$$c_{ij} = \begin{cases} 0, \text{如果个体企业 } i \text{ 在第 } j \text{ 个生存期内没有归并} \\ 1, \text{如果个体企业 } i \text{ 在第 } j \text{ 个生存期内归并} \end{cases}$$

如果以 $K_{ij}$ 表示企业 $i$ 在第 $j$ 个生存期能被观测到的最后时刻，则子样本 $j$ 内的任意企业 $i$ 对似然函数的贡献可表示为：$L_i^j = [f_{i1}(K_{i1})]^{1-c_{i1}[S_{i1}(K_{i1})]^{c_{i1}} \cdots [f_{ij}(K_{ij})]1-c_{ij}}[S_{ij}(K_{ij})]^{c_{ij}}$。据此可以得到如下形式的总体样本似然函数：

$$\begin{aligned} L(\beta) = & \left(\prod_{i=1}^{n_1} (f_{i1}(K_{i1}))^{1-c_{i1}} (S_{i1}(K_{i1}))^{c_{i1}}\right) \times \cdots \\ & \times \left(\prod_{i=n_1+\cdots+n_{J-1}+1}^{n_1+\cdots+n_J} (f_{i1}(K_{i1}))^{1-c_{i1}} (S_{i1}(K_{i1}))^{c_{i1}} \cdots \right. \\ & \left. (f_{iJ}(K_{iJ}))^{1-c_{iJ}} (S_{iJ}(K_{iJ}))^{c_{iJ}}\right) \end{aligned} \tag{4—6}$$

由于：

$$f_{ij}(K_{ij}) = Pr_i\{T_j = K_{ij} \mid T_j \geqslant K_{ij}\} \cdots Pr_i\{T_j \neq 1 \mid T_j \geqslant 1\} \tag{4—7}$$

即：

$$f_{ij}(K_{ij}) = h(K_{ij}) \prod_{k=1}^{K_{ij}-1} [1 - h_{ij}(k)] \tag{4—8}$$

同理：

$$S_{ij}(K_{ij}) = \prod_{k=1}^{K_{ij}} [1 - h_{ij}(k)] \tag{4—9}$$

再定义一个二元随机变量：

$$d_{ijk} = \begin{cases} 0, \text{如果企业 } i \text{ 在第 } j \text{ 个生存期内的时期 } k \text{ 没有退出} \\ 1, \text{如果企业 } i \text{ 在第 } j \text{ 个生存期内的时期 } k \text{ 退出} \end{cases}$$

以此为基础，可将总体样本似然函数简化表示为：

$$L(\beta) = \prod_{i=1}^{n}\prod_{j=1}^{J_i}\prod_{k=1}^{K_{ij}} [h_{ij}(k)]^{d_{ijk}}[1-h_{ij}(k)]^{1-d_{ijk}} \tag{4—10}$$

与不考虑多重生存期的似然函数形式类似，公式（4—10）同样可以很方便地将离散时间、多生存期的生存分析转换为二元选择问题。进一步，为了估计模型的参数向量，还需要设定风险函数$h_{ij}$（$k$）的形式。常用的风险函数形式包括极值分布、logistic 分布和正态分布，分别对应 cloglog 模型、logit 模型和 probit 模型。以 cloglog 模型为例，有：

$$h_{ij}(k) = 1 - e^{[-e(\beta_0 + x_{ik}'\beta + \gamma_j + \gamma_k + \gamma_i + \varepsilon_{ik})]} \tag{4—11}$$

本节将公式（4—11）作为后续估计的基础。其中，$x_{ik}$包括不随时间变化和随时间变化的自变量向量，$\beta$ 为对应的参数向量；$\gamma_j$为控制多重生存期的虚拟变量，$\gamma_k$为控制时期的虚拟变量；误差项由$\gamma_i$和$\varepsilon_{ik}$两部分组成，$\gamma_i$服从均值为 0、方差为$\sigma_\gamma^2$的正态分布①，用以表示不同企业特定的、不随时间而变且不可观测的异质性（或称弱质性）；$\varepsilon_{ik}$与$x_{ik}$、$\gamma_i$等不相关。需要强调的是，被解释变量的方差是由$\gamma_i$和$\varepsilon_{ik}$的方差共同决定的，如果忽略企业的异质性，将不可避免地导致参数估计存在偏差（Heckman and Singer，1984）。

## 三 变量和数据说明

### （一）变量的测度

本节的被解释变量为表征不同类型企业退出事件是否发生的虚拟变量。此处值得注意的是，企业生存分析时涉及的数据结构与传统计量方法有较大差异。中国工业企业数据库中所有的企业，大致上可以分为四种类型（还有少量企业中间有间断）：类型 1 是进入与退出，均在研究区间内出现；类型 2 是在研究截止的时候，企业退出这一事件还没有发生；类型 3 是研究开始之前，企业已经设立了，但在研究终止之前，企业退出这一事件发生；类型 4 是企业进入和退出都发生在研究区间之外。由于中国工业企业数据库中的每一个企业，都是按会计年度提供对应数据。

---

① 按照 Nicoletti and Rondinelli（2010）、Hess and Persson（2012）等，具体采用何种分布，并不影响参数估计的结果。

对于类型3、类型4，在本节中也就是1999年之前设立的企业，如果将它们保存在最后的样本总体中，会导致这些样本企业从成立时起到1998年之间的、随时间变化的变量，出现数据缺失；进而，可能导致估计的结果有偏，甚或无法估计。因此，本节只保留了企业设立年份在1999—2008年的企业样本。

本节最关注的解释变量是外商投资企业虚拟变量（foreign），如果是外商投资企业则取值为1，其他取0。依照《中华人民共和国中外合资经营企业法》《中华人民共和国中外合作经营企业法》《中华人民共和国外资企业法》的规定，外商投资企业是指在中国境内设立的，由中国投资者和外国投资者共同投资或者仅由外国投资者投资的企业。据这一规定来识别外商投资企业通常有两种方式：第一是采用中国工业企业数据库中的登记注册类型来识别，但这一方式可能存在一定的偏差。因为在《中华人民共和国企业所得税暂行条例》和《中华人民共和国外商投资企业和外国企业所得税法》两部法律法规统一成一部所得税法之前，外商投资企业拥有一些“超国民待遇”，而这可能会促使部分没有外资成分的企业故意误填登记注册类型。第二是采用设立时港澳台资本金和外商资本金占实收资本金的比重来识别，这种方式更为准确。根据《中华人民共和国中外合资经营企业法》第四条，即合营企业的注册资本中，外国合营者的投资比例一般不低于25%。另外，考虑到具有绝对控制权的外商投资企业以及独资企业的相对退出风险，可能也很受关注。因此，本节采用了四种外商投资企业定义，第一种定义包括登记注册类型为外商投资企业和港澳台投资企业的企业，而第二、第三种定义分别指港澳台资本金和外商资本金占实收资本金的比重超过25%、50%的企业，第四种定义指港澳台资本金和外商资本金占实收资本金比重为100%的外商独资企业。对外商投资企业做这样区分的另一个好处是，可以进一步观察和比较外资股权比例变动对企业退出的影响。

根据文献综述，本节利用时期虚拟变量来控制宏观层面不可观测变量的影响，其他企业和产业层面的控制变量大致包括：（1）全要素生产率（*tfp*）。笔者利用LP方法（Levinsohn and Petrin，2003）计算的全要素生产率来测度企业生产效率。[①] 与 J. Wagner（2010）等相似，预计低生产率企业的退出风险更高。（2）规模（*size*）。笔者利用中国工业企业数据库中每个企业的“不变价工业总产值”变量来测度企业规模。与 Esteve-Pérez et al.（2010）等类似，预计规模越大的企业退出的风险越低。（3）企业经营年限（*age*）。笔者利用中国工业企业数据库中每个企业“企业设立年份”变量至统计年度的时长来测度企业经营年限。与 Hannan（1998）等类似，预计企业经营年限对退出风险的影响呈“倒 U”形变化。（4）出口密集度（*ex*）。笔者利用经出口价格指数折算后的出口交货值占以不变价计工业总产值的比重来测度。与 W. Wagner（2011）类似，笔者预计出口密集度会反向影响企业退出风险。（5）滞后一阶的退出（$exit_{t-1}$）与进入（$entry_{t-1}$）。与 Carree、Verheul、and Santarelli（2011）等类似，笔者通过在回归中加入滞后一阶的进入企业数量、滞后一阶的退出企业数量，分别用来验证在中国是否也存在乘数效应和竞争效应。（6）最低有效规模（mes）。以产业内就业处于中位数企业的就业来测度，与 MacDonald（1986）等类似，预计最低有效规模越大的产业，产业内企业退出的风险越大。（7）产业集中度（herf）。此处利用常用的 Herfindahl 指数来测度产业集中度，其计算公式为：

$$herf = \sum_{n=1}^{N_K} (E_{Kn} / E_K)^2 \qquad (4\text{—}12)$$

其中，$E_K$表示 $K$ 产业总的就业规模，$E_{Kn}$表示 $K$ 产业内企业 $n$ 的就业规模，$N_i$表示 $K$ 产业内企业总的数量。与 Bunch and Smiley（1992）等类似，预计集中程度越高的产业，企业退出的风险也越大。（8）产业增长（*growth*）。处于不同生命周期阶段的产业，整体的退出特征也会存在较大不同，笔者利用产业层次的就业总量增长率来测度，与 Audretsch and Mahmood（1994）等类似，预计产业增长会对企业退出风险产生反向

① 此处强调采用 LP 方法，是因为中国工业企业数据库中投资变量（包括短期投资和长期投资）存在较多的零值，1998—2008 年总的 2310113 家样本企业中，投资变量为零或缺失的样本量为 2141428 家，使用 OP 方法会损失较多的样本；而 LP 方法需要的中间投入变量为零或缺失的样本量仅为 390200 家。本章利用 LP 方法估计出的二位码产业的资本、劳动力和中间投入弹性请见附录 4－2。另外，2004 年的工业增加值根据公式“工业增加值 = 工业总产值 － 中间投入 + 应交增值税”计算得出。

影响。

（二）数据说明

数据说明有三个方面的内容，分别是：数据库连接之前部分变量的处理与对应；对连接后非平衡面板数据内关键变量的清理；获得计算控制变量所需平减指数的工作。

首先，本部分在对中国工业企业数据库连接之前，除了进行聂辉华、江艇、杨汝岱（2012），Brandt et al.（2014）等的基础性处理之外，还做了一些更细致的工作，体现在：第一，对连接涉及的所有字符型变量均进行了清理，仅保留了变量中的字母（小写字母转换为大写字母）、数字和汉字（将全角字符均转换为半角字符）。第二，根据《全国组织机构代码编制规则》（GB 11714—1997）[①]，剔除了本体代码与校验码不一致的企业。第三，2008 年原始数据中共有企业 327853 家，这一数字与 2009 年《中国统计年鉴》中报告的数字（426113 家）有较大差别，笔者使用 2008 年第二次全国经济普查全部国有及规模以上企业数据替换。第四，对《国民经济行业分类与代码》（GB/T 4754—1994）和《国民经济行业分类》（GB/T 4754—2002），进行了细致的对应（附录 4—1）。

其次，本节对不同年份企业的连接，与 Brandt et al.（2014）等最关键的不同是，在匹配之前处理了企业设立年份变量。之所以如此是因为，中国工业企业数据库中未经处理的企业设立年份，存在如下问题：第一，只存活一年的企业，存在登记的企业设立年份缺失、为零或为非数字字符等诸多情况；第二，存活时间多于一年的同一家企业，不仅存在登记的企业设立年份缺失、为零或为非数字字符的情况，还存在登记的企业设立年份不统一的情况，而这一不统一，又可分为每一年登记的企业设立年份都不等，以及某些年份相等、某些年份不相等的情况；第三，存在登记的企业设立年份大于样本所在数据库年份的情况，或者大于 2008 年的情况；第四，存在登记的企业设立年份部分简写为一位、两位或三位的情况。

针对这些情况的处理方法是：第一步，将所有企业细分为只存活一

---

① 国发〔2015〕33 号《国务院关于批转发展改革委等部门法人和其他组织统一社会信用代码制度建设总体方案的通知》。

年、存活两年、存活三年或以上等三类。第二步，针对只存活一年的企业，删除无法判断企业设立年份的企业，如企业设立年份只有一位、为空等情况；将简写的企业设立年份，根据营业状态等变量，补全为最可能的四位；删除经过上述处理后仍然存在的企业设立年份大于样本所在数据库年份的情况。第三步，将存活两年的企业，进一步细分为设立年份相同，设立年份不同且不为 0 或空，设立年份不同且为 0 或空三种情况，然后按第二步的方式分别处理。第四步，针对存活三年或以上的情况，将同一家企业不同年份登记的不同设立年份，统一为出现次数最多的年份，如果恰好存在两个以上的众数，取其最小的那一个；删除每个样本年度设立年份均不相等的极端情况；其余处理方式同上。①

最后，对本节涉及的平减指数的处理。第一，在利用 LP 方法计算全要素生产率的时候，根据 Brandt et al.（2014）的方法构建了总产出、原材料和中间品投入以及投资的平减指数，具体而言：根据中国工业企业数据库中以现价和不变价计算的总产出变动情况，并结合《中国统计年鉴》中“按工业行业分工业生产者出厂价格指数”，计算了四位数产业的总产出平减指数；根据总产出平减指数，并以投入产出表中各产业投入比例为权重，计算了原材料和中间品投入平减指数；根据《中国统计年鉴》固定资产投资中“建筑安装工程”和“设备工器具购置”指数，构建了投资平减指数。此外，本部分还根据以上计算的投资平减指数，使用永续盘存法计算了实际资本存量。第二，在计算出口价格指数时，本部分利用 UNSD 发布的“*Correspondence between HS* 1996，*SITC Rev.* 3，*CPC Ver.* 1.0，*ISIC Rev.* 3”②，建立 *HS*（1996）与国际标准产业分类（*ISIC Rev. 3*）之间对应关系。进而，按照海关总署提供的算法，利用链式几何平均的 Tornqvist 指数计算最细层次国际标准产业的出口价格指数，具体公式为：

$$\prod_{t=1}^{T}\left[\prod_{j,k\in K}\left(\frac{p_{j,k,t}}{p_{j,k,t-1}}\right)^{\frac{s_{j,k,t-1}+s_{j,k,t}}{2}}\right] \tag{4—13}$$

① 由于各类情况之间还可能存在交叉，此处只是作了一个大概的说明，更详细的说明及处理程序代码备索。

② 参见 http://unstats.un.org/unsd/cr/registry/regdnld.asp? Lg = 1。

其中，$s_{j,k,t}=\frac{p_{j,k,t}q_{j,k,t}}{\sum_{j,k\in K}p_{j,k,t}q_{j,k,t}}$，$K$ 表示具体的产业，$k$ 则表示该产业内的具体出口品细目，$p_{j,k,t}$、$q_{j,k,t}$ 分别表示 $k$ 商品在 $t$ 期出口至 $j$ 国的价格和数量。然后，利用国家统计局提供的《国民经济产业分类》（GB/T 4754—2002）与《国际标准产业分类》（*Rev. 3*）对照表，建立国际标准产业分类与国民经济产业分类间的对应。①

## 四　计量结果及说明

在开展后续分析之前，把经过上述数据处理之后的非平衡面板，先转化为生存分析要求的数据格式，以纳入不随事件而变和随时间而变的解释变量。

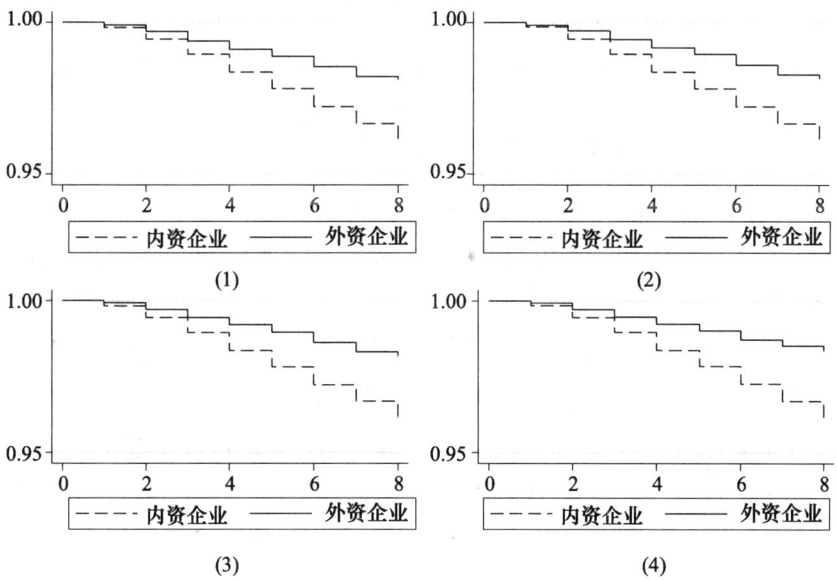


**图 4—2　外商投资企业与内资企业的 Kaplan-Meier**

① 《国民经济产业分类注释》（2008）提到，由于我国的产业分类比 *ISIC Rev. 3* 要细，所以多数情况是中国的几个小类对应联合国标准产业分类的一个小类。但是，该标准中也存在一个国民经济产业小类对应多个 *ISIC* 小类的情况，涉及 22 个四位码国民经济产业（备索）。针对这类情况，《国民经济产业分类注释》明确提出，新标准中凡有类似的情况，虽然一律标明其所应对应的 *ISIC Rev. 3* 产业代码及名称，但在数据转换时，应以列在第一位的产业为准。

然后是比较外商投资企业与内资企业的无条件退出风险。图 4—2 显示，四种方式定义的外商投资企业（与图 4—2 子图标号对应），根据公式（4—9）计算的 Kaplan-Meier 生存函数估计量，其无条件退出风险均低于内资企业。log-rank 检验为此提供了严格的证据，其中，四类外商投资企业的 Chi-square 值分别为 705.65、1005.22、1414.51、1355.19；与之对应，接受“无条件退出风险没有显著差别”原假设的 $p$ 值均为 0.00，这一结论与 Görg and Strobl（2003）、A. B. Bernard and J. B. Jensen（2007）、Van Beveren（2007）等是一致的。

继而，将随机效应的 *xtcloglog* 估计作为基准模型，分析在控制其他产业和企业层面变量的情况下，外商投资企业变量对企业退出的影响。此处，采用随机效应估计是为了控制不可观测的企业异质性。除此以外，利用二位码产业虚拟变量，控制不可观测的产业影响因素。利用时期虚拟变量，控制阶梯函数形式的基准风险①。为了便于解释，后续实证均直接提供所有变量影响企业退出的风险比系数（$e^{\beta}$）。即如果某个解释变量的风险比小（大）于 1，意味着该变量的变动会降低（提高）退出的风险，幅度为 $(1-\beta)*100\%$。表 4—4 设定（1）—（4）显示，在 1% 的置信水平下，四种方式定义的外商投资企业的退出风险，比内资企业分别要低 30.48%、35.79%、36.88%、34.25%。这揭示出，外商投资企业的条件退出风险仍然低于内资企业；同时，虽然外资资本金占比超过 50% 的外资企业，其相对退出风险比占比超过 25% 的外资企业更低，但外商独资企业的相对退出风险却高于外资资本金占比超过 25%、50% 的外资企业，说明外商投资企业资本金比重与其退出风险并没有反比关系。

另外，设定（1）—（4）中其他我们感兴趣的企业和产业层面控制变量，对企业退出的影响也基本符合理论预期。具体而言，全要素生产率越高的企业，超过生存临界值的概率就越大，因而其退出风险相对会越低，但这一影响并不显著；规模越大的企业，通常更容易获得规模收益，因而其退出风险相对会越低，虽然在 1% 的置信水平下始终显著，但影响程度非常小；企业的经营年限对生存的影响呈“倒 U”形，说明在经营

① 以多项式方式控制基准风险的估计结果，与以阶梯函数方式控制基准风险的结果类似（备索）。

年限小于临界值的时候，因为“新来者劣势”（liability of newness），也即缺少声望、融资等方面的不利影响，大于经验提升带来的正向影响，但过了临界值以后则相反；平均而言，企业出口密集度提高一个单位，企业退出风险会下降54%左右，这说明出口确实有利于企业在不同市场分散风险，并提升其在创新、就业等方面的绩效；乘数效应在中国是存在的，但竞争效应并不存在，这显示中国市场的竞争机制可能存在一定程度的扭曲；行业的最低有效规模越高，达到这一门槛的企业数量就越少，企业退出的风险就会越大；行业的垄断程度越高，垄断企业之间达成合谋的可能性也越大，因而其他企业的退出风险也会越高；但是，因为市场需求的缘故，在增长越快的行业，企业之间不需要激烈的市场竞争就能获得足够生存的市场空间，导致其退出的风险会越小。

上述基准估计并没有加入短期存活企业，尽管前文已经从技术角度分析了剔除短期存活企业扰动的重要性，但短期存活企业与其他企业在经济含义方面，还存在着本质的区别。具体而言，自 Schumpeter（1934）提出“创造性毁灭”（Creative Destruction）开始，即拥有新的技术、产品、专利或管理等优势的企业进入，将导致在这些方面处于劣势的企业退出，有大量研究，如 T. Dunne、Roberts and Samuelson（1988，1989）等，基于不同国别的数据对不同类型企业动态的变动特征进行了描述。但正如 Bartelsman、Scarpetta and Schivardi（2005）等在对不同国别企业退出的特征性事实进行比较时发现，新近退出的企业中，有较多企业是新近进入企业。这说明，现实中的企业退出与 Schumpeter（1934）的思想存在一定的差别，也即新进入企业在技术、管理等方面存在非常大的差异。Santarelli and Vivarelli（2007）等进一步强调，新进入企业的建立者用“founder”来指代更贴切；因为，其中只有一部分真正可被称为企业家（entrepreneur），其他的进入大多犯了“进入性错误”（entry mistakes），大致上包括：被动的跟随者、过于乐观的投机者、渴望社会声望的人员、失业者或畏惧失业的人员，等等。这些企业通常是依据试试看（try-and-see）的原则来指导企业行为，其共有的特征就是瞬时退出的命运（Vivarelli，2007）。因此，如果将这一类企业归入退出企业，可能会影响估计结果的科学性。

表4—4设定（5）—（8）通过将短期存活企业也认定为退出企业，为

上述判断提供了证明。尽管四种方式定义的外商投资企业虚拟变量对企业退出风险的影响并没有发生根本性的变化，但其他控制变量的估计结果与基准估计结果相比，却存在三个方面的显著差异。第一，生产率越高的企业，退出风险也越大。出现这种现象的原因在于，与短期存活企业不同，一般企业退出之前会出现“死亡阴影”（shadow of death）现象，即在退出之前的几年，生产率会快速下降（Almus，2004）。也就是说，这些企业退出时显示的生产率都非常低，而短期存活企业没有经历这一过程。第二，经营年限对企业生存的“倒 U”形影响，转变成了“U 形”影响。出现这种现象的逻辑是，由于短期存活企业只生存一期，将它们并入必然会大幅拉高初始期的退出率。第三，增长产业内的企业，其退出风险反而越大。这可能是因为，增长越快的产业，跟随者、投机者等相比萎缩产业会更多。

尽管前文采用三年规则严格定义了企业退出，但是在所有 249067 家不同企业中，出现类似“进入、退出、再进入”情况的多生存期企业有 6367 家，占比约为 2.56%；这之中具有两重生存期的企业为 6290 家，具有三重生存期的企业为 77 家。有些企业可能是因为经营困难，有些企业则可能是因为前面提到的规模门槛。尽管数量不是很多，但之前的估计都是假设企业的不同生存期之间不相关，这样的假设至少是值得质疑的，是否可以如此简化，需要进一步的验证。表 4—4 设定（9）—（12）控制了多重生存期的估计结果表明，如果不控制多重生存期的影响，将会在一定程度上（平均 0.0125%）低估外资变量的影响。当然，如果对估计系数的准确性要求不是太高，那么后续类似本部分主题以及所依据样本的研究，对多重生存期问题做类似不相关的简化处理是可以接受的。

最后，表 4—4 设定（1）—（12）均隐含着外商投资企业这一核心变量对企业退出风险的影响，在整个研究区间内保持不变，即比例风险假设。通过在 xtcloglog 模型中加入外商投资企业变量与时期虚拟变量的交叉项，进而检验该交叉项的联合显著性，可以很方便判断比例风险假设是否正确。在设定（9）—（12）的基础上，表 4—4 设定（13）—（16）的检验结果（*ph-test p*）说明，外商投资企业变量对企业退出的影响符合比例风险的假设。

**表 4—4　　基准 xtcloglog 模型的估计结果**

| | (1) | (2) | (3) | (4) | (5) | (6) | (7) | (8) | (9) | (10) | (11) | (12) | (13) | (14) | (15) | (16) |
|---|---|---|---|---|---|---|---|---|---|---|---|---|---|---|---|---|
| *foreign_1* | 0.6952 *** | | | | 0.7663 *** | | | | 0.6950 *** | | | | 0.7752 ** | | | |
| | (-6.23) | | | | (-8.93) | | | | (-6.24) | | | | (-2.06) | | | |
| *foreign_2* | | 0.6421 *** | | | | 0.7446 *** | | | | 0.6420 *** | | | | 0.6597 *** | | |
| | | (-7.08) | | | | (-9.53) | | | | (-7.08) | | | | (-3.00) | | |
| *foreign_3* | | | 0.6312 *** | | | | 0.7648 *** | | | | 0.6312 *** | | | | 0.5578 *** | |
| | | | (-6.69) | | | | (-8.07) | | | | (-6.70) | | | | (-3.61) | |
| *foreign_4* | | | | 0.6575 *** | | | | 0.7747 *** | | | | 0.6573 *** | | | | 0.6169 *** |
| | | | | (-5.70) | | | | (-7.19) | | | | (-5.70) | | | | (-2.89) |
| *tfp* | 0.8923 | 0.8910 | 0.8940 | 0.8985 | 1.1423 *** | 1.1423 *** | 1.1466 *** | 1.1509 *** | 0.8924 | 0.8911 | 0.8941 | 0.8986 | 0.8925 | 0.8909 | 0.8935 | 0.8983 |
| | (-1.31) | (-1.33) | (-1.29) | (-1.23) | (2.99) | (3.00) | (3.08) | (3.17) | (-1.31) | (-1.33) | (-1.29) | (-1.23) | (-1.31) | (-1.33) | (-1.30) | (-1.24) |
| *size* | 1.0000 *** | 1.0000 *** | 1.0000 *** | 1.0000 *** | 1.0000 *** | 1.0000 *** | 1.0000 *** | 1.0000 *** | 1.0000 *** | 1.0000 *** | 1.0000 *** | 1.0000 *** | 1.0000 *** | 1.0000 *** | 1.0000 *** | 1.0000 *** |
| | (-9.75) | (-9.77) | (-9.93) | (-10.15) | (-20.91) | (-21.03) | (-21.32) | (-21.54) | (-9.74) | (-9.76) | (-9.92) | (-10.14) | (-9.74) | (-9.75) | (-9.91) | (-10.14) |
| *age* | 1.9771 *** | 1.9781 *** | 1.9770 *** | 1.9767 *** | 0.2684 *** | 0.2685 *** | 0.2684 *** | 0.2683 *** | 1.9751 *** | 1.9761 *** | 1.9751 *** | 1.9747 *** | 1.9778 *** | 1.9790 *** | 1.9782 *** | 1.9771 *** |
| | (18.98) | (18.99) | (18.97) | (18.96) | (-86.67) | (-86.67) | (-86.68) | (-86.72) | (18.91) | (18.92) | (18.90) | (18.89) | (18.98) | (19.00) | (18.99) | (18.98) |
| *age*$^2$ | 0.9375 *** | 0.9374 *** | 0.9375 *** | 0.9376 *** | 1.1273 *** | 1.1273 *** | 1.1274 *** | 1.1274 *** | 0.9375 *** | 0.9375 *** | 0.9375 *** | 0.9376 *** | 0.9375 *** | 0.9374 *** | 0.9374 *** | 0.9375 *** |
| | (-13.27) | (-13.28) | (-13.27) | (-13.26) | (52.37) | (52.37) | (52.41) | (52.43) | (-13.27) | (-13.27) | (-13.26) | (-13.25) | (-13.28) | (-13.29) | (-13.29) | (-13.26) |
| *ex* | 0.5589 *** | 0.5677 *** | 0.5550 *** | 0.5411 *** | 0.6300 *** | 0.6335 *** | 0.6196 *** | 0.6125 *** | 0.5593 *** | 0.5680 *** | 0.5553 *** | 0.5415 *** | 0.5583 *** | 0.5668 *** | 0.5538 *** | 0.5399 *** |
| | (-7.96) | (-7.81) | (-8.21) | (-8.54) | (-12.38) | (-12.29) | (-12.97) | (-13.30) | (-7.96) | (-7.80) | (-8.21) | (-8.54) | (-7.98) | (-7.83) | (-8.24) | (-8.57) |
| $exit_{t-1}$ | 1.0073 *** | 1.0078 *** | 1.0079 *** | 1.0079 *** | 1.0021 *** | 1.0022 *** | 1.0022 *** | 1.0023 *** | 1.0077 *** | 1.0078 *** | 1.0078 *** | 1.0079 *** | 1.0078 *** | 1.0078 *** | 1.0079 *** | 1.0079 *** |
| | (6.50) | (6.61) | (6.69) | (6.75) | (3.13) | (3.16) | (3.26) | (3.31) | (6.59) | (6.60) | (6.69) | (6.74) | (6.61) | (6.62) | (6.74) | (6.76) |

续表

| | (1) | (2) | (3) | (4) | (5) | (6) | (7) | (8) | (9) | (10) | (11) | (12) | (13) | (14) | (15) | (16) |
|---|---|---|---|---|---|---|---|---|---|---|---|---|---|---|---|---|
| $entry_{t-1}$ | 0.9993 *** | 0.9993 *** | 0.9993 *** | 0.9993 *** | 0.9993 *** | 0.9993 *** | 0.9993 *** | 0.9993 *** | 0.9993 *** | 0.9993 *** | 0.9993 *** | 0.9993 *** | 0.9993 *** | 0.9993 *** | 0.9993 *** | 0.9993 *** |
| | (−3.06) | (−3.07) | (−3.09) | (−3.10) | (−4.96) | (−4.97) | (−4.98) | (−4.99) | (−3.06) | (−3.06) | (−3.08) | (−3.10) | (−3.10) | (−3.08) | (−3.13) | (−3.11) |
| *mes* | 1.0000 *** | 1.0000 *** | 1.0000 *** | 1.0000 *** | 1.0000 | 1.0000 | 1.0000 | 1.0000 | 1.0000 *** | 1.0000 *** | 1.0000 *** | 1.0000 *** | 1.0000 *** | 1.0000 *** | 1.0000 *** | 1.0000 *** |
| | (3.14) | (3.13) | (3.12) | (3.14) | (−0.42) | (−0.44) | (−0.42) | (−0.42) | (3.15) | (3.13) | (3.13) | (3.15) | (3.15) | (3.12) | (3.10) | (3.14) |
| *herf* | 1.0991 *** | 1.0989 *** | 1.0990 *** | 1.0990 *** | 1.0592 *** | 1.0591 *** | 1.0592 *** | 1.0594 *** | 1.0989 *** | 1.0988 *** | 1.0989 *** | 1.0989 *** | 1.0989 *** | 1.0990 *** | 1.0991 *** | 1.0991 *** |
| | (5.80) | (5.80) | (5.80) | (5.80) | (6.25) | (6.24) | (6.26) | (6.28) | (5.80) | (5.79) | (5.79) | (5.80) | (5.79) | (5.80) | (5.81) | (5.81) |
| *growth* | 0.6639 ** | 0.6638 ** | 0.6635 ** | 0.6643 ** | 1.0294 | 1.0288 | 1.0276 | 1.0264 | 0.6638 ** | 0.6637 ** | 0.6634 ** | 0.6642 ** | 0.6659 ** | 0.6633 ** | 0.6608 ** | 0.6628 ** |
| | (−2.30) | (−2.30) | (−2.30) | (−2.30) | (0.36) | (0.35) | (0.34) | (0.32) | (−2.30) | (−2.30) | (−2.31) | (−2.30) | (−2.29) | (−2.31) | (−2.33) | (−2.31) |
| *i. year * foreign* | *no* | *no* | *no* | *no* | *no* | *no* | *no* | *no* | *no* | *no* | *no* | *no* | *yes* | *yes* | *yes* | *yes* |
| 多生存期 | *no* | *no* | *no* | *no* | *no* | *no* | *no* | *no* | *yes* | *yes* | *yes* | *yes* | *yes* | *yes* | *yes* | *yes* |
| 产业 | *yes* | *yes* | *yes* | *yes* | *yes* | *yes* | *yes* | *yes* | *yes* | *yes* | *yes* | *yes* | *yes* | *yes* | *yes* | *yes* |
| 时期 | *yes* | *yes* | *yes* | *yes* | *yes* | *yes* | *yes* | *yes* | *yes* | *yes* | *yes* | *yes* | *yes* | *yes* | *yes* | *yes* |
| *N* | 672739 | 672739 | 672739 | 672739 | 672739 | 672739 | 672739 | 672739 | 672631 | 672631 | 672631 | 672631 | 672739 | 672739 | 672739 | 672739 |
| *ll_c* | −19852 | −19845 | −19848 | −19855 | −71311 | −71306 | −71319 | −71325 | −19851 | −19844 | −19847 | −19854 | −19849 | −19841 | −19842 | −19851 |
| *chi2* | 4814.09 | 4832.49 | 4786.35 | 4751.98 | 23266.09 | 23263.72 | 23258.97 | 23284.94 | 4956.64 | 4973.49 | 4930.70 | 4893.89 | 4790.39 | 4787.40 | 4740.40 | 4721.22 |
| *p* | 0.0000 | 0.0000 | 0.0000 | 0.0000 | 0.0000 | 0.0000 | 0.0000 | 0.0000 | 0.0000 | 0.0000 | 0.0000 | 0.0000 | 0.0000 | 0.0000 | 0.0000 | 0.0000 |
| *rho* | 0.0001 | 0.0002 | 0.0000 | 0.0001 | 0.6769 | 0.6770 | 0.6771 | 0.6769 | 0.0003 | 0.0001 | 0.0005 | 0.0003 | 0.0001 | 0.0002 | 0.0001 | 0.0001 |
| *ph − test p* | | | | | | | | | | | | | 0.5510 | 0.2425 | 0.1793 | 0.3063 |

注：（1）*、**、*** 分别表示 10%、5%、1% 的置信水平；（2）括号内为 *t* 统计量；（3）*yes* 和 *no* 分别表示控制与不控制；（4）*N* 表示样本个数，*ll_c* 表示对数似然值；（5）由于小数位数的限制，*size*、*mes* 变量的风险比系数均被四舍五入为 1.0000，但 *size* 变量的系数估计值为从小于零的方向趋近零，而 *mes* 变量的系数估计值为从大于零的方向趋近零，下同。

## 五　稳健性检验

表 4—4 的结果是否可信，需要做进一步的验证。本部分的稳健性检验工作包括下面几个处理：首先，检验风险函数分布假设对估计结果的影响。如前文所述，最常用的风险函数分布形式包括极值分布、logistic 分布和正态分布，在表 4—4 设定（9）—(12）的基础上，表 4—5 设定（1)—(4)、（5)—(8）分别提供了 logit 模型和 probit 模型的估计结果。结果显示，外商投资企业虚拟变量和其他控制变量对企业退出的影响，在方向上没有变化；同时，其他控制变量对企业退出的影响均符合预期。需说明的是，为了一致化表述，表 4—5 设定（5)—(8）提供的也是 $e^{\beta}$，但 cloglog 模型、logit 模型和 probit 模型估计的 $e^{\beta}$，其经济含义是不一样的，cloglog 模型得到的是风险比，logit 模型得到的是概率比，probit 模型得到的还需要转换为边际效应，并不能简单类比。

**表 4—5　　xtlogit 和 xtprobit 模型的估计结果**

| | (1) | (2) | (3) | (4) | (5) | (6) | (7) | (8) |
|---|---|---|---|---|---|---|---|---|
| *foreign_1* | 0.6944***<br>(-6.24) | | | | 0.8832***<br>(-6.31) | | | |
| *foreign_2* | | 0.6413***<br>(-7.08) | | | | 0.8604***<br>(-7.17) | | |
| *foreign_3* | | | 0.6305***<br>(-6.70) | | | | 0.8571***<br>(-6.73) | |
| *foreign_4* | | | | 0.6568***<br>(-5.70) | | | | 0.8696***<br>(-5.71) |
| *tfp* | 0.8921<br>(-1.31) | 0.8908<br>(-1.33) | 0.8938<br>(-1.29) | 0.8984<br>(-1.23) | 0.9619<br>(-1.29) | 0.9614<br>(-1.31) | 0.9627<br>(-1.26) | 0.9644<br>(-1.20) |
| *size* | 1.0000***<br>(-9.74) | 1.0000***<br>(-9.76) | 1.0000***<br>(-9.93) | 1.0000***<br>(-10.14) | 1.0000***<br>(-9.77) | 1.0000***<br>(-9.79) | 1.0000***<br>(-9.95) | 1.0000***<br>(-10.17) |
| *age* | 1.9796***<br>(18.92) | 1.9806***<br>(18.93) | 1.9796***<br>(18.92) | 1.9792***<br>(18.91) | 1.2690***<br>(18.60) | 1.2692***<br>(18.60) | 1.2688***<br>(18.57) | 1.2686***<br>(18.55) |
| $age^2$ | 0.9373***<br>(-13.28) | 0.9373***<br>(-13.28) | 0.9373***<br>(-13.27) | 0.9374***<br>(-13.26) | 0.9777***<br>(-13.47) | 0.9777***<br>(-13.47) | 0.9777***<br>(-13.45) | 0.9778***<br>(-13.43) |

续表

| | (1) | (2) | (3) | (4) | (5) | (6) | (7) | (8) |
|---|---|---|---|---|---|---|---|---|
| *ex* | 0.5582 *** | 0.5670 *** | 0.5543 *** | 0.5404 *** | 0.8190 *** | 0.8234 *** | 0.8172 *** | 0.8098 *** |
| | (−7.96) | (−7.81) | (−8.21) | (−8.54) | (−8.01) | (−7.85) | (−8.24) | (−8.59) |
| $exit_{t-1}$ | 1.0078 *** | 1.0078 *** | 1.0079 *** | 1.0079 *** | 1.0027 *** | 1.0027 *** | 1.0028 *** | 1.0028 *** |
| | (6.59) | (6.60) | (6.69) | (6.74) | (6.50) | (6.50) | (6.58) | (6.63) |
| $entry_{t-1}$ | 0.9993 *** | 0.9993 *** | 0.9993 *** | 0.9993 *** | 0.9998 *** | 0.9998 *** | 0.9998 *** | 0.9998 *** |
| | (−3.06) | (−3.06) | (−3.08) | (−3.10) | (−3.07) | (−3.08) | (−3.09) | (−3.10) |
| *mes* | 1.0000 *** | 1.0000 *** | 1.0000 *** | 1.0000 *** | 1.0000 *** | 1.0000 *** | 1.0000 *** | 1.0000 *** |
| | (3.14) | (3.13) | (3.13) | (3.15) | (3.03) | (3.03) | (3.02) | (3.04) |
| *herf* | 1.0995 *** | 1.0993 *** | 1.0994 *** | 1.0995 *** | 1.0347 *** | 1.0346 *** | 1.0346 *** | 1.0347 *** |
| | (5.80) | (5.79) | (5.80) | (5.80) | (5.84) | (5.82) | (5.82) | (5.83) |
| *growth* | 0.6624 ** | 0.6623 ** | 0.6621 ** | 0.6628 ** | 0.8603 ** | 0.8604 ** | 0.8600 ** | 0.8602 ** |
| | (−2.30) | (−2.31) | (−2.31) | (−2.30) | (−2.39) | (−2.39) | (−2.40) | (−2.40) |
| 多生存期 | *yes* | *yes* | *yes* | *yes* | *yes* | *yes* | *yes* | *yes* |
| 产业 | *yes* | *yes* | *yes* | *yes* | *yes* | *yes* | *yes* | *yes* |
| 时期 | *yes* | *yes* | *yes* | *yes* | *yes* | *yes* | *yes* | *yes* |
| *N* | 672631 | 672631 | 672631 | 672631 | 672631 | 672631 | 672631 | 672631 |
| *ll_c* | −19851 | −19844 | −19847 | −19854 | −19851 | −19845 | −19848 | −19855 |
| *chi2* | 4662.34 | 4677.69 | 4639.27 | 4606.25 | 3959.08 | 3956.19 | 3926.75 | 3906.40 |
| *p* | 0.0000 | 0.0000 | 0.0000 | 0.0000 | 0.0000 | 0.0000 | 0.0000 | 0.0000 |
| *rho* | 0.0002 | 0.0001 | 0.0000 | 0.0001 | 0.0000 | 0.0001 | 0.0000 | 0.0000 |

注：(1) *、**、*** 分别表示 10%、5%、1% 的置信水平；(2) 括号内为 $t$ 统计量；(3) *yes* 和 *no* 分别表示控制与不控制；(4) *N* 表示样本个数，*ll_c* 表示对数似然值。

其次，控制内生性问题的影响。尽管前面采用的随机效应估计可以在一定程度上控制不可观测的异质性，但上述估计仍然可能会存在遗漏变量，导致误差项与解释变量相关。针对这一种可能性，笔者采用 Mundlak（1978）的方式，即通过在回归中引入解释变量的个体企业组内平均值方式来处理。表 4—6 设定（1）—（4）提供的对应结果显示，四种方式定义的外商投资企业退出风险比内资企业分别要低 28.90%、34.41%、35.47%、32.77%。即外商投资企业的条件退出风险仍然低于内资企业。另外，本部分核心的外商投资企业变量可能并不是外生的。因为在中国设立的外商投资企业，在产品、市场、区位等方面，通常有着各自特定的选择，或是利用市场，或是利用生产要素（包括政策优惠），或兼而有之。针对这一情况，考虑到目前的生存分析中仍然缺乏对工具变量估计量一致性、有效性等的证明，笔者使用倾向匹配得分（Propensity Score Matching，PSM）方法克服可能的选择性偏差（Greenaway and Kneller，2008）。将所有样本分为外商投资企业与非外商投资企业两个集合，针对外商投资企业集合中的每一个样本企业，通过 PSM 方法，获得一个反事实的有效企业集合，该集合内的企业除了不是外商投资企业之外，在生产率、规模等方面的特征基本相似。由这两个样本集组成的总体，可以近似认为，具有相同特征的企业是否属于外商投资企业是完全随机的。表 4—6 设定（5）—（8）提供了采用 PSM 匹配样本的估计结果，同样，外商投资企业的条件退出风险始终低于内资企业。

**表 4—6　　控制内生性问题的估计结果**

| | (1) | (2) | (3) | (4) | (5) | (6) | (7) | (8) |
|---|---|---|---|---|---|---|---|---|
| *foreign_1* | 0.7110 ***<br>(−5.83) | | | | 0.6952 ***<br>(−6.23) | | | |
| *foreign_2* | | 0.6559 ***<br>(−6.70) | | | | 0.6421 ***<br>(−7.08) | | |
| *foreign_3* | | | 0.6453 ***<br>(−6.35) | | | | 0.6312 ***<br>(−6.70) | |
| *foreign_4* | | | | 0.6723 ***<br>(−5.37) | | | | 0.6575 ***<br>(−5.70) |
| *tfp* | 0.8728<br>(−1.58) | 0.8715<br>(−1.59) | 0.8740<br>(−1.56) | 0.8777<br>(−1.51) | 0.8951<br>(−1.27) | 0.8941<br>(−1.29) | 0.8979<br>(−1.24) | 0.9016<br>(−1.19) |
| *size* | 1.0000<br>(−1.02) | 1.0000<br>(−1.03) | 1.0000<br>(−1.05) | 1.0000<br>(−1.08) | 1.0000 ***<br>(−9.72) | 1.0000 ***<br>(−9.74) | 1.0000 ***<br>(−9.91) | 1.0000 ***<br>(−10.13) |
| *age* | 1.9394 ***<br>(18.16) | 1.9405 ***<br>(18.18) | 1.9390 ***<br>(18.15) | 1.9380 ***<br>(18.14) | 1.9798 ***<br>(18.98) | 1.9793 ***<br>(18.96) | 1.9787 ***<br>(18.95) | 1.9786 ***<br>(18.96) |
| $age^2$ | 0.9390 ***<br>(−12.92) | 0.9389 ***<br>(−12.93) | 0.9390 ***<br>(−12.92) | 0.9391 ***<br>(−12.90) | 0.9372 ***<br>(−13.31) | 0.9372 ***<br>(−13.30) | 0.9373 ***<br>(−13.29) | 0.9373 ***<br>(−13.28) |

**续表**

| | (1) | (2) | (3) | (4) | (5) | (6) | (7) | (8) |
|---|---|---|---|---|---|---|---|---|
| *ex* | 0.6546 *** | 0.6588 *** | 0.6546 *** | 0.6497 *** | 0.5593 *** | 0.5681 *** | 0.5554 *** | 0.5413 *** |
| | (-2.79) | (-2.75) | (-2.80) | (-2.86) | (-7.95) | (-7.80) | (-8.20) | (-8.54) |
| $exit_{t-1}$ | 1.0077 *** | 1.0077 *** | 1.0078 *** | 1.0079 *** | 1.0078 *** | 1.0078 *** | 1.0080 *** | 1.0081 *** |
| | (6.57) | (6.57) | (6.65) | (6.70) | (6.61) | (6.64) | (6.78) | (6.84) |
| $entry_{t-1}$ | 0.9993 *** | 0.9993 *** | 0.9993 *** | 0.9993 *** | 0.9993 *** | 0.9993 *** | 0.9993 *** | 0.9993 *** |
| | (-3.06) | (-3.07) | (-3.08) | (-3.10) | (-3.14) | (-3.15) | (-3.22) | (-3.21) |
| *mes* | 1.0000 *** | 1.0000 *** | 1.0000 *** | 1.0000 *** | 1.0000 *** | 1.0000 *** | 1.0000 *** | 1.0000 *** |
| | (3.21) | (3.19) | (3.19) | (3.21) | (3.14) | (3.11) | (3.10) | (3.13) |
| *herf* | 1.0992 *** | 1.0991 *** | 1.0991 *** | 1.0992 *** | 1.0988 *** | 1.0988 *** | 1.0986 *** | 1.0987 *** |
| | (5.81) | (5.81) | (5.81) | (5.81) | (5.78) | (5.78) | (5.78) | (5.78) |
| *growth* | 0.6615 ** | 0.6613 ** | 0.6610 ** | 0.6616 ** | 0.6559 ** | 0.6566 ** | 0.6536 ** | 0.6549 ** |
| | (-2.32) | (-2.32) | (-2.33) | (-2.32) | (-2.37) | (-2.36) | (-2.39) | (-2.38) |
| 多生存期 | *yes* | *yes* | *yes* | *yes* | *yes* | *yes* | *yes* | *yes* |
| 产业 | *yes* | *yes* | *yes* | *yes* | *yes* | *yes* | *yes* | *yes* |
| 时期 | *yes* | *yes* | *yes* | *yes* | *yes* | *yes* | *yes* | *yes* |
| *N* | 672739 | 672739 | 672739 | 672739 | 672410 | 672299 | 672187 | 672276 |
| *ll_c* | -19840 | -19834 | -19836 | -19842 | -19832 | -19825 | -19822 | -19833 |
| *chi2* | 5264.45 | 5277.86 | 5235.60 | 5202.87 | 4682.80 | 4672.33 | 4595.55 | 4599.98 |
| *p* | 0.0000 | 0.0000 | 0.0000 | 0.0000 | 0.0000 | 0.0000 | 0.0000 | 0.0000 |
| *rho* | 0.0002 | 0.0000 | 0.0001 | 0.0000 | 0.0003 | 0.0001 | 0.0002 | 0.0003 |

注：(1) *、**、*** 分别表示 10%、5%、1% 的置信水平；(2) 括号内为 *t* 统计量；(3) *yes* 和 *no* 分别表示控制与不控制；(4) *N* 表示样本个数，*ll_c* 表示对数似然值；(5) 设定 (1)—(4) 省略了个体企业组内平均值的估计结果；(6) 设定 (5)—(8) 的 PSM 是对共同取值范围内的企业进行无放回卡尺匹配 ($\varepsilon = 0.01$)，平衡性检验结果备索。

再次，从《2010 年中国跨境资金流动监测报告》来看，改革开放以来，我国外商投资的来源遍布全球，全世界已有 180 多个国家和地区在我国进行投资活动。但无论是从流量还是存量来看，主要集中在少数几个国家和地区，特别是港澳台地区。在“两税合一”之前，由于内、外资企业税收负担，经营环境差别较大，导致大量的内资企业选择在港澳台或其他避税地注册法人机构后再回国投资，以便利用外商投资企业身份享受优惠政策，这一类企业尚无公认的统计或估算数据（薛漫天和赵曙东，2007）。针对这一问题，在控制不可观测个体异质性的基础上，笔者尝试利用剔除企业登记类型为港澳台企业之后的样本重新估计。表4—7设定（1）—（4）的结果显示，此时四种方式定义的外商投资企业相比内资企业，其退出风险分别低了41.34%、44.72%、49.94%、50.28%，大幅高于没有剔除时。原因可能在于，各地给予外商投资企业的优惠待遇通常都有年限，那些以外商投资企业身份享受优惠的内资企业，在优惠到期的时候通常会关闭原来的企业，部分可能还会再注册其他新的法人机构以重新获得优惠，从而人为地增加了退出的风险。设定（5）—（8）利用PSM匹配样本克服选择性问题，估计结果显示，上述结论依然非常稳健。

**表4—7　　控制港澳台投资企业的估计结果**

| | (1) | (2) | (3) | (4) | (5) | (6) | (7) | (8) |
|---|---|---|---|---|---|---|---|---|
| *foreign_1* | 0.5866 ***<br>(-6.47) | | | | 0.5868 ***<br>(-6.47) | | | |
| *foreign_2* | | 0.5528 ***<br>(-6.74) | | | | 0.5529 ***<br>(-6.74) | | |
| *foreign_3* | | | 0.5006 ***<br>(-6.72) | | | | 0.5007 ***<br>(-6.72) | |
| *foreign_4* | | | | 0.4972 ***<br>( 6.08) | | | | 0.4973 ***<br>(-6.08) |
| *tfp* | 0.8183 **<br>(-2.24) | 0.8183 **<br>(-2.24) | 0.8193 **<br>(-2.22) | 0.8220 **<br>(-2.19) | 0.8210 **<br>(-2.20) | 0.8212 **<br>(-2.20) | 0.8230 **<br>(-2.17) | 0.8248 **<br>(-2.15) |
| *size* | 1.0000 ***<br>(-9.03) | 1.0000 ***<br>(-9.06) | 1.0000 ***<br>(-9.12) | 1.0000 ***<br>(-9.32) | 1.0000 ***<br>(-9.00) | 1.0000 ***<br>(-9.04) | 1.0000 ***<br>(-9.10) | 1.0000 ***<br>(-9.30) |
| *age* | 2.0023 ***<br>(18.60) | 2.0023 ***<br>(18.59) | 2.0018 ***<br>(18.58) | 2.0022 ***<br>(18.59) | 2.0055 ***<br>(18.61) | 2.0040 ***<br>(18.57) | 2.0040 ***<br>(18.57) | 2.0047 ***<br>(18.59) |
| *age*$^2$ | 0.9374 ***<br>(-12.91) | 0.9375 ***<br>(-12.90) | 0.9375 ***<br>(-12.90) | 0.9375 ***<br>(-12.90) | 0.9372 ***<br>(-12.95) | 0.9373 ***<br>(-12.91) | 0.9372 ***<br>(-12.91) | 0.9372 ***<br>(-12.92) |
| *ex* | 0.5894 ***<br>(-6.70) | 0.5907 ***<br>(-6.69) | 0.5817 ***<br>(-6.97) | 0.5700 ***<br>(-7.22) | 0.5897 ***<br>(-6.69) | 0.5910 ***<br>(-6.69) | 0.5819 ***<br>(-6.96) | 0.5700 ***<br>(-7.22) |

续表

| | (1) | (2) | (3) | (4) | (5) | (6) | (7) | (8) |
|---|---|---|---|---|---|---|---|---|
| $exit_{t-1}$ | 1.0079 *** | 1.0079 *** | 1.0080 *** | 1.0080 *** | 1.0080 *** | 1.0080 *** | 1.0082 *** | 1.0082 *** |
| | (6.64) | (6.66) | (6.73) | (6.77) | (6.65) | (6.70) | (6.82) | (6.86) |
| $entry_{t-1}$ | 0.9993 *** | 0.9993 *** | 0.9993 *** | 0.9993 *** | 0.9993 *** | 0.9993 *** | 0.9993 *** | 0.9993 *** |
| | (-2.77) | (-2.78) | (-2.78) | (-2.81) | (-2.85) | (-2.86) | (-2.92) | (-2.92) |
| *mes* | 1.0000 *** | 1.0000 *** | 1.0000 *** | 1.0000 *** | 1.0000 *** | 1.0000 *** | 1.0000 *** | 1.0000 *** |
| | (3.18) | (3.17) | (3.16) | (3.18) | (3.17) | (3.16) | (3.14) | (3.16) |
| *herf* | 1.1024 *** | 1.1023 *** | 1.1023 *** | 1.1022 *** | 1.1022 *** | 1.1022 *** | 1.1020 *** | 1.1019 *** |
| | (5.80) | (5.80) | (5.80) | (5.79) | (5.78) | (5.78) | (5.77) | (5.77) |
| *growth* | 0.7165 * | 0.7171 * | 0.7165 * | 0.7161 * | 0.7075 * | 0.7090 * | 0.7053 * | 0.7057 * |
| | (-1.83) | (-1.83) | (-1.83) | (-1.83) | (-1.90) | (-1.89) | (-1.92) | (-1.91) |
| 多生存期 | *yes* | *yes* | *yes* | *yes* | *yes* | *yes* | *yes* | *yes* |
| 产业 | *yes* | *yes* | *yes* | *yes* | *yes* | *yes* | *yes* | *yes* |
| 时期 | *yes* | *yes* | *yes* | *yes* | *yes* | *yes* | *yes* | *yes* |
| *N* | 608060 | 608060 | 608060 | 608060 | 607767 | 607651 | 607532 | 607617 |
| *ll_c* | -18428 | -18425 | -18424 | -18429 | -18409 | -18405 | -18398 | -18408 |
| *chi2* | 4428.53 | 4464.53 | 4457.75 | 4439.30 | 4282.29 | 4292.36 | 4280.60 | 4305.53 |
| *p* | 0.0000 | 0.0000 | 0.0000 | 0.0000 | 0.0000 | 0.0000 | 0.0000 | 0.0000 |
| *rho* | 0.0002 | 0.0001 | 0.0002 | 0.0001 | 0.0003 | 0.0002 | 0.0035 | 0.0041 |

注：(1) *、**、*** 分别表示 10%、5%、1% 的置信水平；(2) 括号内为 $t$ 统计量；(3) *yes* 和 *no* 分别表示控制与不控制；(4) $N$ 表示样本个数，*ll_c* 表示对数似然值；(5) 设定 (5)—(8) 的 PSM 是对共同取值范围内的企业进行无放回卡尺匹配 ($\varepsilon=0.01$)，平衡性检验结果备索。

最后，不同地区的要素市场、产业结构和经济集聚等方面存在一定的差异，内生增长理论（Aghion, Howitt, Brant-Collett, and García-Peñalosa, 1998）和新经济地理（Krugman, 1991; Venables, 2005）均强调了经济活动空间分布的重要作用。从这个角度，市场结构高级化和合理化程度更高、创业创新支持力度更大、市场机制更加完善的东部地区，相比中、西部地区企业，其退出模式可能存在较大的差异，不控制地区固定效应的回归结果并不可靠。在表 4—7 的基础上，表 4—8 提供了控制省级层次地区虚拟变量后的估计结果。表 4—8 设定（5）—（8）显示，在 1% 的置信水平下，四种方式定义的外商投资企业的退出风险比内资企业分别要低 25.28%、31.23%、35.21%、33.31%。即外商投资企业的条件退出风险仍然低于内资企业。另外，与之前的估计结果类似，设定(1)—(8)中其他我们感兴趣的企业和产业层面控制变量，对企业退出的影响也基本符合理论预期。

**表 4—8　　　　控制地区差异的估计结果**

| | (1) | (2) | (3) | (4) | (5) | (6) | (7) | (8) |
|---|---|---|---|---|---|---|---|---|
| *foreign_1* | 0.7472***<br>(-4.76) | | | | 0.7470***<br>(-4.76) | | | |
| *foreign_2* | | 0.6877***<br>(-5.72) | | | | 0.6875***<br>(-5.72) | | |
| *foreign_3* | | | 0.6479***<br>(-6.05) | | | | 0.6476***<br>(-6.06) | |
| *foreign_4* | | | | 0.6669***<br>(-5.25) | | | | 0.6666***<br>(-5.26) |
| *tfp* | 0.6122***<br>(-5.77) | 0.6115***<br>(-5.79) | 0.6113***<br>(-5.79) | 0.6135***<br>(-5.75) | 0.6139***<br>(-5.73) | 0.6134***<br>(-5.74) | 0.6142***<br>(-5.72) | 0.6156***<br>(-5.70) |
| *size* | 1.0000***<br>(-10.96) | 1.0000***<br>(-10.96) | 1.0000***<br>(-11.02) | 1.0000***<br>(-11.20) | 1.0000***<br>(-10.94) | 1.0000***<br>(-10.94) | 1.0000***<br>(-11.00) | 1.0000***<br>(-11.18) |
| *age* | 1.9974***<br>(18.88) | 1.9981***<br>(18.88) | 1.9972***<br>(18.87) | 1.9974***<br>(18.87) | 2.0008***<br>(18.90) | 2.0005***<br>(18.89) | 1.9998***<br>(18.88) | 2.0003***<br>(18.89) |
| $age^2$ | 0.9379***<br>(-13.06) | 0.9378***<br>(-13.07) | 0.9378***<br>(-13.07) | 0.9379***<br>(-13.06) | 0.9376***<br>(-13.10) | 0.9376***<br>(13.09) | 0.9376***<br>(-13.09) | 0.9376***<br>(-13.09) |
| *ex* | 0.7407***<br>(-3.90) | 0.7544***<br>(-3.69) | 0.7519***<br>(-3.77) | 0.7363***<br>(-4.04) | 0.7412***<br>(-3.89) | 0.7548***<br>(-3.68) | 0.7522***<br>(-3.77) | 0.7364***<br>(-4.04) |
| $exit_{t-1}$ | 1.0046***<br>(3.79) | 1.0046***<br>(3.79) | 1.0046***<br>(3.84) | 1.0047***<br>(3.87) | 1.0047***<br>(3.83) | 1.0047***<br>(3.86) | 1.0048***<br>(3.98) | 1.0049***<br>(3.99) |
| $entry_{t-1}$ | 0.9994**<br>(-2.45) | 0.9994**<br>(-2.44) | 0.9994**<br>(-2.45) | 0.9994**<br>(-2.47) | 0.9994**<br>(-2.54) | 0.9994**<br>(-2.54) | 0.9994***<br>(-2.60) | 0.9994***<br>(-2.59) |
| *mes* | 1.0000***<br>(3.61) | 1.0000***<br>(3.61) | 1.0000***<br>(3.60) | 1.0000***<br>(3.60) | 1.0000***<br>(3.60) | 1.0000***<br>(3.59) | 1.0000***<br>(3.57) | 1.0000***<br>(3.58) |
| *herf* | 1.0681***<br>(3.97) | 1.0681***<br>(3.98) | 1.0681***<br>(3.97) | 1.0681***<br>(3.97) | 1.0679***<br>(3.96) | 1.0680***<br>(3.96) | 1.0678***<br>(3.95) | 1.0678***<br>(3.95) |

续表

| | (1) | (2) | (3) | (4) | (5) | (6) | (7) | (8) |
|---|---|---|---|---|---|---|---|---|
| *growth* | 0.6277*** | 0.6278*** | 0.6276*** | 0.6275*** | 0.6201*** | 0.6211*** | 0.6185*** | 0.6186*** |
| | (-2.59) | (-2.59) | (-2.60) | (-2.60) | (-2.66) | (-2.65) | (-2.67) | (-2.67) |
| 多生存期 | *yes* | *yes* | *yes* | *yes* | *yes* | *yes* | *yes* | *yes* |
| 产业 | *yes* | *yes* | *yes* | *yes* | *yes* | *yes* | *yes* | *yes* |
| 时期 | *yes* | *yes* | *yes* | *yes* | *yes* | *yes* | *yes* | *yes* |
| 地区 | *yes* | *yes* | *yes* | *yes* | *yes* | *yes* | *yes* | *yes* |
| *N* | 672631 | 672631 | 672631 | 672631 | 672302 | 672191 | 672079 | 672168 |
| *ll_c* | -18909 | -18903 | -18901 | -18906 | -18891 | -18885 | -18878 | -18886 |
| *chi2* | 7468.78 | 7495.89 | 7491.83 | 7440.80 | 7337.26 | 7353.42 | 7287.16 | 7294.30 |
| *p* | 0.0000 | 0.0000 | 0.0000 | 0.0000 | 0.0000 | 0.0000 | 0.0000 | 0.0000 |
| *rho* | 0.0001 | 0.0001 | 0.0001 | 0.0001 | 0.0001 | 0.0001 | 0.0001 | 0.0001 |

注：(1) *、**、*** 分别表示 10%、5%、1% 的置信水平；(2) 括号内为 $t$ 统计量；(3) *yes* 和 *no* 分别表示控制与不控制；(4) $N$ 表示样本个数，*ll_c* 表示对数似然值；(5) 设定 (5)—(8) 的 PSM 是对共同取值范围内的企业进行无放回卡尺匹配 ($\varepsilon=0.01$)，平衡性检验结果备索。

## 六　进一步的分析

正如文献综述中提出的，研究被动学习、主动学习的理论文献，如 B. Jovanovic（1982）、Ericson and Pakes（1995）、Pakes and Ericson（1998）等，均强调"干中学"是影响企业退出风险的决定因素之一。即随着经营年限逐渐增加，企业对自身生产效率和所处经营环境等方面信息的了解越来越充分；而与这一学习过程相伴随的是，退出风险逐渐下降。不过，这些强调"干中学"的文献，并没有区分企业的外资所有权和非外资所有权。

中国的外资企业作为跨国公司全球布局的一个重要组成部分，其学习效应相比内资企业，可能存在较大的不同。首先，跨国公司开始进入中国市场时，对于中国市场不熟悉，缺乏在中国市场运作的经验。为了弥补自己的缺陷，跨国公司会在当地选择一个合作伙伴，建立合资或合作企业。因此，合资合作双方在设立外商投资企业之前，通常已经拥有一定的知识存量，这是新进入外资企业与新进入内资企业截然不同的地方。其次，随着经营年限的增加，外资企业通过与中国本土企业合资、合作，可以在内部相互学习、取长补短；并且，外商投资企业具有全球布局的优势。可以推测，通过“干中学”，外商投资企业的生存概率会相对下降得更慢。

更进一步，经过合资合作，部分跨国公司逐渐了解并熟悉了中国法规、中国市场、中国竞争者，积累了在中国投资经营和竞争的全过程经验，为了完全消减在合资、合作过程中，内、外资可能存在的各类冲突，越来越多的外资谋求以独资的方式在华发展（裴长洪，2014；魏后凯，贺灿飞，王新，2001）。也就是说，这些后续的外商独资企业既基本完成了初始“门槛式”的学习过程，具备了足够的知识存量，又对企业的生产、经营以及特定资产等具有完全的控制权。因而，笔者推测其通过“干中学”产生的退出风险下降幅度应该比非独资的外商投资企业更大。

在控制多重存活、产业、时期和地区的基础上，与 Disney、Haskel and Heden（2003）等类似，表4—9分别利用PSM前后的样本，通过纳入不同方式定义的外商投资企业虚拟变量和经营年限的交互项，为上述外商投资企业“干中学”效应提供了初步检验。计量结果有三点值得关注：第一是纳入外商投资企业虚拟变量和经营年限的交互项后，原来能显著降低退出风险的外商投资企业虚拟变量，其影响不再具有统计显著性；而且，这一检验方式并没有改变原有经营年限变量对退出的影响。第二是不同外商投资企业虚拟变量和经营年限交互项的影响各异，如设定（5）–（8）显示，四种方式定义的外商投资企业，通过“干中学”效应获得的风险减弱分别为7.46%、5.98%、8.77%、10.11%。第三，与笔者的预期一致，外商独资企业通过“干中学”效应产生的退出风险下降幅度在所有四种方式定义的外资企业中最大。

**表4—9　　　　影响机制分析**

| | (1) | (2) | (3) | (4) | (5) | (6) | (7) | (8) |
|---|---|---|---|---|---|---|---|---|
| *foreign_1* | 0.9912<br>(-0.07) | | | | 0.9884<br>(-0.09) | | | |
| *foreign_2* | | 0.8627<br>(-1.05) | | | | 0.8603<br>(-1.06) | | |

**续表**

| | (1) | (2) | (3) | (4) | (5) | (6) | (7) | (8) |
|---|---|---|---|---|---|---|---|---|
| *foreign_3* | | | 0.9035<br>(−0.65) | | | | 0.9007<br>(−0.67) | |
| *foreign_4* | | | | 0.9806<br>(−0.12) | | | | 0.9778<br>(−0.13) |
| *for * age* | 0.9248 **<br>(−2.46) | 0.9396 *<br>(−1.77) | 0.9117 **<br>(−2.32) | 0.8983 **<br>(−2.47) | 0.9254 **<br>(−2.43) | 0.9402 *<br>(−1.75) | 0.9123 **<br>(−2.30) | 0.8989 **<br>(−2.45) |
| *tfp* | 0.6128 ***<br>(−5.76) | 0.6118 ***<br>(−5.78) | 0.6118 ***<br>(−5.78) | 0.6141 ***<br>(−5.74) | 0.6144 ***<br>(−5.72) | 0.6137 ***<br>(−5.74) | 0.6147 ***<br>(−5.71) | 0.6163 ***<br>(−5.69) |
| *size* | 1.0000 ***<br>(−10.94) | 1.0000 ***<br>(−10.94) | 1.0000 ***<br>(−11.00) | 1.0000 ***<br>(−11.18) | 1.0000 ***<br>(−10.91) | 1.0000 ***<br>(−10.92) | 1.0000 ***<br>(−10.98) | 1.0000 ***<br>(−11.16) |
| *age* | 2.0165 ***<br>(19.00) | 2.0099 ***<br>(18.95) | 2.0125 ***<br>(18.98) | 2.0135 ***<br>(18.97) | 2.0198 ***<br>(19.01) | 2.0122 ***<br>(18.95) | 2.0150 ***<br>(18.99) | 2.0163 ***<br>(18.98) |
| $age^2$ | 0.9378 ***<br>(−13.09) | 0.9378 ***<br>(−13.08) | 0.9377 ***<br>(−13.10) | 0.9376 ***<br>(−13.10) | 0.9375 ***<br>(−13.12) | 0.9375 ***<br>(−13.10) | 0.9374 ***<br>(−13.12) | 0.9374 ***<br>(−13.12) |
| *ex* | 0.7446 ***<br>(−3.83) | 0.7568 ***<br>(−3.65) | 0.7547 ***<br>(−3.73) | 0.7388 ***<br>(−4.00) | 0.7450 ***<br>(−3.83) | 0.7571 ***<br>(−3.64) | 0.7551 ***<br>(−3.72) | 0.7389 ***<br>(−4.00) |
| $exit_{t-1}$ | 1.0046 ***<br>(3.80) | 1.0046 ***<br>(3.80) | 1.0047 ***<br>(3.86) | 1.0047 ***<br>(3.89) | 1.0047 ***<br>(3.85) | 1.0047 ***<br>(3.87) | 1.0049 ***<br>(3.99) | 1.0049 ***<br>(4.01) |
| $entry_{t-1}$ | 0.9994 **<br>(−2.46) | 0.9994 **<br>(−2.45) | 0.9994 **<br>(−2.45) | 0.9994 **<br>(−2.47) | 0.9994 **<br>(−2.55) | 0.9994 **<br>(−2.54) | 0.9994 ***<br>(−2.60) | 0.9994 ***<br>(−2.60) |
| *mes* | 1.0000 ***<br>(3.56) | 1.0000 ***<br>(3.57) | 1.0000 ***<br>(3.55) | 1.0000 ***<br>(3.57) | 1.0000 ***<br>(3.54) | 1.0000 ***<br>(3.55) | 1.0000 ***<br>(3.53) | 1.0000 ***<br>(3.54) |
| *herf* | 1.0682 ***<br>(3.98) | 1.0682 ***<br>(3.98) | 1.0682 ***<br>(3.98) | 1.0682 ***<br>(3.98) | 1.0680 ***<br>(3.96) | 1.0681 ***<br>(3.97) | 1.0679 ***<br>(3.96) | 1.0679 ***<br>(3.96) |
| *growth* | 0.6239 ***<br>(−2.63) | 0.6250 ***<br>(−2.62) | 0.6243 ***<br>(−2.63) | 0.6242 ***<br>(−2.63) | 0.6165 ***<br>(−2.69) | 0.6184 ***<br>(−2.68) | 0.6154 ***<br>(−2.70) | 0.6155 ***<br>(−2.70) |
| 多生存期 | *yes* | *yes* | *yes* | *yes* | *yes* | *yes* | *yes* | *yes* |
| 产业 | *yes* | *yes* | *yes* | *yes* | *yes* | *yes* | *yes* | *yes* |
| 时期 | *yes* | *yes* | *yes* | *yes* | *yes* | *yes* | *yes* | *yes* |
| 地区 | *yes* | *yes* | *yes* | *yes* | *yes* | *yes* | *yes* | *yes* |
| *N* | 672631 | 672631 | 672631 | 672631 | 672302 | 672191 | 672079 | 672168 |

续表

| | (1) | (2) | (3) | (4) | (5) | (6) | (7) |
|---|---|---|---|---|---|---|---|
| *ll_c* | -18906 | -18902 | -18898 | -18903 | -18888 | -18883 | -18875 |
| *chi2* | 7346.21 | 7414.00 | 7389.48 | 7338.24 | 7213.98 | 7271.84 | 7184.64 |
| *p* | 0.0000 | 0.0000 | 0.0000 | 0.0000 | 0.0000 | 0.0000 | 0.0000 |
| *rho* | 0.0001 | 0.0001 | 0.0001 | 0.0001 | 0.0002 | 0.0000 | 0.0001 |

注：（1）*、**、*** 分别表示 10%、5%、1% 的置信水平；（2）括号内为 $t$ 统计量；（3）*yes* 和 *no* 分别表示控制与不控制；（4）$N$ 表示样本个数，*ll_c* 表示对数似然值；（5）设定（5）—（8）的 PSM 是对共同取值范围内的企业进行无放回卡尺匹配（$\varepsilon=0.01$），平衡性检验结果备索。

## 第四节　本章小结

本章小结主要是针对企业动态在生存分析中的应用而言。相比于内资企业，外资企业在生产效率、规模等方面一般更具优势。但是，在东道国经济处于困境之时，如果外商投资企业确实存在“自由流动”特性，将加速工作岗位流失以及生产衰退，使得东道国的经济复苏更加困难。作为世界上地位日益重要的外资东道国，对我国外商投资企业相对退出行为的分析和检验，显得尤为关键。不然，否定过去招商引资成绩、片面强调外资负面影响和外资撤离潮的倾向，可能会愈演愈烈，甚或影响我们对外资、新一代投资协定以及自贸区外资管理体制改革经验推广复制等的态度。

本章利用 1998—2008 年的中国工业企业数据库，在科学界定企业退出的前提下，利用可以控制多重生存期、不可观测异质性的离散时间生存分析方法，检验了以不同方式定义的外商投资企业退出风险是否比内资企业更高的问题。主要结论有：第一，在我国宏观经济向好的稳定发展阶段，我国外商投资企业的无条件退出风险低于内资企业，在加入企业和产业层面的控制变量之后，外商投资企业的条件退出风险也低于内资企业。第二，外商投资企业更低的条件退出风险，主要是源于新进入外资企业与新进入内资企业在知识存量、“干中学”等方面存在的区别。第三，除了核心的外商投资企业变量之外，全要素生产率、规模、出口密集度、产业增长等变量均有助于降低企业的退出风险，但产业最低有效规模和集中度增大将不利于企业生存；乘数效应在我国存在，但竞争效应不存在。上述结论在不同风险函数分布假设下，以及克服企业层面遗漏变量、选择性偏差、虚假外商投资企业以及地区差异等问题后，仍然保持稳健。

前事不忘，后事之师。本章的结论具有丰富的政策启示：第一，尽管存在诸如投资来源国或地区过度集中、行业和地区分布不均衡等问题，但“十三五”期间，我国仍要继续坚定不移地鼓励外国投资，扩大外商投资准入领域，以进一步夯实经济“稳增长”的重要基础。第二，除极少数涉及国民经济命脉的产业之外，其他产业可考虑试点进一步降低甚或取消外资股权比例的限制，从而以更加开放的态度参与新一代双边投资协定谈判，并更加自信地在全国范围内推广复制我国自贸试验区外资管理制度改革创新的经验。第三，建立健全企业优胜劣汰的市场化机制。把阻碍企业退出的因素消除掉，创造更好的市场环境，让有竞争力的“良币企业”在市场竞争中脱颖而出，顺利驱逐没有竞争力的“劣币企业”，更好地提高宏观经济运行效率，加快落后产能淘汰、资源配置优化和经济结构转型升级的步伐。

以中国为背景，与本章相关的一些研究方向也值得关注。比如，尽管本章从经济含义和技术上细致区分了短期存活企业退出与长期存活企业退出的差别，但后续实证研究中只是将长期存活企业退出作为研究对象。建议按照 Nyström（2007）等研究替代效应、乘数效应和接替效应的思路，深入验证不同类型退出企业影响的差异。另外，在本章研究样本的观测期内，国内外并没有发生全局性的经济危机，我国国民经济整体处于高速发展期；从这个角度，分析和研究外商投资企业在全球金融危机前后的相对退出，或是其他绩效指标是否存在明显差异，可能也是非常有价值的研究主题。

**附录 4—1**

2002 年前后工业产业比较存在一个数据对应问题。由 GB/T 4754—1994 到 GB/T 4754—2002，两类标准之间的对应及变动大概存在四种情况：一是 GB/T 4754—1994 的某个四位码产业能与 GB/T 4754—2002 的某个四位码产业一一对应，只是名称可能发生了变动，如 GB/T 4754—1994 的印染业（1723）对应 GB/T 4754—2002 的棉、化纤印染加工业（1712）；二是 GB/T 4754—1994 内的若干四位码产业合并为 GB/T 4754—2002 的某个四位码产业，如 GB/T 4754—1994 的碾米业（1311）、磨粉业（1312）合并为 GB/T 4754—2002 的谷物磨制业（1310）；三是 GB/T 4754—1994 的某个四位码产业拆分为 GB/T 4754—2002 的若干四位码产业，如 GB/T 4754—1994 的其他基本化学原料制造业就拆分为 GB/T 4754—2002 的环境污染处理专用药剂材料制造业（2666）和其他专用化学产品制造业（2669）；四是 GB/T 4754—1994 的某个四位码产业拆分之后，其中的部分四位码产业与其他 GB/T 4754—1994 的若干四位码产业合并，形成若干个 GB/T 4754—2002 的四位码产业，如 GB/T 4754—1994 中的其他纺织业（1790），分解后部分对应 GB/T 4754—2002 的无纺布制造（1757），部分与原 GB/T 4754—1994 的其他纤维制品制造业（1890）合并，对应 GB/T 4754—2002 的其他纺织制成品制造业（1759）。

笔者采用的一致化对应方法是：针对第一种情况，调整 2002 年之前（含 2002 年）年份的四位代码；针对第二种情况，将 GB/T 4754—1994 内的若干四位代码统一调整为 GB/T 4754—2002 的四位代码；针对第三种情况，将 GB/T 4754—2002 内的若干四位代码统一调整为 GB/T 4754—1994 的四位代码；针对第四种情况，将相关联的 GB/T 4754—1994 内、GB/T 4754—2002 内的若干四位码产业计总并对应。

**附录 4—2**

**LP 方法估计的各投入要素弹性及规模报酬不变检验**

| 产业名称 | 就业弹性 | 中间品弹性 | 资本弹性 | Chi2 | $p$ 值 |
|---|---|---|---|---|---|
| 农副食品加工业 | 0.1795 *** | 0.7167 *** | 0.2041 *** | 9.34 | 0.0022 |
| 食品制造业 | 0.1014 *** | 0.8272 *** | 0.1638 *** | 7.48 | 0.0062 |
| 饮料制造业 | 0.1548 *** | 0.8022 *** | 0.1583 *** | 8.70 | 0.0032 |
| 烟草制品业 | 0.0026 | 0.7052 *** | 0.4062 *** | 0.84 | 0.3598 |
| 纺织业 | 0.1456 *** | 0.7589 *** | 0.1587 *** | 7.29 | 0.0069 |
| 纺织服装、鞋、帽制造业 | 0.2393 *** | 0.6597 *** | 0.1690 *** | 3.78 | 0.0520 |

续表

| 产业名称 | 就业弹性 | 中间品弹性 | 资本弹性 | Chi2 | $p$ 值 |
|---|---|---|---|---|---|
| 皮革、毛皮、羽毛（绒）及其制品业 | 0.2234*** | 0.7250*** | 0.1216* | 0.87 | 0.3506 |
| 木材加工及木、竹等制品业 | 0.1339*** | 0.7729*** | 0.1658** | 1.09 | 0.2968 |
| 造纸及纸制品业 | 0.1117*** | 0.7750*** | 0.1603*** | 1.55 | 0.2126 |
| 印刷业和记录媒介的复制 | 0.0838*** | 0.6785*** | 0.2920*** | 1.50 | 0.2203 |
| 文教体育用品制造业 | 0.2007*** | 0.6991*** | 0.1226** | 0.13 | 0.7135 |
| 石油加工、炼焦及核燃料加工业 | 0.2101*** | 0.7067*** | 0.2097** | 2.31 | 0.1285 |
| 化学原料及化学制品制造业 | 0.0945*** | 0.7635*** | 0.2360*** | 10.92 | 0.0010 |
| 医药制造业 | 0.0737*** | 0.7647*** | 0.2311*** | 4.43 | 0.0353 |
| 化学纤维制造业 | 0.1924*** | 0.8495*** | 0.2747** | 7.00 | 0.0081 |
| 橡胶制品业 | 0.0915*** | 0.8019*** | 0.4076*** | 19.11 | 0.0000 |
| 塑料制品业 | 0.1538*** | 0.7405*** | 0.1743*** | 2.27 | 0.1321 |
| 非金属矿物制品业 | 0.1322*** | 0.7758*** | 0.1705*** | 11.52 | 0.0007 |
| 黑色金属冶炼及压延加工业 | 0.1802*** | 0.7622*** | 0.2103*** | 21.62 | 0.0000 |
| 有色金属冶炼及压延加工业 | 0.2466*** | 0.7103*** | 0.2061*** | 6.17 | 0.0130 |
| 金属制品业 | 0.1451*** | 0.7185*** | 0.2471*** | 9.19 | 0.0024 |
| 通用设备制造业 | 0.1005*** | 0.7965*** | 0.1971*** | 21.42 | 0.0000 |
| 专业设备制造业 | 0.0657*** | 0.8112*** | 0.1447*** | 0.54 | 0.4612 |
| 交通运输设备制造业 | 0.1286*** | 0.7486*** | 0.2018*** | 10.85 | 0.0010 |
| 电气机械及器材制造业 | 0.1210*** | 0.7779*** | 0.1465*** | 2.57 | 0.1087 |
| 通信设备、计算机及其他电子设备制造业 | 0.1318*** | 0.7516*** | 0.1846*** | 3.60 | 0.0576 |
| 仪器仪表及文化、办公用品机械制造业 | 0.0984*** | 0.7701*** | 0.1500*** | 0.13 | 0.7134 |
| 工艺品及其他制造业 | 0.2138*** | 0.6996*** | 0.0994 | 0.04 | 0.8462 |

注：***、**、*分别表示1%、5%、10%的显著性水平；Chi2为规模报酬不变Wald检验统计量，$p$ 值为接受原假设的风险。

# 第五章

# 内需压力与中国的出口决定方程

考虑到中国经济对外仍将遭受欧债危机持续、世界经济增速放缓等诸多挑战，对内又面临经营成本全面上升、转变增长方式难度加大等一系列问题，《中华人民共和国国民经济和社会发展第十二个五年规划纲要》和党的十八大、十八届三中全会均明确强调，我国应继续坚持扩大内需战略，保持经济平稳较快发展，加快形成消费、投资、出口协调拉动经济增长的新局面。

当前，一方面，中国经济已经进入了新常态，增长正在由依靠投资、出口拉动，向依靠消费、投资、出口协调拉动转变。但是，另一方面，伴随着消费与投资的持续稳定增长，“十二五”的前四年，中国出口月度同比增速整体却呈现出持续下滑的基本特征。虽然中国商务部编制的《对外贸易发展“十二五”规划》，仅将“十二五”期间中国对外贸易的增长目标定在年均10%，但开局至今的出口平均增速还是远低于这一水平（进口平均增速更低）。那么，中国扩内需与促出口之间，是否存在“内需压力假说”（江小涓，2007；Berman et al.，2011 等）所强调的，资源转向满足扩张的国内需求后，出口会相应减少，从而不可兼得的情况呢？

虽然，现有基于异质性贸易理论对中国出口增长的理论和实证研究，确实是从企业生产率、规模等存在巨大差异的事实出发，去研究企业出口行为、贸易利得等问题，但与新贸易理论类似，都无例外地采用边际成本不变假设，忽略了国内外市场之间的相互联系，无法控制供给面因素，特别是内需变动，对出口的影响。这导致我们在影响出口增长的关键性因素及其内在联系机制等核心问题上，缺乏科学的理论和来自微观层面的经验证据支撑，从而无法依据我国内需变动及出口等方面的事实，以及2014年中央经济工作会议提出的“要协调拓展内外需”精神，对中国由贸易大国向贸易强国转变过程中的贸易战略作出科学判断和对应调整。

仅仅控制外需和相对出口价格的出口需求方程，存在互为因果和遗漏变量等问题。而出口需求、供给联立方程，虽然可以在一定程度上克服出口量与出口价格之间存在的因果性问题，可又不能处理遗漏变量偏误，因为联立方程中的需求方程仍然是直接采用出口需求方程，而且联立方程还需作出更多的涉及具体出口供给方程形式、出口市场出清等方面的假设。采用出口决定方程研究出口影响因素是更合适的选择，因为一方面，出口决定方程不存在遗漏变量问题；另一方面，解决因互为因果导致的内生性问题，更多的只是考虑选择依据具体估计方程的、合适的工具变量和计量技术。但是，相对于出口需求方程，现有文献缺乏得出具体出口决定方程的严谨逻辑推导，导致其应用受到极大制约。

现有对出口增长问题的研究，忽视了内部市场和外部市场之间的相互联系。原因在于，异质性贸易理论与新贸易理论类似，均假设边际成本不变。这一假设，一方面，导致后续经过最优化处理之后，无法引入供给面变量，这正是出口决定方程缺乏严谨推导的根本症结所在；另一方面，必然导致不同市场之间缺乏相互联系和影响。因为，边际成本不变，意味着某一市场需求条件发生变化，比如国内市场需求增加，只会影响企业对国内市场的销售，而外部市场因为其需求和边际成本不变，利润最大化的销售数量并不会因为其他市场变化而发生变化。按照这一逻辑，既然内需与出口之间毫无联系，又何谈“加快形成消费、投资、出口协调拉动经济增长的新局面”呢？

因此，本章从传统出口方程理论出发，在不同产业内部企业生产率服从Pareto分布的假设下，纳入可变价格加成（markup），并通过潜在企业针对不同产业的进入选择，构建了系统分析内需压力、经济规模、外需、竞争力与出口的理论框架，并基于2003—2010年HS产品分类六位码和中国工业产业四位码层次的数据，对中国出口决定的经验方程进行了估计。结果表明，在外需、竞争力对中国出口的影响符合理论预期的同时，“内需压力假说”在我国并不成立，扩内需与促出口之间并不矛盾，内需压力对出口的促进作用，本质上是通过带动外需实现的；经济规模虽然能通过提高出口竞争力等方式产生正向作用，但更会通过降低出口企业的边际利润、提高维持出口的生产率临界水平、增加贸易摩擦风险等方式抑制出口。

本章的安排为：第一节理论基础、出口方程推导与计量方法选择；第二节是变量的比较、测度方法与数据来源；第三节提供了本章核心变量的描述性统计；第四节是内需对出口的影响及其机制；最后是本章小结。

## 第一节　理论基础、出口方程推导与计量方法选择

前述出口需求方程、出口决定方程和出口需求供给联立方程，都隐含地假设产业内企业是同质的，这虽然简化了分析过程，但却与企业在生产率、成本控制、市场定位以及经营理念等多方面存在巨大差异的事实相矛盾。异质性贸易理论模型，随着 Eaton and Kortum（2002）、Bernard et al.（2003）、Melitz（2003）和 Chaney（2008）等的不断创新，加上微观层次数据可利用性的加强，使得国际贸易研究不可避免地从过去的国家和产业层面逐渐过渡到企业和产品层面。但是，以更加接近现实的异质性贸易理论为基础构建出口方程，进而估计具体参数（或称出口贸易弹性）的时候，特别需要注意的是，利用不同类别的贸易模型其结果可能会存在差异。下面不妨以出口竞争力为例加以说明。

### 一　扩展边际、可变加成与相对价格变动

笔者以不同产品的相对价格作为出口竞争力的代理变量。首先，从理论的角度，异质性贸易模型引入企业差异有很多方式，代表性的有生产率差异（如 Eaton and Kortum，2002；Melitz，2003）和价格加成差异（如 Bernard et al.，2003）。Simonovska and Waugh（2012）证明，对出口目的国来说，给定 Eaton and Kortum（2002）、Bernard et al.（2003）和 Melitz（2003）等的生产率函数形式，同时假定任一出口国生产进入成本与本国劳动力成比例、出口市场进入成本与出口目的国劳动力成比例，

利用 Eaton and Kortum（2002）、Bernard et al.（2003）和 Melitz（2003）等①会产生相同的贸易流和价格指数表示，即：

$$\frac{x_{ni}}{x_n} = \frac{T_i\ (\tau_{ni}w_i)^{-\theta}}{\sum_{k=1}^{N} T_k\ (\tau_{nk}w_k)^{-\theta}}, P_n \propto \left(\sum_{k=1}^{N} T_k\ (\tau_{nk}w_k)^{-\theta}\right)^{-\frac{1}{\theta}} \quad (5—1)$$

其中，$i$、$n$ 分别表示出口国和进口国，$x_{ni}$表示 $i$ 国对 $n$ 国的出口，$T_i$ 为 $i$ 国的技术参数，$\tau_{ni}$为冰山成本。依据公式（5—1）可以得到经规模调整的相对出口与相对价格的关系，即：

$$\frac{x_{ni}/x_n}{x_{ii}/x_i} = \left(\frac{P_i\tau_{ni}}{P_n}\right)^{-\theta} \quad (5—2)$$

但是，从具体估计的角度，以仅采用 Armington 假设而无企业异质性的模型为参照（该类模型最大的特点在于其最大相对价格差异恰好等于贸易双方不可观测的贸易摩擦），Simonovska and Waugh（2012）发现，Eaton and Kortum（2002）、Melitz（2003）等因为存在内生的非贸易品和出口市场选择，即出口的广度边际，其不可观测的贸易摩擦必定高于仅采用 Armington 假设而无企业异质性的模型；而 Bernard et al.（2003）模型的贸易摩擦会比 Eaton and Kortum（2002）更高，因为其同时包括可变加成和生产率差异。那么，要实现相同的贸易数据，Bernard et al.（2003）模型自然需要最小的价格参数，Eaton and Kortum（2002）和 Melitz（2003）次之，仅采用 Armington 假设而无企业异质性的模型的最大。因此，为了得到科学合理且更切合现实情况的出口估计方程，后续研究所依据的理论模型必须同时考虑生产率差异和可变价格加成。

## 二 理论基础与出口方程推导

在上述原则下，本章利用 Melitz（2003）等关于生产率分布的假设引入广度边际，通过取消企业自由进入假设引入价格加成。仍然采用某国 $i$ 与世界其他国家的分类方法，劳动供给规模分别为 $L_i$、$L_*$，两国都是由 $H+1$ 个产业部门组成。其中，部门 0 提供单一的同质计价品，而其他部门则是由连续统形式的差异化产品构成，生产中只使用劳动力要素。如

① Simonovska and Waugh（2012）的证明还包括另外两个模型：Krugman（1980）和 Anderson and van Wincoop（2003）。

果 $i$ 国代表性消费者消费 $q_0$ 单位的商品 0、$q_h$（$\omega$）单位 $h$ 部门 $\omega$ 品种商品，定义如下嵌套形式的效用函数：

$$U = q_0^{\mu_0} \prod_{h=1}^{H} \left( \int_{\Omega_h} q_h(\omega)^{\frac{\sigma_h - 1}{\sigma_h}} d\omega \right)^{\left(\frac{\sigma_h}{\sigma_h - 1}\right)\mu_h} \quad (5\text{—}3)$$

其中，$\mu_0 + \sum_{h=1}^{H} \mu_h = 1$，$\sigma_h$ 为 $h$ 部门不同品种商品的替代弹性，且 $\sigma_h > 1$。为了简单，假设同质商品 0 是以规模报酬不变技术生产的，一单位劳动力可以生产 $w_i$ 单位商品 0；另外，作为一般计价物，假设其价格为 1，因此国家 $i$ 的工资和生产率也可以表示为 $w_i$。

为了得到均衡条件下不同产业各个企业的出口函数，同时考虑到规模经济的作用，按 Chaney（2008）的方式，笔者将 Krugman（1980）的贸易成本具体细分为可变贸易成本（$\tau_i^h$）和固定贸易成本（$f_i^h$），其中 $\tau_i^h$ 采用冰山成本的形式，表示 $i$ 国 $h$ 部门某一企业出口一单位商品，只有 $1/\tau_i^h$ 单位到达世界其他国家，而 $f_i^h$ 表示 $i$ 国 $h$ 部门某一企业出口到世界其他国家所产生的固定支出。与 Helpman et al.（2004）类似，假设 $h$ 部门所有企业的生产率（$\varphi$）来自 Pareto 分布（分布参数为 $\gamma_h > \sigma_h - 1$）：

$$P(\tilde{\varphi}_h < \varphi) = G_h(\varphi) = 1 - \varphi^{-\gamma_h} \quad (5\text{—}4)$$

由此可以得到 $i$ 国 $h$ 部门生产率为 $\varphi$ 的企业，生产 $q$ 单位商品并出口到世界其他国家的总成本为：$c_i^h(q) = \frac{w_i \tau_i^h}{\varphi} q + f_i^h$。依据垄断竞争条件下任意两种商品的边际效用之比等于它们的出口价格之比，可以得到该企业的最优出口价格为：$p_i^h(\varphi) = \left(\frac{\sigma_h}{\sigma_h - 1}\right)\frac{w_i \tau_i^h}{\varphi}$。那么，$i$ 国 $h$ 部门生产率为 $\varphi$ 的企业对世界其他国家的出口额为：

$$e_i^h(\varphi) = p_i^h(\varphi) q_i^h(\varphi) = \mu_h Y^* \left(\frac{p_i^h}{p_*^h}\right)^{1-\sigma_h} \quad (5\text{—}5)$$

其中，$Y^*$ 为世界其他国家的收入，$P_*^h$ 为世界其他国家 $h$ 部门的价格指数。另外，利用利润为零可以获得临界条件下的生产率水平（$\bar{\varphi}_i^h$）：

$$\bar{\varphi}_i^h = \left(\frac{\sigma_h}{\mu_h}\right)^{\frac{1}{\sigma_h - 1}} \frac{\sigma_h}{\sigma_h - 1} \left(\frac{f_i^h}{Y^*}\right)^{\frac{1}{\sigma_h - 1}} \frac{w_i \tau_i^h}{P_*^h} \quad (5\text{—}6)$$

与前文对应，下面笔者通过设定企业进入选择的方式加入经济规模与内需压力。此处之所以考虑企业进入问题主要在于，为了得到 $i$ 国 $h$ 部门的总出口，在企业生产率存在差异的情况下，需要对 $h$ 部门所有企业的出口进行计总，这就要求事先对进入不同产业部门的企业数量进行设定。基于处理方便的考虑，首先按 Eaton and Kortum（2002）、Chaney（2008）的方式，对任意产业，假定潜在进入企业的数量与经济规模成正比，即越大越富有的国家会有更多地进入企业；其次，更进一步，针对不同产业进入成本和进入率存在极大差异的经验事实（Dunne et al.，1989），按 McAfee et al.（2004）的方式，假定企业更倾向于选择进入生产能力利用率较高的、处于成长期或成熟期的产业。因此 $i$ 国 $h$ 部门的总出口可以表示为：

$$x_i = (S_i)^{\kappa}(R_i^h)^{\nu}\int_{\bar{\varphi}_i^h}^{\infty} e_i^h(\varphi)\,dG_h(\varphi) \tag{5—7}$$

其中，$S_i$表示 $i$ 国经济规模、$R_i^h$ 表示 $i$ 国 $h$ 部门的生产能力利用率。将公式（5—5）带入公式（5—7）中，取对数可得：

$$\ln x_i^h = \ln\frac{\mu_h}{\gamma_h(\gamma_h-(\sigma_h-1))} + \ln Y^* + (1-\sigma_h)\ln\frac{P_i^h}{P_*^h} + \kappa\ln(S_i) + \nu\ln(R_i^h) - \gamma_h\ln(\bar{\varphi}_i^h) \tag{5—8}$$

进一步，将 Houthakker and Taylor（1970）中出口变动$\frac{d}{dt}\ln X$（$t$）的离散形式 $\Delta\ln X$（$t$）$=\eta$（$\ln x_t^d - \ln x_{t-1}$）代入公式（5—8），加入时间下标和误差项，并经系数表述简化，可得：

$$\ln x_{it}^h = \alpha_0 + \alpha_1\ln x_{it-1} + \alpha_2\ln Y_t^* + \alpha_3\ln\frac{P_{it}^h}{P_{*t}^h} + \alpha_4\ln(S_{it}) + \alpha_5\ln(R_{it}^h) + u_i^h + v_{it} \tag{5—9}$$

更进一步，公式（5—7）采用$(S_i)^{\kappa}(R_i^h)^{\nu}$的方式引入国内需求压力和经济规模，通过对数处理可以很方便地转换为线性方程进行估计；但是，采用$f$（$\kappa$（$S_i$）$+\nu$（$R_i^h$））的函数形式同样符合上文针对企业进入选择的设定。因此，在公式（5—9）的基础上，还需进一步估计包含交叉项的、形式更一般的出口方程：

$$\ln x_{it}^h = \alpha_0 + \alpha_1\ln x_{it-1} + \alpha_2\ln Y_t^* + \alpha_3\ln\frac{P_{it}^h}{P_{*t}^h} + \alpha_4\ln(S_{it})$$

$$+ \alpha_5 \ln(R_{it}^h) + A\Pi + u_i^h + v_{it} \qquad (5—10)$$

其中，A 为交叉项的参数向量，$\Pi$ 表示国内需求压力、经济规模分别与世界收入和相对出口价格的交叉项。事实上，加入交叉项的另一个好处是可以更为细致地分析内需压力、经济规模可能发生作用的不同机制。

## 三　估计方法选择

上述计量方程（5—9）、（5—10）的解释变量中不仅包括不同产业出口的滞后项（前定变量）和出口相对价格，还包括经济规模和国内需求压力，前定变量自然是内生的，出口价格、经济规模和内需压力相对于出口数量也可能存在因为互为因果导致的内生性问题，从而导致前定和内生解释变量与误差项的相关系数不为零，直接采用 OLS 估计不仅无法解决解释变量与个体固定效应的相关性，同时也不能解决内生变量和前定变量与总体误差项相关性问题对估计参数引起的偏差，采用固定效应方法估计可以消除解释变量与个体固定效应的相关性问题，但仍然无法解决内生变量与前定变量与误差项相关对参数估计带来的偏差。尽管采用固定效应的面板工具方法（2SLS）从理论上可以同时考虑到上述两方面问题对估计参数带来的偏差，但采用该方法在工具变量选取方面仍然存在一定问题，特别是当工具变量的数量超过需要识别的解释变量数量时，在如何同时满足估计的矩条件方面仍然存在较大问题，即存在过度识别（over-identification）情况下需要如何处理的问题。

正是考虑到上述估计方法的缺陷和不足，Arellano and Bond（1991）首先提出了利用差分 GMM 方法，来解决动态面板数据估计过程中存在的变量内生性和样本异质性问题对估计参数带来的影响。由于差分 GMM 方法的基本估计原理是利用内生变量的水平滞后项作为工具变量对差分后的内生变量参数进行识别，一方面只对差分方程进行估计会损失样本信息量，另一方面对于时间跨度较长的面板数据工具变量的有效性会减弱。Arellano and Bover（1995）、Blundell and Bond（1998）在差分 GMM 估计方法的基础上进一步提出了系统 GMM 估计方法，该方法能够同时利用差分方程和水平方程的信息，工具变量有效性一般情况下会更强，特别是在样本数据时间跨度较长的情形下，理论上相对于差分 GMM 参数估计结果更为有效。基于上述的理论基础和本章样本数据特点（时间跨度为 8

年，样本个体为478个），为确保估计参数的一致性和有效性，本章采用系统GMM方法对计量方程（5—9）、（5—10）进行估计。系统GMM估计的一般形式如下：

水平方程：$y_{it} = \alpha y_{it-1} + x'_{it}\beta + \varepsilon_{it}$

差分方程：$\Delta y_{it} = \alpha \Delta y_{it-1} + \Delta x'_{it}\beta + \Delta\varepsilon_{it}$

假设：$\varepsilon_{it} = u_i + v_{it}$；$E(u_i) = E(v_{it}) = E(u_i v_{it}) = 0$

其估计的基本过程和思路是：利用差分且滞后二阶及多阶的内生变量和前定变量作为水平内生和前定变量的工具变量对水平方程的估计参数进行识别，利用水平的滞后二阶及多阶内生和前定变量作为差分内生和前定变量的工具变量对差分方程的估计参数进行识别，对水平和差分方程估计的参数估计结果和信息进行加权得到最终水平方程的系统GMM估计结果。

在明确了各解释变量属性和估计过程后，还需要对参数估计结果的有效性、一致性以及工具变量选取的有效性进行检验。首先是整个工具变量有效性的Sargan检验和Hansen检验，相比较于Hansen过度识别检验，在工具变量增加的时候，Sargan过度识别检验存在非一致的可能性，基于有效性考虑，笔者以Hansen检验结果为准。其次是检验系统GMM是否比差分GMM更有效，即系统估计中新增工具变量是否有效的Diff-in-Hansen检验，其原假设是新增工具是有效的，如果不能拒绝原假设则表明系统估计方法更有效。再次，需要检验的是$\varepsilon_{it}$是否存在序列相关，因为即便原始残差项是非自相关的，它的差分序列也可能为一阶自相关，除非原始残差序列遵循一个随机游走过程，因此差分的残差项如果存在二阶自相关就意味着原始残差序列是自相关并至少遵循阶数为1的移动平均过程。本章分别给出差分转换方程的一阶和二阶序列相关（AR（1）、AR（2））检验，原假设是不存在序列相关，在原假设下经过差分转换后的残差有一阶序列相关性，但如果没有二阶序列相关则可断定原假设成立。

动态面板系统GMM估计可以分为一步和两步GMM估计。虽然在有限样本条件下，两步估计的标准差存在向下偏倚，但这种偏倚经过Windmeijer（2005）有限样本校正后会减小；而且系统GMM的robust技术可以克服两步GMM估计量的近似渐进分布不可靠问题，系统GMM的collapse

技术则可用来减少 GMM 类工具变量数量以克服工具变量较多带来自由度损失的问题，在此基础上本章利用两步系统 GMM 进行估算。为了克服截面相依性对估计结果的影响，本章在估计中明确加入了年度虚拟变量。

## 第二节 需求、供给面变量与数据来源

本章涉及的变量主要有出口、世界收入、相对出口价格、经济规模和国内需求压力，下面对各自的含义和测算方法进行说明。最后是数据来源。

### 一 变量及其测度

#### （一）出口变量（$x$）

以往文献多数采用的是以某一年为基期的实际出口，而且无论是宏观国家层次，还是产业层次，获得实际出口的方法多是利用国家层次的出口价格指数去折算不同层次的名义出口值。其理由据说是因为出口值里面包含了价格信息，使用出口值会不可避免地导致弹性估计结果的偏差（King，1997）。但事实上，这种考虑是完全没有理论依据的，无论是 Senhadji and Montenegro（1999），还是本章第一节出口决定方程的推导过程都显示，对出口进行折算，不仅没有理论基础，反而可能会导致价格弹性的低估（Novy，2010）。而且，对产业层次的研究来说，这种处理方式还相当于不合理地假设不同产业出口价格的变动是相同的。因此，本章强调直接采用名义出口值作为被解释变量。

#### （二）世界收入（$Y^*$）

世界收入变量用于衡量出口市场的规模变动，即在给定的出口价格下，世界市场对不同产业出口的需求大小，笔者预计出口的收入弹性为正。根据标准的需求理论，现有文献主要从收入角度对其进行估算，测度指标一般是国内生产总值（GDP）。同时，已有文献均毫无例外地利用研究对象某年度对不同国家出口贸易的比重作为权重来计算世界收入。对中国来说，计算公式为：$Y^* = \sum_{j=1}^{n} \alpha_j GDP_j$，其中，$\alpha_j$ 为 $j$ 国在中国出口所占的比重。但与出口变量类似，对世界收入，本章同样强调采用名义值，这不仅是因为变量测度应与理论推导相一致，更因为如果采用实际值，那就等于隐含

地假设了消费者不存在货币幻觉（Goldstein and Khan，1985）。

（三）国内外相对出口价格（$rp$）

国内外相对出口价格通常是采用国内出口价格指数和世界其他国家出口竞争者价格指数（转换为同种货币）的比例来表示（Goldstein and Khan，1985），其大小主要用于衡量出口品在国际市场上的竞争力。[①] 出口竞争力越强，即出口相对价格越低，出口自然越多。因此，预计价格弹性为负。

问题是，在实际估算中如何测算出口价格指数？首先，国内消费者价格指数（CPI）反映的只是国内市场所有产品的价格变动，生产者价格指数（PPI）并不包括所有需要关注的出口部门，Anderson and Van Wincoop（2003）特别强调出口价格指数根本不同于 CPI 或 PPI。其次，Algieri（2004）提出，可采用相对成本来代替相对出口价格。批发价格指数是最为常用的生产成本代理指标，如果仅仅是进行宏观国家层次的估计，那么，某经济个体面临的世界其他国家出口竞争者价格指数可以表示为：$pxw_j = \sum_i \alpha_{ji} \sum_k \beta_{ik} wp_k$，其中，$i=1$，…，$N$；$k=1$，…，$N-1$，$\alpha_{ji}$表示 $i$ 国或地区在 $j$ 国或地区的出口中所占的比重，$\beta_{ik}$表示 $k$（$k \neq i$ 或 $j$）国或地区的出口在 $i$ 国或地区所占的比重，且 $\sum \alpha_{ji} = 1$，$\sum \beta_{ik} = 1$。问题是，这种方式在针对更细层次（如产业层次）研究的时候却无法应用，因为即使是一位码产业层次的批发价格指数，目前大多数国家都没有提供，我们所能获得的只有按不同分类方法（如 HS、SITC、CPC 等）统计的分国别、商品的贸易数据。

不过，经联合国统计署（UNSD，2005）调查发现，各国统计机构使用的贸易指数通常为 Laspeyres 指数、Paasche 指数与 Fisher 指数三类，它们之间只是适用范围不同，并无好坏之分。另外，依据平均方法的不同，每一类价格指数有算术平均和几何平均两种；进而依据参照时点的不同，每一种又存在定基（fixed-base）与链式（chained）的区别。几何平均相比算术平均，能考虑产品之间的替代效应，而链式相比定基，能考虑产

① 出口竞争力主要体现在产品和市场两个层面，其中，产品层面包括品质和成本，而市场层面包括市场进入、制度、交通运输、贸易设施等（Farole，et al.，2010）。

品的进入与退出。Gaulier et al.（2008）更具体地提供了不同效用函数与出口价格指数之间的精确（exact）对应关系，具体为：如果效用函数是Leontief形式的，对应的出口价格指数可以是算术平均的Laspeyres指数或Paasche指数；如果效用函数是C－D形式的，对应的价格指数就应该是几何平均的Laspeyres指数或Paasche指数；如果效用函数是二次项（如超越对数）形式的，精确对应的就应该是Fisher指数。在此基础上，结合UN comtrade、CEPII BACI等数据库，就很容易得到不同分类层次的出口价格指数。由于本章采用的是C—D形式的嵌套效用函数，同时，为了控制出口商品之间的替代效应以及进入退出影响（陈勇兵等，2012），此处采用与指数理论、贸易理论相一致的几何平均的链式Laspeyres指数（$rpL_t$）和Paasche指数（$rpP_t$），来测算中国和世界其他国家的出口价格指数。此处以中国出口价格指数为例，计算公式为：$rpL_t = \prod_{i=1}^{t} gL_{i/i-1}$，$rpP_t = \prod_{i=1}^{t} gP_{i/i-1}$，其中，$gL_{i/i-1} = \prod_k \left(\frac{p_{k,i}}{p_{k,i-1}}\right)^{w_{k,i-1}}$、$gP_{i/i-1} = \prod_k \left(\frac{p_{k,i}}{p_{k,i-1}}\right)^{w_{k,i}}$，$w_{k,i} = \frac{p_{k,i}q_{k,i}}{\sum_i p_{k,i}q_{k,i}}$，$k$表示某种出口品，$p_{k,i}$、$q_{k,i}$分别表示该种商品在$i$期出口价格和出口量。相对出口价格以中国和世界其他国家出口价格指数的商表示。

除此之外，针对本章的估计，利用几何平均的链式Laspeyres指数、Paasche指数公式，具体计算国内外相对出口价格指数时，有几个数据处理方面的问题需要详细说明：第一，涉及国际贸易商品分类与国民经济产业分类间的对应。由于国家统计局提供了《国民经济产业分类》（GB/T 4754—2002）与《国际标准产业分类》（*ISIC Rev. 3*）的对照表①，因此这一问题也就转化为了国际贸易商品分类与国际标准产业之间的对应问题。第二，本章利用UNSD发布的"*Correspondence between HS*1996，*SITC Rev.*3，*CPC*

① 国家统计局（2008）提供的《国民经济产业分类注释》中，建立了国民经济每一个产业小类与*ISIC Rev. 3*最细一层分类的对应关系。由于我国的产业分类比*ISIC Rev. 3*要细，所以多数情况是中国的几个小类对应联合国的一个小类。但是，该标准中也存在一个国民经济产业小类对应多个*ISIC*小类的情况，涉及22个四位码国民经济产业（备索）。针对这类情况，《国民经济产业分类注释》明确提出，新标准中凡有类似的情况，虽然一律标明其所应对应的*ISIC Rev. 3*产业代码及名称，但在数据转换时，应以列在第一位的产业为准。

*Ver*. 1.0, *ISIC Rev*. 3”，建立 *HS*（1996）与国际标准产业分类（*ISIC Rev. 3*）之间对应关系。第三，则涉及异常值的处理，中国海关总署在计算二位码产业层次的出口价格指数时，在其《中国对外贸易指数编制说明》中提出，应根据海关进出口记录，计算出同种商品的价格变异系数，保持最终的样本覆盖率在70%以上。此处同样采用价格变异系数作为判定标准，并选择70%的覆盖率，与此对应的样本截断点的变异系数为0.5429。经过上述处理后，本章最后用于计算相对价格指数的HS（1996）六位码商品为总5111种中的3884种，对应的GB（2002）四位码产业为478个。

（四）国内需求压力（*ddp*）

国内需求压力主要用于测度出口供给能力的大小，以往研究通常采用产能利用率作为对应的变量，因为在外需稳定的情况下，国内需求增加，必然导致产能利用率上升（Dunlevy，1980等）。从研究出口方程的角度，产能利用率一般是采用实际值与指数趋势值的商来计算（Rahmaddi and Ichihashi，2012）。但如前所述，国内需求压力可能正向也可能负向影响出口。另外，对这一变量还需要注意的是，不能直接采用工业总产值来测算产能利用率。因为，国内需求压力的变动能很好地体现在产能利用变动中的前提是：出口与国内需求压力无关，这自然与我们想要检验的假说相互矛盾（Riedel et al.，1984）；而且，直接利用工业总产值测算产能利用变量，还会使得估计因为方程两端同时出现出口变量而产生联立偏误。所以，此处按Culem（1987）、Algieri（2004）等的方式，从支出角度，利用中国四位码工业总产值减去其出口后的变量来测算产能利用率。

（五）经济规模（*size*）

经济规模的表征变量较为简单，根据Eaton and Kortum（2002）、Chaney（2008）的假设，与钱学锋、熊平（2010）一致，本章采用国内生产总值来测度。按公式（5—7），以经济规模增大表示的企业数量增加，可能会加大产业内的竞争，提高生产效率。因此，预计经济规模对出口的影响为正。

## 二　数据来源

本章2003—2010年中国四位码工业产业工业总产值、出口交货值和国内生产总值，分别来自中国统计数据应用支持系统里“年度数据”的“工业产业子类”和“宏观全国子类”；2002—2010 年六位码 HS（1996）分类的世界各国商品贸易数据来自 CEPII BACI 数据库；2003—2010 年计算世界收入的 200 个国家和地区的 GDP[①]、中国出口到世界各国或地区的贸易占比分别来自 IMF 的 DOT 和 IFS 数据库；最后，本章之所以将研究起始设定为 2003 年，主要是因为之前年份四位码工业产业的部分数据存在很严重的缺失。

## 第三节　出口与内需等的统计特征

本章主要变量的描述性统计结果见表 5—1。其基本特征有：第一，虽然出口变量的总体标准差超过总体平均值 3 倍多，但这一差别主要是体现在不同工业行业出口的组间差别上。第二，尽管本章研究样本的主体为 2003—2010 年 478 个四位码工业行业的年度平衡面板数据，但世界收入与经济规模变量仍是时序数据，总体均呈增长态势。第三，通过将不同产业按出口比加权得到的 *rpL*、*rpP*，其变化呈现出“U 形”趋势，总体平均值分别为 0.89 和 0.94，说明从整体来看，我国工业行业的出口仍然具有相对竞争优势，但从 2007 年开始，这一优势却在迅速减弱（图 5—1 左），值得关注。第四，*rpL* 和 *rpP* 指数的变动趋势基本相同（图 5—1 左），相关系数高达 0.9。[②] 第五，随着不同产业出口价格的变动，生产要素会进行重新配置，比如某出口品价格上涨，会导致更多生产要素流入该出口品的生产和出口，但 *rpL* 和 *rpP* 指数分别是以首期和末期作为基期的，因此，由于 Gershenkron 效应（Feenstra，2004）的影响，按出口比加权得到的 *rpL* 指数值，会始终小于按出口加权得到的 *rpP* 指数值（图 5—1 左）。第六，利用出口比加权得到的平均国内需求压力，从 2003 年开始小幅下降，并于 2008 年全球金融危机的时候到达最低点，之后又迅速反弹到 1 以上，其特征与国内消费与投资的整体变动基本吻合（图 5—1 右）。

---

① 具体国别和地区名备索。

② 由于采用 *rpL* 和 *rpP* 的结果差别不大，后续计量部分笔者仅提供采用 *rpL* 指标的结果，基于 *rpP* 指标的估计结果备索。

**表 5—1　　主要变量的描述性统计结果**

| 变量 | | 平均值 | 标准差 | 最小值 | 最大值 | 样本数 |
|---|---|---|---|---|---|---|
| *x* | overall | 125. 0874 | 429. 4542 | 0 | 7740 | N = 3824 |
| | between | | 398. 4663 | 0 | 5277. 5 | n = 478 |
| | within | | 161. 0783 | 0 | 2640. 087 | T = 8 |
| $Y^*$ | overall | 52767. 22 | 6365. 703 | 42075. 99 | 61842. 63 | N = 3824 |
| | between | | 0 | 52767. 22 | 52767. 22 | n = 478 |
| | within | | 6365. 703 | 42075. 99 | 61842. 63 | T = 8 |
| *rpL* | overall | 0. 894811 | 0. 228625 | 0. 3250082 | 4. 040052 | N = 3824 |
| | between | | 0. 166762 | 0. 5188533 | 1. 791308 | n = 478 |
| | within | | 0. 156558 | 0. 1677904 | 3. 357341 | T = 8 |
| *rpP* | overall | 0. 9434739 | 0. 2484632 | 0. 4036782 | 4. 38632 | N = 3824 |
| | between | | 0. 185795 | 0. 4949073 | 2. 175539 | n = 478 |
| | within | | 0. 1651587 | 0. 0568327 | 3. 283475 | T = 8 |
| *size* | overall | 131736. 4 | 1588. 012 | 129227 | 134091. 1 | N = 3824 |
| | between | | 0 | 131736. 4 | 131736. 4 | n = 478 |
| | within | | 1588. 012 | 129227 | 134091. 1 | T = 8 |
| *ddp* | overall | 1. 001426 | 0. 01463 | 0. 9074387 | 1. 076992 | N 3824 |
| | between | | 0. 001902 | 0. 9908969 | 1. 009364 | n = 478 |
| | within | | 0. 014506 | 0. 899501 | 1. 069054 | T = 8 |

注：结果由 STATA 11 的 *xtsum* 命令给出。

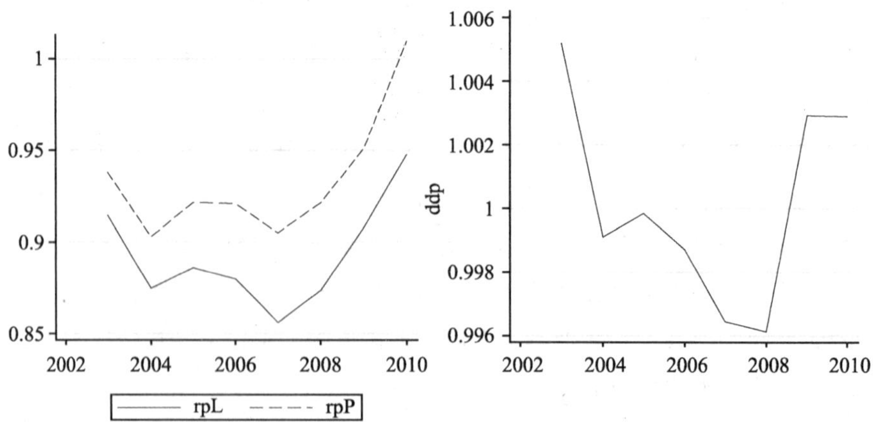


**图 5—1　相对出口价格与内需压力的动态变动**

## 第四节　内需对出口的影响及其机制

与计量方程（5—9）、（5—10）一致，本节的实证处理也包括两个层次，表5—2、表5—3分别提供了对应的实证结果。这之中，所有设定的AR（1）、AR（2）检验都表明，各估计的残差序列均存在显著的1阶自相关，但不存在2阶自相关，再加上Wald统计量的$p$值，这意味着各模型设定总体上是可取的。进一步，由判断整个工具变量有效性的Hansen检验以及判断GMM类工具变量子集有效性的Diff-in-Hansen检验结果可知，各估计工具变量的构造总体上均是有效的，后面不再逐一说明。

### 一　内外需、相对出口价格和经济规模对出口的影响

表5—2中所有设定都显示，尽管出口滞后项至少在10%的置信水平下对出口具有显著的正向影响，但影响程度均非常有限，最大也不过是0.3805［设定（1）］，这表明我国出口增长的稳定性并不强。表5—2设定（2）给出了传统出口需求方程的估计结果，其中，外需对出口的影响弹性为1.1516，具有1%的统计显著性，相对出口价格对出口的影响弹性为-0.6315，在10%的置信水平下显著。表5—2设定（3）给出了出口决定方程的估计结果，其中，内需压力弹性为6.9850，虽然只在15%的置信水平下显著，但是在加入反映供给面的内需压力指标后，出口收入弹性增加为1.2591，同样具有1%的统计显著性，出口价格弹性则变为-0.9879，也是在10%的置信水平下显著。显然，遗漏内需压力变量，会在一定程度上低估出口的收入和价格弹性。如果按Chaney（2008）等的处理，即仅仅考虑经济规模的影响，同样可以发现，传统出口需求方程存在低估收入弹性和价格弹性的问题，但相比于表5—2设定（3），表5—2设定（4）显示的收入弹性低估程度会更大。而且，值得特别关注的是，此时，经济规模对出口的影响在1%的置信水平下显著为负，和笔者的预期完全相反。

与公式（5—9）的逻辑一致，除外需和相对出口价格外，表5—2设定（5）在同时控制了经济规模与内需压力后，得到的收入弹性为3.5845，具有1%的统计显著性，比表5—2设定（3）的高，但比表5—2

设定（4）的略低；价格弹性为 - 0.9580，大小虽然与表 5—2 设定（3）—（4）的结果类似，但仅在 15% 的置信水平下显著；内需压力弹性增加为 9.9105，远远大于国外收入对出口的促进作用，且在 5% 的置信水平下显著；经济规模弹性的绝对值下降为 1.6758，在 5% 的置信水平下仍然对出口有显著的负影响。

**表 5—2　　内外需、相对出口价格和经济规模对出口的影响**

| 样本区间 | (1)<br>2003—2010 | (2)<br>2003—2010 | (3)<br>2003—2010 | (4)<br>2003—2010 | (5)<br>2003—2010 | (6)<br>2003—2005 | (7)<br>2006—2010 | (8)<br>2006—2010 |
|---|---|---|---|---|---|---|---|---|
| *x* ( -1) | 0.3805 *<br>(0.1950) | 0.3210 **<br>(0.1550) | 0.2545 *<br>(0.1387) | 0.2718 **<br>(0.1085) | 0.2291 *<br>(0.1345) | 0.1836 *<br>(0.1051) | 0.2544 *<br>(0.1387) | 0.2241 *<br>(0.1318) |
| $Y^*$ | 1.0510 **<br>(0.3258) | 1.1516 ***<br>(0.2563) | 1.2591 ***<br>(0.2343) | 4.1147 ***<br>(0.5623) | 3.5845 ***<br>(0.5224) | 3.3354 ***<br>(0.4203) | 3.7586 ***<br>(0.5893) | 3.5702 ***<br>(0.5561) |
| *rpL* | | -0.6315 *<br>(0.3651) | -0.9879 *<br>(0.5779) | -0.9442 **<br>(0.4421) | -0.9580#<br>(0.6556) | -0.7531 **<br>(0.3710) | -0.9880 *<br>(0.5779) | -1.0029<br>(0.8876) |
| *ddp* | | | 6.9850#<br>(4.5221) | | 9.9105 **<br>(3.8189) | 8.1795 **<br>(3.2994) | 6.9850#<br>(4.5221) | 8.5756 *<br>(4.4889) |
| *size* | | | | -2.1322 ***<br>(0.5156) | -1.6758 **<br>(0.5113) | -1.4197 ***<br>(0.3939) | -1.8412 **<br>(0.5763) | -1.6657 **<br>(0.5246) |
| $D_{08}$哑变量 | | | | | | | | -0.5476 **<br>(0.2521) |
| *ar* (1) | 0.015 | 0.008 | 0.012 | 0.001 | 0.015 | 0.020 | 0.025 | 0.012 |
| *ar* (2) | 0.805 | 0.737 | 0.637 | 0.728 | 0.602 | 0.697 | 0.837 | 0.624 |
| *Hansen* | 0.544 | 0.465 | 0.444 | 0.484 | 0.338 | 0.222 | 0.385 | 0.416 |
| *Diff-in-Hansen* | 0.971 | 0.626 | 0.419 | 0.983 | 0.302 | 0.386 | 0.214 | 0.313 |
| *P* (*Wald* 统计量) | 0.000 | 0.000 | 0.000 | 0.000 | 0.000 | 0.000 | 0.000 | 0.000 |
| *obs* | 3346 | 3346 | 3346 | 3346 | 3346 | 1434 | 2390 | 1912 |

注：***、**、* 和#分别表示在 1%、5%、10% 和 15% 的水平上显著，括号内为稳健标准差；结果由 STATA 11 的 *xtabond* 2 命令给出。

上述估计结果在面临内外部冲击的情况下，是否能保持稳健呢？比如，

2005 年 7 月，中国开始人民币汇率改革，人民币相对美元及其他货币开始升值，此举可能压缩了国内出口企业的利润空间。笔者采用较为简单的方式处理汇改的可能影响，与表 5—2 设定（5）的全样本对应，设定（6）、（7）分别采用了汇改前后，即 2003—2005 年和 2006—2010 年的样本。另外，2008 年的金融危机导致全球贸易急剧下降，但在 2009 年初又迅速恢复到危机前水平（Levchenko，et al.，2010）。在设定（7）的基础上，通过加入 $D_{08}$哑变量（2008 年取 0，其余年份取 1）来控制这一外部冲击。经过处理之后的结果显示，2008 年的金融危机确实对我国出口贸易增长产生了显著的不利影响（-0.5476），同时相对出口价格的影响不再显著了。但汇改和金融危机都没有改变设定（5）的基本结论，收入弹性和价格弹性的大小和符号并没有因样本的不同而产生明显变化；而且，汇改还增强了我国出口增长的稳定性。但最需关注的是，表 5—2 设定（5）—(8）的结果同样显示，至少在 15% 的置信水平下，内需压力对出口的影响显著为正，其影响依旧远大于外需的作用；经济规模仍然是至少在 5% 的置信水平下对出口产生着抑制作用。这表明，“内需压力假说”在我国并不成立，同时，经济规模对出口的影响也完全不同于我们通常的判断。下面，笔者利用更一般形式的出口决定方程对上述估计结果作进一步的分析说明。

## 二　内需压力、经济规模影响出口的具体机制

**表 5—3　　　　包含交叉项的出口方程**

| 样本区间 | (1)<br>2003—2010 | (2)<br>2003—2010 | (3)<br>2003—2010 | (4)<br>2003—2010 | (5)<br>2003—2010 | (6)<br>2003—2005 | (7)<br>2006—2010 | (8)<br>2006—2010 |
|---|---|---|---|---|---|---|---|---|
| *x*（-1） | 0.2486**<br>(0.1239) | 0.3172*<br>(0.1924) | 0.3197**<br>(0.1279) | 0.3081**<br>(0.1392) | 0.2546*<br>(0.1387) | 0.1977**<br>(0.0942) | 0.3077**<br>(0.1394) | 0.2483**<br>(0.1168) |
| $Y^*$ | 3.5798***<br>(0.6560) | 3.5836**<br>(1.2979) | 3.7756***<br>(0.6215) | | | | | |
| *rpL* | -0.7893*<br>(0.4771) | -1.1516**<br>(0.5829) | -0.8682#<br>(0.6069) | | | | | |
| *size* | -1.7009**<br>(0.6128) | -1.7879#<br>(1.1718) | -1.9379**<br>(0.5901) | -1.7184**<br>(0.5596) | -1.7016**<br>(0.5549) | -1.6083***<br>(0.4552) | -1.7267**<br>(0.5598) | -1.7799**<br>(0.5204) |

**续表**

| 样本区间 | (1) 2003—2010 | (2) 2003—2010 | (3) 2003—2010 | (4) 2003—2010 | (5) 2003—2010 | (6) 2003—2005 | (7) 2006—2010 | (8) 2006—2010 |
|---|---|---|---|---|---|---|---|---|
| *ddp* | | | | 10.374** (4.4051) | 6.9881# (4.5214) | 4.4029 (4.7984) | | |
| *ddp* × *rpL* | 9.9446 (12.455) | | | | | | | |
| *ddp* × *Y** | 1.1920# (0.7789) | 2.2557* (1.3120) | 1.0009** (0.4685) | | | | 1.2172** (0.4723) | 1.2546** (0.5213) |
| *size* × *rpL* | | | | -0.0697* (0.0383) | -0.0836* (0.0489) | -0.0923# (0.0644) | -0.0698* (0.0380) | -0.0846# (0.0569) |
| *size* × *Y** | | | | 0.2970*** (0.0479) | 0.3023*** (0.0473) | 0.2983*** (0.0425) | 0.2980*** (0.0479) | 0.3116*** (0.0457) |
| $D_{08}$哑变量 | | | -0.3967# (0.2798) | | | -0.4317* (0.2402) | | -0.7867** (0.2545) |
| *ar*(1) | 0.008 | 0.020 | 0.009 | 0.004 | 0.025 | 0.003 | 0.004 | 0.022 |
| *ar*(2) | 0.647 | 0.669 | 0.604 | 0.692 | 0.841 | 0.575 | 0.693 | 0.704 |
| *Hansen* | 0.405 | 0.698 | 0.863 | 0.865 | 0.385 | 0.498 | 0.868 | 0.318 |
| *Diff-in-Hansen* | 0.397 | 0.873 | 0.891 | 0.832 | 0.214 | 0.764 | 0.833 | 0.487 |
| *P*(*Wald* 统计量) | 0.000 | 0.000 | 0.000 | 0.000 | 0.000 | 0.000 | 0.000 | 0.000 |
| *obs* | 3346 | 2390 | 1912 | 3346 | 2390 | 1912 | 3346 | 1912 |

注：***、**、*和#分别表示在1%、5%、10%和15%的水平上显著，括号内为稳健标准差；结果由STATA 11的*xtabond* 2命令给出；由于变化不大，表5—3省略了2003—2005年的估计结果以适应表格容量。

表5—3的结果初步表明了，如果不控制经济规模与国内需求压力，必然会导致收入弹性和价格弹性的低估，这说明经济规模、内需压力与国外收入、相对出口价格之间肯定具有内在的联系。因此，按公式（5—10）的逻辑，需要在出口方程中加入经济规模、内需压力与国外收入、相对出口价格之间的交叉项。处理公式（5—10）的基本程序分三步：第一步是加入内需压力与外需、相对出口价格之间的交叉项，第二步是加

入经济规模与外需、相对出口价格之间的交叉项，第三步是加入所有的交叉项。在每一个过程当中，为克服多重共线性问题的影响，剔除了与加入交叉项相关程度较高的原有解释变量，比如，在加入 $ddp \times rpL$ 项时就剔除了 $ddp$ 的影响等。最后，与表 5—2 类似，在每一步中，利用不同时间段的样本对原有结果进行了检验。

表 5—3 设定（1）在加入 $ddp \times rpL$、$ddp \times Y^*$ 后，除了出口价格弹性变为 -0.7893 之外，其他核心解释变量的弹性基本没有变化，其中，出口滞后项的系数仍然较低，为 0.2468；国外收入弹性为 3.5798，具有 1% 的统计显著性；经济规模的弹性为 -1.7009，在 5% 的置信水平下显著。由于相对出口价格以递减表示出口竞争力增强，$ddp \times rpL$ 项的系数为正，但并不显著，说明国内需求压力增加，在部分占用以往企业用于出口的生产要素和规模经济的共同作用下，虽一定程度上推高了相对出口价格，但这一影响尚不足以明显抑制我国工业行业的出口；$ddp \times Y^*$ 的系数为 1.1920，并在 15% 的置信水平下显著，这进一步说明，中国内需压力增加，会通过投资、工业和进口扩张等方式影响外需（张军、桂林，2008），内需压力对出口的促进作用，本质上是通过对外需的带动实现的，我们不妨将之称为“内需压力新假说”。事实上，这一新假说表明，中国经济在世界经济中的重要性日益凸显，对其他国家来说，离开了与中国的合作，就会失去一个让其本国经济再发展的最好机会。表 5—3 设定（2）、（3）剔除了不显著的 $ddp \times rpL$ 项，整体来看，无论是采用汇改以后的数据样本，还是汇改后且控制金融危机的数据样本，收入弹性和经济规模弹性都具有非常好的稳健性，出口价格弹性始终为负，且至少具有 15% 的统计显著性；$ddp \times Y^*$ 项的估计参数始终为正，其显著性也越来越强。

表 5—3 设定（4）—（6）控制了 $size \times rpL$、$size \times Y^*$。同样，由于相对出口价格以递减表示出口竞争力增强，$size \times rpL$ 项的系数始终为负，表明我国经济规模的扩张，有效降低了生产与交易成本，且至少在 15% 的置信水平下，通过提高出口竞争力的方式促进了出口的增长；同时，$size \times Y^*$ 项的参数始终为正，且全部具有 1% 的统计显著性，表明我国经济规模的扩张也可以通过对外需的带动，间接促进我国工业行业出口的增长。但是，与表 5—3 设定（1）—（3）揭示的内需压力对出口的影响本

质上是内需压力通过带动外需间接产生的结论不同，表5—3设定（4）—（8）尽管控制了 $ddp \times Y^{*}$、$size \times rpL$、$size \times Y^{*}$ 的影响，但是经济规模本身对出口的影响仍始终显著为负。

在我国，与 Eaton and Kortum（2002）、Chaney（2008）的思想，即对任意产业，假定潜在进入企业的数量与经济规模成正比相对应的事实是，2004年7月施行的《中华人民共和国对外贸易法》将外贸经营权管理由审批制改为备案登记制，取消了外贸经营权的门槛限制，并将对外贸易经营者的范围扩大到个人。笔者认为，经济规模本身对出口显著的反向影响，其原因可能主要来自三个方面：第一，企业数量增加会形成针对生产要素的竞争，产生较大规模企业的可能性也会相应降低，而相比大规模企业，小规模企业通常在出口市场影响力、产品差异化、出口价格决定、品牌效应和消费者锁定等方面都不占优势（钟昌标，2007）；第二，企业数量增加一方面会抬高投入要素的价格，另一方面会降低出口品的价格，导致出口企业的边际利润下降，维持企业出口的生产率临界水平上升，从而挤出了大量出口企业；第三，中国的小企业普遍面临更强的金融约束和更高的信用成本（刘志彪、张杰，2009），强烈的出口动机可能迫使它们采用更为激进的市场或非市场竞争手段，由此引致的日益频繁的贸易摩擦进一步抑制了出口的增长。

## 第五节　本章小结

在中国已经连续多年成为世界最大出口国的前提下，出口如何继续保持较快增长？针对传统出口方程文献在理论和实践方面存在的不足，本章在不同产业内部企业生产率服从 Pareto 分布的假设下，通过纳入可变价格加成，以及潜在企业针对不同产业的进入选择，从一般均衡的角度，严格推导了便于处理的出口决定方程，并基于2003—2010年 HS 产品分类六位码和中国工业产业四位码层次的数据，系统分析了内外需、经济规模和竞争力对我国出口的影响及具体机制。

本章的主要结论有：（1）从整体来看，中国工业产业出口仍然具有相对竞争优势，但从2007年开始，这一优势开始迅速减弱。（2）“内需压力假说”在中国并不成立，扩内需与促出口之间并不矛盾，而且我国出口的国内需求弹性远远大于外需弹性，内需压力对出口的促进作用，本质上是通过带动外需实现的。（3）国内需求压力增加，在挤占以往用于出口的生产要素与规模经济等的共同作用下，虽然一定程度上推高了相对出口价格，但这一途径并不足以对我国工业产业出口产生明显的负向影响。（4）不同产业内企业数量的增加，一方面，能有效降低生产和交易等方面的成本，并通过提高出口竞争力的方式直接促进出口增长，还能通过对外需的带动，间接促进我国工业产业出口的增长；但另一方面，更会导致出口企业的边际利润下降、提高维持出口的生产率临界水平，并挤出大量出口企业，而且由此引致的贸易摩擦会进一步抑制出口的增长。

本章结论具有明确的政策启示作用。首先，以往我国促进出口增长的、可操作的具体政策，多集中在提高贸易便利化水平、做好出口退税和服务等方面，事实上，这些措施的本质仍然是立足于减少企业的生产和出口成本，降低出口企业的相对出口价格，增强出口竞争力。其结果是，很容易形成出口价格下降、贸易摩擦加剧、继续降低出口价格的循环。与此相对，未来在全球经济增长依然乏力、同时针对出口相对价格的政策调整空间日渐缩小的情况下，应该更加关注促出口与扩内需、调结构政策的协调配合。其次，我们强调出口和进口并重，实行进出口基本平衡的政策，其立意应该是提高进口便利化水平，拓宽进口渠道，增加能源原材料、先进技术设备、关键零部件和消费品进口，通过“以进促出”使进口由“为出而进”的扭曲状态向常态回归。再次，切实保障国内生产投入要素价格基本平稳，竭力降低国内需求压力增加对相对出口价格的不利影响。最后，应将大幅提高行业准入门槛与推进企业兼并重组相结合，下决心淘汰一批落后产能，防止重复建设和落后产能盲目扩张，规范出口市场竞争秩序，实现互利共赢。

# 第六章

# 企业动态、产能与出口强度

改革开放以来，特别是加入世界贸易组织后，中国出口取得了举世瞩目的成就。2009 年，中国实现出口总额 12016 亿美元，成为世界第一出口大国，并一直保持至今。目前，对中国出口增长“奇迹”（Chan et al.，1999）的解释，主要集中在外部市场环境变动、基于比较优势的出口竞争力、出口导向性政策等方面（江小涓，2007；杨汝岱，2008；张杰等，2014）。

出口的增长，可以分解为两个部分，一部分是出口强度不变下总产出的增长，另一部分是总产出不变下的出口强度提升（Bernard and Jensen，2004）。对中国而言，一方面，2000 年至今，出口强度的变动占出口变动的份额，平均超过了 1/3；另一方面，也是更关键的，单纯观察出口强度的变动，中国出口增长的背后，完全是另外一个情景。因为，与出口持续增长不同，中国出口强度呈现明显的“倒 U”形变动。2001 年，中国宏观层次的出口强度是 20% 左右；之后逐年攀升，2006 年最高，达到 36%；继而又持续下滑，2014 年大约是 23%。深入探究出口强度变动的原因，将为科学阐释中国出口增长的“奇迹”，提供另一个视角。

由于出口强度的变动是总产值与出口共同作用的结果①（Sousa，2004），因此，对出口强度变动原因的剖析，既要考虑外部因素的变化，更要关注内部因素及其与外部因素之间的交互影响。但现有针对出口强度或出口影响因素的研究，大多基于新贸易理论或是异质性贸易理论，均假设边际成本不变（Krugman，1980；Melitz，2003；Eaton et al.，2011；

---

① 出口强度指出口值占总产值的比重，也称出口密集度。

Arkolakis et al. , 2012）。问题是，这一假设意味着任一市场需求条件发生变化，只会影响该市场本身的销售，其他市场因为需求条件和边际成本不变，利润最大化的销售数量并不会发生变化（G. Vannoorenberghe, 2012等）。按照这一逻辑，既然内外部市场之间毫无联系，那如何实现《中华人民共和国国民经济和社会发展第十二个五年规划纲要》和党的十八大、十八届三中全会等强调的“我国应继续坚持扩大内需战略，保持经济平稳较快发展，加快形成消费、投资、出口协调拉动经济增长的新局面”呢？从这个角度，对出口强度的研究，有助于贯彻近些年多次中央经济工作会议强调的“要协调拓展内外需”精神，从而对中国由贸易大国向贸易强国转变过程中的贸易战略作出科学判断和对应调整。

更进一步，因为某经济单元某一时点有大量不同出口强度（出口强度等于零表示没有出口）的新企业进入，新企业进入后会与在位的不同出口强度企业在产品、变量等市场展开竞争，使得该经济单元同时出现获利企业和亏损企业（也称获胜企业和失败企业），进而，新进入企业和原在位企业在对其生产和经营环境认识加深的基础上，作出扩张、收缩或退出的决策，而退出企业的生产要素和市场份额将在该经济单元仍在位的企业间重新配置。这表明，在位企业、进入企业或退出企业的出口强度、权重等的变动，都会影响整体的出口强度（Bernard, et al. , 2007；Bernard, et al. , 2012）。仅从宏观层次研究中国出口强度变动的特征及其原因，将无法回答不同类型的企业动态对出口强度的影响到底多大？进入企业或退出企业相比在位企业，其出口强度是高还是低？不同类型企业动态的影响是来自相对出口强度变化还是权重变化？更无法解释这些影响背后的原因，特别是在不同效应可能相互抵消的时候。

在第二章文献综述的基础上，综合来看，后续研究可能需要从以下三个方面进行改进。首先，企业异质性不仅仅是生产率的异质性，还应该包括出口强度等的异质性（Bernard, et al. , 2012；高凌云等，2014）；与之对应，研究企业动态的经济效应就不能局限在生产率上。其次，从企业进入、退出与成长的角度，不仅要细致区分不同类型动态对整体出口强度的影响，还需要辨别不同类型企业权重变动、相对出口强度变动产生影响的差异。再次，对于出口强度变动背后的原因，边际成本可变说明，出口和内销之间存在联系，以往仅仅关注需求面变量的影响是不科学、不全面的；边际成本可变还说明，供给面变量与需求面变量并不是独立地产生影响，它们相互之间可能还存在内在的联系。

因此，本章利用1999—2008年中国工业企业数据库，在剔除了短期存活企业的扰动之后，将整体出口强度细分为在位企业效应、进入企业效应和退出企业效应；进而在边际成本可变的假设下同时考虑了产能、产能利用率等内部供给面变量，外部需求、相对出口价格等传统外部变量，以及内外部变量的相互作用等，对不同类型企业动态效应的影响。本章的结论，对当前我国面临的化解过剩产能、稳定外贸增长等问题，具有重要的启示。本章的贡献主要体现在这三个方面。除此之外，在细节上也有一些改进，主要包括：第一，中国工业企业数据库中存在大量只存活一年的企业，依据常用的两年规则对企业动态进行分类，不同类别企业之间并不是互斥的；本章利用三年规则重新定义了不同动态类型的企业，并在后续估计中剔除了短期存活企业的扰动。第二，Brandt et al.（2012，2014）提供了较为科学的处理中国工业企业数据的方法，在此基础上，为了防止匹配过程中可能出现的紊乱，本章识别并剔除了企业法人代码不符合《全国组织机构代码编制规则》（GB 11714—1997）的企业。第三，细致区分了GB/T 4754—1994和GB/T 4754—2002两类标准之间对应及变动的四种情况，将2002年前后同一企业所属产业的变动进行了一致化处理。

## 第一节　边际成本可变条件下的计量方程

正如前文所指出的，边际成本不变意味着内外部市场之间没有联系。而由于边际成本方面不合理的假设，已有针对出口强度的研究，大多没有注意供给面变量的影响。为了清楚说明这一点，不妨假设企业外部市场需求受到了一个正向（或负向）冲击，导致外部需求增加（或减少），追求利润最大化的企业会相应增加（或减少）出口；在国内，由于边际成本不变假设，企业仍然会按边际收益等于边际成本组织生产（Ahn and F. McQuoid，2013）。因此，放弃边际成本不变假设，引入出口和内销之间的联系，是后续研究的关键之一。

为了加入企业的投资生产决策行为和目标市场选择行为，此处按

Faini（1994）的方式，将产业内代表性企业的内部经营决策过程，简单划分为两个阶段：在第一阶段，代表性企业根据投资周期内每一期产出折现值之和最大化的条件，以及产业平均的产能利用率，来决定投资及与之对应的产能。第二阶段，在既定的产能下，代表性企业会进行两个选择：首先，在综合考虑内外部市场的情况下，选择一个合适的产能利用率；其次，对生产出来的产品，在出口与内销之间进行选择。

假设企业的总产出 $Y$，可用于出口（$X$）和内销（$D$），企业面对的出口相对价格为$p_x$，国内销售价格为$p_d$。不妨将总产出标准化为 1，以得到对应的出口强度（$x$）和内销强度（$d$）。同时，假设代表性企业开展生产和销售的成本函数为：

$$c = c_0 \times \left(\frac{h}{h_n}\right)^{\alpha} \times (Z \times h_n)^{\beta} \tag{6—1}$$

其中，$c_0$为标准化后的成本参数；$h_n$表示法律、习惯或其他因素约束下的正常的生产时间，如八小时工作制等；$h$ 表示企业实际的生产时间；因此，$\frac{h}{h_n}$表示实际的产能利用率；$Z$ 表示现有劳动力、资本设备条件下，企业单位时间的产出。当 $\alpha+\beta=1$，为边际成本不变技术；而大于 1 或小于 1，分别对应着边际成本递增或递减。只有在 $\alpha=\beta=1$ 的特殊情况下，才能得到与新贸易理论、异质性贸易理论一致的成本函数。但是，需特别注意的是，现实中 $\alpha$ 通常不等于 $\beta$，比如，加班需要支付比正常工作时间更高的报酬，而闲置只能获得基本报酬等。

进而，由于国内外产品标准、品质和包装等多方面的差异，与 Goldstein and Khan（1985）、Marquez and McNeilly（1988）等一致，同样利用不变弹性转换函数（constant elasticity transformation function，CET），假设出口产品和内销产品之间是不完全替代的，即：

$$\theta x^{1-k} + \rho d^{1-k} = \varphi (Z \times h)^{\gamma} \tag{6—2}$$

其中，$\theta$、$\rho$、$\varphi$、$\gamma$ 均为常数，其他符号表述如上，出口和内销之间的替代弹性为 $\tau = -\frac{1}{k}$。因此，代表性企业在第二阶段的生产与销售决策，可以表示为在公式（6—2）的约束下，求解：$max\left[P_x x + P_d d - c_0\right.$

$\left(\frac{h}{h_n}\right)^{\alpha} \times (Z \times h_n)^{\beta}\Big]$，得到：

$$x = \left[\frac{\varphi\gamma}{\alpha\theta c_0(k-1)}\right]^{\tau} \times P_x^{\tau} \times \left(\frac{h}{h_n}\right)^{-\tau(\alpha-\gamma)} \times (Z \times h_n)^{-\tau(\beta-\gamma)} \quad (6\text{—}3)$$

公式（6—3）揭示了产能、产能利用率对出口强度影响的函数关系。事实上，在 $-\tau(\alpha-\gamma)<0$，或者 $-\tau(\beta-\gamma)<0$ 的情况下，产能或产能利用率的正向变动，均会导致出口强度下降。同时，产能、产能利用率正向或负向影响程度的差异，主要取决于 $\alpha$、$\beta$ 的不同。因此，结合之前仅考虑外部需求和相对出口价格的研究，笔者将最后的实证方程设定为：

$$x_{jt} = \delta_0 + \delta_1 capacity_{jt} + \delta_2 utilization_{jt} + \delta_3 for\_demand_t + \delta_4 rel\_price_{jt} + \mathrm{A}\Omega + \omega_j + \psi_t + \varepsilon_{jt} \quad (6\text{—}4)$$

其中，$capacity_{jt}$、$utilization_{jt}$分别表示 $j$ 产业 $t$ 期的产能和产能利用率，$for_demand_t$表示 $t$ 期的外部需求，$rel_price_{jt}$表示 $j$ 产业 $t$ 期的相对出口价格，这四个变量是我们关注的核心变量；$\Omega$、$A$ 表示核心变量的交叉项、控制变量及与其对应的系数；$\omega_j$、$\psi_t$分别表示可能存在的产业、时期固定效应；$\varepsilon_{jt}$为误差项。

加入核心变量的交叉项，是因为产能、产能利用率还可能会通过影响外部需求或是相对出口价格，对出口强度产生作用。具体来说，产能、产能利用率增加，从外部需求的途径，一方面，会带动原材料、中间品等生产投入的进口，间接促进外部需求；另一方面，也可能对原本需要从国外进口的机器设备等，产生更高比例的进口替代，从而抑制外部需求。而从相对出口价格途径，一方面，会因为规模经济效应，提高出口竞争力；另一方面，会增加对生产要素的需求，推高要素价格，提高生产成本，不利于出口竞争力。

## 第二节　出口强度分解、测度与数据说明

### 一　分解与变量测度

在确定企业动态的划分标准后，就可以进行出口强度分解。[①] 为了在

① 从出口增长率角度进行分解，参见 Eaton et al.（2007）等。

整体出口比重变动中体现企业进入、退出、扩张和收缩等的影响，笔者将 $t$ 期的出口比重（$R_t$）① 表示为：$R_t = \frac{\sum_i e_{it}}{\sum_i v_{it}} = \sum_i \frac{v_{it}}{v_t}\frac{e_{jt}}{v_{it}}$，其中 $i$ 表示企业，$e$ 表示企业出口，$v$ 表示总产值。因而，$t$ 期总的出口比重，按企业类别可以更细致的表示为：

$$R_t = \frac{\sum_{i \in C} e_{it}}{\sum_{i \in C} v_{it}} + \frac{\sum_{j \in E} v_{jt}}{v_t}\left(\frac{\sum_{j \in E} e_{jt}}{\sum_{j \in E} v_{jt}} - \frac{\sum_{i \in C} e_{it}}{\sum_{i \in C} v_{it}}\right) + \frac{\sum_{j \in X} v_{jt}}{v_t}\left(\frac{\sum_{j \in X} e_{jt}}{\sum_{j \in X} v_{jt}} - \frac{\sum_{i \in C} e_{it}}{\sum_{i \in C} v_{it}}\right) + \frac{\sum_{l \in S} v_{lt}}{v_t}\left(\frac{\sum_{l \in S} e_{lt}}{\sum_{l \in S} v_{lt}} - \frac{\sum_{i \in C} e_{it}}{\sum_{i \in C} v_{it}}\right) \quad (6—5)$$

将公式（6—5）右边第一项定义为在位企业效应，第二项定义为进入企业效应，第三项定义为退出企业效应，最后一项定义为短期存活企业扰动。其中，进入企业效应、退出企业效应和短期存活企业扰动均可分为权重和相对出口强度两个部分。

产能及产能利用率（*capacity and utilization*）。产能用于衡量产业正常情况下的生产能力，而产能利用率衡量的是产业对市场变动的反应程度。对这两个变量，此处按 Dunlevy（1980）、Rahmaddi and Ichihashi（2012）等的方式，采用指数趋势值以及实际值与指数趋势值的比，分别进行测度。需要注意的是，直接利用工业总产值测算产能及产能利用率，可能会使得估计因为方程两端同时出现出口变量而产生联立偏误；所以，此处按 Culem（1987）、Algieri（2004）等的处理，从支出角度利用中国四位码工业总产值减去其出口后的变量来测算产能及产能利用率。如前面分析所指出的，事先难以判别这两个变量对不同类型出口强度的影响方向。

外部需求（*for_demand*）。外部需求变量用于衡量国际市场对一国或地区产品需求规模的变动。根据标准的需求理论，现有文献主要从收入角度对其进行测度，并利用研究对象各个年度对不同国家出口贸易的比例作为权重来计算整体外部需求。对中国而言，其计算公式为：

① 为了表述清晰，此处省略了产业下标。

$$Y_t^* = \sum_{n=1}^{n} \alpha_n^t GDP_n^t \quad (6—6)$$

其中，$\alpha_n^t$ 为 $t$ 时期 $n$ 国在中国出口中所占的比重，$GDP_n^t$ 代表 $t$ 时期 $n$ 国的国内生产总值。对正向（或负向）变量，笔者预计外部需求的系数为正（为负）。但值得注意的是，获得可用于各国比较的 *GDP*，既可以将所有国家的货币折算成一种共同的货币，如美元；也可以采用购买力平价（或称国际元），来衡量每个国家的产出，并得到总的外部需求。事实上，这两种衡量方法存在一定的差别，特别是对发展中国家。本章的估计以美元计价的外部需求为准，在稳健性分析部分提供了购买力平价计价的外部需求的估计结果。另外，对外部需求变量，本章与 Goldstein and Khan（1985）一致，强调采用名义值，因为采用实际值，意味着隐含地假设了不存在货币幻觉。

国内外相对出口价格（*rel_price*）。国内外相对出口价格用于衡量出口品在国际市场上的竞争力，通常采用国内出口价格指数和世界其他国家平均出口价格指数（转换为同种货币）的比例来表示（Anderson and van Wincoop，2003），越低表示出口竞争力越强。因此，对正向（或负向）变量，预计相对出口价格的系数为负（或为正）。但是，实践中准确测算相对出口价格指数，却是个很棘手的问题。根据 UNSD（2005），各国统计机构使用的贸易指数种类繁多，大致包括 Laspeyres 指数、Paasche 指数、Fisher 或 Tornqvist 指数等，这些指数依据平均方法的不同，又分为算术平均和几何平均两种；而依据参照时点的不同，每一种又存在定基（fixed-base）与链式（chained）的区别。所幸，Feensta（1994）、Gaulier et al.（2008）等的工作，为我们构建可用于国际比较的、一致的相对出口价格指数提供了很好的基础，正如他们所证明的：采用参照期权重的 Laspeyres 指数和采用现期权重的 Paasche 指数之间，存在 Gershenkron 效应（因为替代效应，Laspeyres 指数会高估实际价格变动，而 Paasche 指数会低估实际价格变动）；因此，将它们组合起来的 Fisher 或 Tornqvist 指数更合适；进而尽管几何平均相比算术平均，能考虑产品之间的替代效应，但链式相比定基，还能考虑产品的进入与退出。因此，基于链式几何平均的 Tornqvist 指数又比基于链式算术平均的 Fisher 指数更接近真实价格变动。所以，此处利用基于链式几何平均的 Tornqvist 指数计算中国各个产业的相对出口价格指数，具体公式为：

$$rel\_price_{Kt} = \prod_{i=1}^{t}\left[\prod_{j,k\in K}\left(\frac{p_{j,k,i}^{c}}{p_{j,k,i-1}^{c}}\right)^{\frac{s_{j,k,i-1}^{c}+s_{j,k,i}^{c}}{2}}\right] / \prod_{i=1}^{t}\left[\prod_{j,k\in K}\left(\frac{p_{j,k,i}^{w}}{p_{j,k,i-1}^{w}}\right)^{\frac{s_{j,k,i-1}^{w}+s_{j,k,i}^{w}}{2}}\right] \quad (6\text{—}7)$$

其中，$s_{j,k,i} = \dfrac{p_{j,k,i}q_{j,k,i}}{\sum_{j,k\in K}p_{j,k,i}q_{j,k,i}}$，$K$ 表示具体的出口产业，$k$ 则表示该产业内的具体出口品细目，$p_{j,k,i}$、$q_{j,k,i}$分别表示 $k$ 商品在 $i$ 期出口至 $j$ 国的价格和数量，$c$ 和 $w$ 分别表示中国与世界其他国家。

除了以上四个核心变量之外，现有文献还包括一些与产业特征相关的控制变量（Reis and Forte，2014 等），主要有：

（1）产业内企业相对数量。测度公式为：

$$size_{jt} = \frac{\ln n_{jt}}{\ln N_t} \quad (6\text{—}8)$$

其中，$n_{jt}$为 $t$ 期 $j$ 产业[①]所有企业的数目。$N_t$为 $t$ 期所有企业的数目；由于产业内企业相对数量较大，竞争相对更为激烈，因此，预计其对正向变动效应的影响为正。

（2）产业资本密集度。测度公式为：

$$int\_capital_{jt} = \frac{1}{n}\sum_{i=1}^{n}\frac{fixed\_asset_{ijt}}{revenue_{ijt}} \quad (6\text{—}9)$$

其中，$revenue_{ijt}$为 $t$ 期 $j$ 产业内企业 $i$ 的总产出，$fixed_asset_{ijt}$为 $t$ 期 $j$ 产业内企业 $i$ 的固定资产。按照传统的要素禀赋理论，不同要素密集度的产业在不同产品的生产和出口上，比较优势不同。由于中国出口的比较优势仍是主要基于劳动力禀赋，因此，预计产业资本密集度，对正向变动效应的影响为负。

（3）市场份额变动程度。测度公式为：

$$market_{jt} = \sum_{i=1}^{n}\left|\Delta\frac{revenue_{ijt}}{\sum_{i=1}^{n}revenue_{ijt}}\right| \quad (6\text{—}10)$$

---

① 此处表述产业的符号，与相对出口价格中使用含义不同。

其中，$revenue_{ijt}$的表述如上，Δ 为差分算子。按照异质性贸易理论，产业内存在频繁的生产要素和市场份额再配置过程，但这一活动也在很大程度上受制于地域、制度等因素，该变量越大表明要素流动受到的约束越小，因此，预计其对正向变动效应的影响为正。

（4）市场不确定性程度。测度公式为：

$$uncertainty_{jt} = St.\ dev_{jt}\ln\left(\frac{revenue_{ijt}}{revenue_{ijt-1}}\right) \tag{6—11}$$

其中，$revenue_{ijt}$的表述如上。由于不确定程度较大的产业，通常蕴含着较大的风险，因此，预计其对正向变动效应的影响为负。

（5）国有企业比重。测度公式为：

$$soe_{jt} = \left(\frac{\sum_{i \in soe} revenue_{ijt}}{\sum_{ij} r\ revenue_{ijt}}\right) \tag{6—12}$$

其中，$revenue_{ijt}$ 的表述如上。由于国有企业的出口偏向性通常较低，同时，国有企业比重较高的产业，市场化程度也会较低，因此，预计该变量对正向变动效应的影响为负。

## 二 数据说明

首先，简要说明本章测度各个变量所需数据的来源。本章 1998—2012 年六位码 HS（1996）分类的世界各国商品贸易数据，来自 CEPII BACI 数据库，中国出口至世界不同国家在中国总出口中所占的比重，也由此数据库计算获得；以美元和国际元计价的、1998—2012 年计算外部需求的所有世界其他国家和地区的 GDP 数据，来自世界银行数据库①；计算在位企业效应、进入企业效应、退出企业效应、短期存活企业扰动以及控制变量的数据，来自中国工业企业数据库。尽管本章提供了外部需求、相对价格指数在 1998—2012 年的动态特征，但是，因为中国工业企业数据库的限制，本章实证部分将研究期限设定为 1998—2008 年。

其次，利用几何平均的链式 Tornqvist 指数，具体计算中国与世界其

---

① 基于数据的可获得性，用于最后测度的包括 202 个国家和地区（http：//data. worldbank. org. cn/indicator）。

他国家的相对出口价格指数时，有几个数据处理方面的问题需要详细说明。

第一，本章利用 UNSD 发布的"*Correspondence between HS* 1996，*SITC Rev.* 3，*CPC Ver.* 1.0，*ISIC Rev.* 3"①，建立 HS（1996）与《国际标准产业分类》（*ISIC Rev. 3*）之间对应关系，以此为基础，计算国际标准产业分类四位码层次的相对出口价格指数。

第二，利用国家统计局提供的《国民经济产业分类》（GB/T 4754—2002）与《国际标准产业分类》（*ISIC Rev. 3*）对照表，建立国际标准产业分类与国民经济产业分类间的对应。国家统计局（2008）发布的《国民经济产业分类注释》提到，由于我国的产业分类比 *ISIC Rev. 3* 要细，所以多数情况是中国的几个小类对应联合国标准产业分类的一个小类。但是，该标准中也存在一个国民经济产业小类对应多个 *ISIC* 小类的情况，涉及 22 个四位码国民经济产业（备索）。针对这类情况，《国民经济产业分类注释》明确提出，新标准中凡有类似的情况，虽然一律标明其所应对应的 *ISIC Rev. 3* 产业代码及名称，但在数据转换时，应以列在第一位的产业为准。

第三，涉及 CEPII BACI 数据库中异常值的处理。CEPII BACI 数据库中异常值的来源较多，比如，不同国家海关在统计贸易数据时采用的统计门槛一般不同，由于四舍五入，CEPII BACI 数据库中的贸易量或贸易额下限，可能对应着更小的实际贸易。本章处理异常值的方法与 Hallak and Schott（2008）、Gaulier et al.（2011）等完全一致，针对链式价格指数，将低于 0.2 倍单位价值中位数、或高于 5 倍单位价值中位数的商品剔除。

第四，2002 年前后中国四位码工业产业工业总产值的对应问题。2002 年前后国家统计局使用了两套存在较大差异的产业分类标准，分别是 GB/T 4754—1994 和 GB/T 4754—2002。两套分类标准之间的差异，主要体现在四位码层次的对应上。由 GB/T 4754—1994 到 GB/T 4754—2002，两类标准之间的对应及变动大概存在四种情况：一是 GB/T 4754—1994 的某个四位码产业能与 GB/T 4754—2002 的某个四位码产业一一对

---

① 参见 http：//unstats. un. org/unsd/cr/registry/regdnld. asp? Lg = 1。

应，只是名称可能发生了变动，如 GB/T 4754—1994 的印染业（1723）对应 GB/T 4754—2002 的棉、化纤印染加工业（1712）；二是 GB/T 4754—1994 内的若干四位码产业合并为 GB/T 4754—2002 的某个四位码产业，如 GB/T 4754—1994 的碾米业（1311）、磨粉业（1312）合并为 GB/T 4754—2002 的谷物磨制业（1310）；三是 GB/T 4754—1994 的某个四位码产业拆分为 GB/T 4754—2002 的若干四位码产业，如 GB/T 4754—1994 的其他基本化学原料制造业就拆分为 GB/T 4754—2002 的环境污染处理专用药剂材料制造业（2666）和其他专用化学产品制造业（2669）；四是 GB/T 4754—1994 的某个四位码产业拆分之后，其中的部分四位码产业与其他 GB/T 4754—1994 的若干四位码产业合并，形成若干个 GB/T 4754—2002 的四位码产业，如 GB/T 4754—1994 中的其他纺织业（1790），分解后部分对应 GB/T 4754—2002 的无纺布制造（1757），部分与原 GB/T 4754—1994 的其他纤维制品制造业（1890）合并，对应 GB/T 4754—2002 的其他纺织制成品制造业（1759）。因此，2002 年前后工业产业比较存在一个数据对应问题。本章采用的对应方法是：针对第一种情况，调整 2002 年之前（含 2002 年）年份的四位代码；针对第二种情况，将 GB/T 4754—1994 内的若干四位代码统一调整为 GB/T 4754—2002 的四位代码；针对第三种情况，将 GB/T 4754—2002 内的若干四位代码统一调整为 GB/T 4754—1994 的四位代码；针对第四种情况，将相关联的 GB/T 4754—1994 内、GB/T 4754—2002 内的若干四位码产业计总并对应。

第五，对中国工业企业数据库的处理。有关中国工业企业数据库的介绍、使用及处理等方面的主要问题，聂辉华等（2012）进行了详细的讨论。为了构建企业层面的混合面板数据，Brandt et al.（2012，2014）对数据的连接进行了科学处理，其工作大致可以分为三步：第一步，匹配连续两年数据。首先，使用法人代码进行匹配；其次，对于未能使用法人代码匹配成功的企业，综合使用法人单位名称、法人代表、企业创立（营业）时间、所在行政区域、所属行业、联系电话、主要产品等变量进行匹配。第二步，匹配连续三年数据。采用与第一步类似的方法，使用第一步生成的数据匹配连续三年数据。如果第一年中的某企业未能与第二年的企业匹配，但却可以与第三年中的某企业匹配，而第三年中的该企业已经与第二年的某企业进行了匹配，则可以认为两个企业为同一企业。第三步，将第二步创建的数据进行合并生成整体年份的面板数据。

由于对中国工业企业数据库进行科学合理的处理与连接是实证分析结果是否可靠的关键，除了进行 Brandt et al.（2012，2014）、聂辉华等（2012）等的基础性处理之外，笔者还做了更为细致的工作，体现在：其一，为了保证连接的准确性，对连接涉及的所有字符型变量均进行了清理，仅保留了变量中的字母（小写字母转换为大写字母）、数字和汉字（将全角字符均转换为半角字符）。其二，根据《全国组织机构代码编制规则》（GB 11714—1997），ASIP 库中的九位企业法人代码，前八位是本体代码，第九位是校验码。如果存在本体代码与校验码不对应的企业，那么后续不同年份企业的匹配就会出现混乱。为此，笔者剔除了本体代码与校验码不一致的企业。其三，1998—2002 年调查执行的是《国民经济行业分类与代码》（GB/T 4754—1994），2003—2008 年调查执行的是《国民经济行业分类》（GB/T 4754—2002），对此按照上文产业分类标准的对应，将同一企业所属产业的变动进行了一致化处理。本章最后用于变量测度的企业数为 576225 家，样本总数为 2139912 家。

## 第三节　不同类企业动态效应及相关变量的特征

按照变量测度部分的方法，首先将出口强度分解为在位企业效应、进入企业效应、退出企业效应和短期存活企业扰动四个部分，表 6—1 提供了总体分解的结果。可以看出，从企业层面测度的出口强度具有三个典型特征：第一，总体出口强度呈明显“倒 U”形变动，在位企业效应是总体出口强度的主体。第二，进入企业、退出企业的平均出口强度始终低于在位企业的平均出口强度；除 1999 年、2003 年外，退出企业的平均出口强度均低于进入企业的平均出口强度。第三，样本期内，短期存活企业的总数为 27733 家，如果按照两年规则分类，将会明显高估进入企业效应和退出企业效应。另外，在所有年份内，短期存活企业的平均出口强度都是最低的。

**表6—1　　出口强度分解**

| 年份 | 在位企业效应 | 进入企业权重（%） | 进入企业相对出口强度 | 进入企业效应 | 退出企业权重（%） | 退出企业相对出口强度 | 退出企业效应 | 短期存活企业权重（%） | 短期存活企业相对出口强度 | 短期存活企业扰动 | 总体出口强度 |
|---|---|---|---|---|---|---|---|---|---|---|---|
| 1999 | 15.99 | 2.60 | -7.29 | -0.19 | 2.83 | -6.82 | -0.19 | 0.71 | -10.15 | -0.07 | 15.54 |
| 2000 | 17.49 | 4.88 | -5.29 | -0.26 | 2.67 | -12.06 | -0.32 | 1.16 | -12.94 | -0.15 | 16.76 |
| 2001 | 17.34 | 4.29 | -8.36 | -0.36 | 1.57 | -8.62 | -0.14 | 0.90 | -10.50 | -0.10 | 16.75 |
| 2002 | 17.99 | 2.48 | -7.16 | -0.18 | 1.41 | -13.48 | -0.19 | 0.39 | -12.86 | -0.05 | 17.57 |
| 2003 | 18.61 | 3.96 | -10.56 | -0.42 | 2.38 | -10.49 | -0.25 | 1.07 | -12.86 | -0.14 | 17.80 |
| 2004 | 19.49 | 5.32 | -7.64 | -0.41 | 0.89 | -7.67 | -0.07 | 2.24 | -13.44 | -0.30 | 18.72 |
| 2005 | 18.16 | 2.19 | -8.29 | -0.18 | 0.98 | -12.52 | -0.12 | 0.38 | -13.17 | -0.05 | 17.80 |
| 2006 | 18.24 | 2.91 | -5.18 | -0.15 | 0.52 | -11.32 | -0.06 | 0.27 | -15.42 | -0.04 | 17.98 |
| 2007 | 17.20 | 1.94 | -9.76 | -0.19 | 1.70 | -13.79 | -0.23 | 0.71 | -9.55 | -0.07 | 16.70 |

注：相对出口强度，均是相对于在位企业。

图6—1描绘了本章核心变量整体的变动情况。具体来看，首先，在产能保持稳定增长的同时，产能利用率围绕正常水平上下波动。2000年以前，整体生产能力处于较低的水平，为了满足生产和消费的需要，产能利用率处于较高水平；加入WTO以后，产能利用率呈持续快速上升趋势，2004年后一直处于较高水平（大于1），直至全球金融危机爆发。其次，2008年以前，以美元计价和以国际元计价的外部需求整体保持上升；2008年至2012年，因为全球金融危机和欧洲债务危机，外部需求呈现明显的“双底衰退”特征。再次，加入WTO以后，中国整体的出口竞争力快速提升，但从2007年开始，这一趋势开始反转。另外，表6—2还提供了在第5和第99分位进行缩尾处理后本章所有变量的描述性统计。

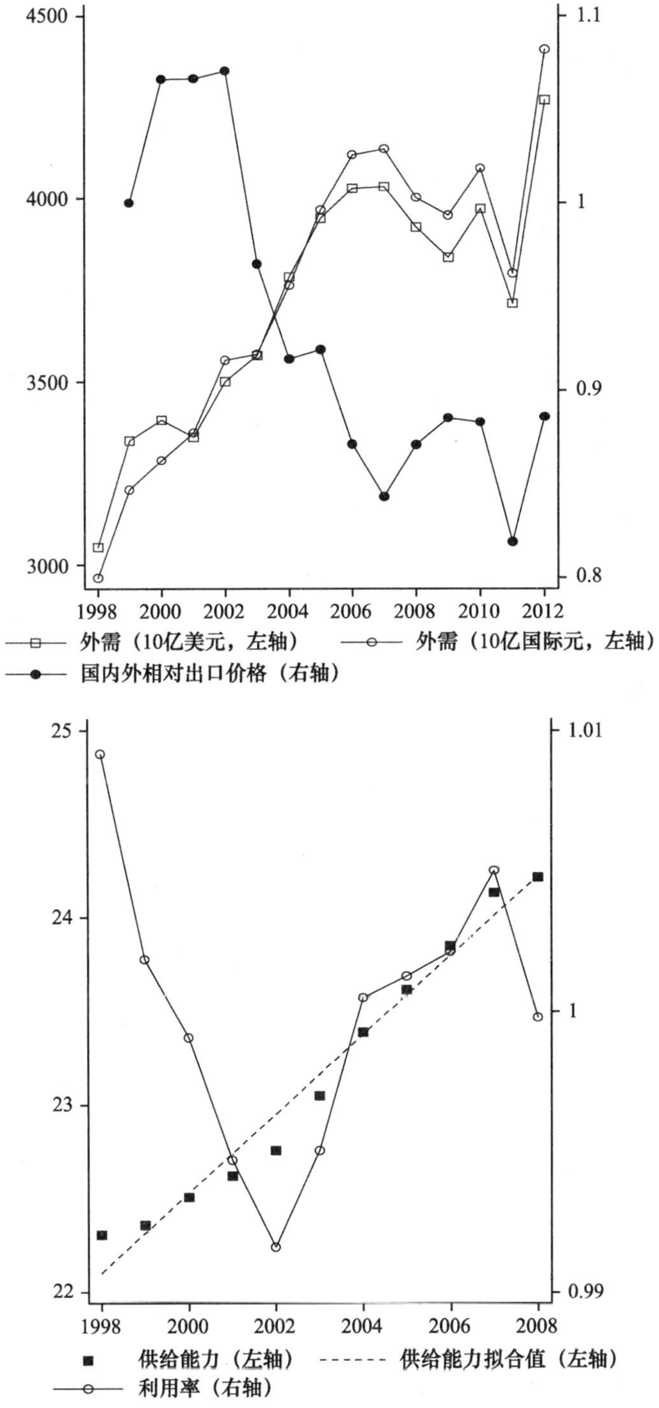


**图 6—1 核心变量整体变动情况**

表 6—2 **描述性统计结果**

| 变　　量 | 样本数 | 平均值 | 标准差 | 最小值 | 最大值 |
|---|---|---|---|---|---|
| 在位企业效应 | 931 | 0.2135 | 0.1844 | 0.0117 | 0.6005 |
| 进入企业权重 | 927 | 0.0276 | 0.0170 | 0.0063 | 0.0709 |
| 进入企业相对出口强度 | 927 | -0.0755 | 0.1009 | -0.2977 | 0.1089 |
| 进入企业效应 | 927 | -0.1750 | 0.2378 | -0.7666 | 0.2244 |
| 退出企业权重 | 923 | 0.0111 | 0.0118 | 0.0007 | 0.0459 |
| 退出企业相对出口强度 | 923 | -0.1114 | 0.1431 | -0.4377 | 0.1224 |
| 退出企业效应 | 923 | -0.0730 | 0.1054 | -0.3386 | 0.0995 |
| 短期存活企业权重 | 900 | 0.0057 | 0.0058 | 0.0003 | 0.0218 |
| 短期存活企业相对出口强度 | 900 | -0.1187 | 0.1337 | -0.4180 | 0.0819 |
| 短期存活企业扰动 | 900 | -0.0510 | 0.0766 | -0.2662 | 0.0492 |
| 产能 | 931 | 17.7400 | 1.3064 | 13.1226 | 21.7070 |
| 产能利用率 | 931 | 0.9984 | 0.0113 | 0.9101 | 1.0688 |
| 美元计价的外部需求 | 931 | 28.9285 | 0.0744 | 28.8369 | 29.0254 |
| 国际元计价的外部需求 | 931 | 28.9282 | 0.0907 | 28.7958 | 29.0509 |
| 相对出口价格 | 931 | 0.9357 | 0.2388 | 0.5626 | 1.6389 |
| 相对企业数量 | 931 | 0.5690 | 0.0870 | 0.3035 | 0.7594 |
| 资本密集度 | 931 | 1.1885 | 0.8945 | 0.3365 | 3.1013 |
| 市场份额变动程度 | 931 | 0.3026 | 0.1230 | 0.0375 | 1.3031 |
| 不确定性程度 | 931 | 0.5870 | 0.1030 | 0.2133 | 1.2899 |
| 国有企业比重 | 931 | 0.1344 | 0.1182 | 0.0127 | 0.3651 |

## 第四节　对不同企业动态效应影响因素的估计

本节从两个方面展开：首先，利用聚类稳健标准差和校正标准差等面板估计方法，分析核心解释变量和控制变量对出口强度不同部分的影响；其次，通过解释变量和控制变量的不同测度，检验估计结果的稳健性，并利用工具变量，处理面板估计中可能存在的内生性，以进一步提供估计结果稳健可靠的证据。

## 一　针对不同效应的估计结果及说明

### （一）在位企业效应

作为基准情况，表6—3模型（1）、（2）采用固定效应，并依据聚类稳健标准差，分别估计了不包括产能、产能利用率时外部需求和相对出口价格的影响。结果表明，外部需求对在位企业效应的影响方向符合预期，且在1%的置信水平下显著。但是，相对出口价格的影响不显著，且在不同设定下影响方向完全不同。这使得笔者怀疑，此处的面板数据可能存在较为严重的组间异方差或组间截面同期相依，Modified Wald Test和Pesaran Test的结果[①]证实了这一推测。而在存在组间异方差和截面相依的情况下，固定效应和随机效应估计均不可信。再加上此处的面板数据是非平衡的，因此，后续的估计需采用可行广义最小二乘的替代方法，即面板修正的标准差估计（Panel Corrected Standard Error，PCSE），以克服组间异方差或组间同期相依对估计结果的影响。

在采用PCSE方法之后，在位企业效应的估计结果可从以下四个方面阐释：第一，表6—3模型（3）和模型（4）分别估计了不包括、包括产能和利用率时，外部需求、相对出口价格的影响变动情况。一方面，外部需求和相对出口价格的符号均符合预期，且分别在1%的置信水平下显著；但是，另一方面，需要重视遗漏变量误差的影响，如控制产能及其利用率后，外部需求的影响程度增加了约4.7倍，这充分证明了本章强调供给面分析的必要性。第二，模型（4）的结果还表明，产能增长会导致在位企业出口强度下降。为了解释这一显著负向影响，模型（5）—（9）加入了产能和外部需求的交叉项、产能和相对出口价格交叉项。笔者发现，产能增长对在位企业效应的负向影响，其实是两种机制相互作用后的结果。其中，基于竞争力途径，对在位企业效应产生了正向影响，但是，这一影响弱于通过需求途径产生的影响。另外，产能利用率的影响虽然也为负，但不显著。第三，表6—3模型（6）—（10）依次加入了表征产业特征的控制变量，包括产业内企业相对数量、资本密集度、市场份额

① Modified Wald Test的原假设为：不存在组间异方差；Pesaran Test的原假设为：不存在组间同期相依。

表 6—3 在位企业效应的影响因素

| 在位企业效应 | (1) FE | (2) FE | (3) PCSE | (4) PCSE | (5) PCSE | (6) PCSE | (7) PCSE | (8) PCSE | (9) PCSE | (10) PCSE |
|---|---|---|---|---|---|---|---|---|---|---|
| *capacity* | | -0.0318*** | | -0.0450*** | | | | | | |
| | | (-5.84) | | (-18.20) | | | | | | |
| *cap × dem* | | | | | -0.0013*** | -0.0023*** | -0.0024*** | -0.0023*** | -0.0023*** | -0.0016*** |
| | | | | | (-15.45) | (-14.22) | (-21.94) | (-21.25) | (-21.95) | (-6.18) |
| *cap × price* | | | | | 0.0730*** | 0.0998*** | 0.0940*** | 0.0939*** | 0.0944*** | 0.1054*** |
| | | | | | (5.01) | (6.13) | (6.19) | (6.16) | (6.33) | (6.35) |
| *utilization* | | -0.9448*** | | -0.2984 | -0.3319 | -0.9472 | -0.8428 | -0.8742 | -0.7943 | -0.2746 |
| | | (-7.03) | | (-0.58) | (-0.65) | (-1.60) | (-1.42) | (-1.48) | (-1.33) | (-0.48) |
| *for_demand* | 0.0901*** | 0.3576*** | 0.0071*** | 0.0450*** | 0.0421** | 0.0662*** | 0.0645*** | 0.0653*** | 0.0641*** | 0.0418** |
| | (3.99) | (8.21) | (66.22) | (2.60) | (2.43) | (3.34) | (3.14) | (3.20) | (3.14) | (1.96) |
| *rel_price* | -0.0098 | 0.002 | -0.0744*** | -0.0880*** | -1.3909*** | -1.8412*** | -1.7106*** | -1.7088*** | -1.7163*** | -1.8505*** |
| | (-0.86) | (0.18) | (-5.65) | (-7.14) | (-5.39) | (-6.54) | (-6.39) | (-6.36) | (-6.52) | (-6.31) |
| *size* | | | | | | 0.7699*** | 0.7730*** | 0.7652*** | 0.7724*** | 0.4111*** |
| | | | | | | (10.94) | (13.69) | (13.57) | (14.04) | (5.08) |
| *int_capital* | | | | | | | -0.0380*** | -0.0380*** | -0.0344*** | -0.0043 |
| | | | | | | | (-4.40) | (-4.40) | (-3.58) | (-0.47) |

续表

| 在位企业效应 | (1) FE | (2) FE | (3) PCSE | (4) PCSE | (5) PCSE | (6) PCSE | (7) PCSE | (8) PCSE | (9) PCSE | (10) PCSE |
|---|---|---|---|---|---|---|---|---|---|---|
| *market* | | | | | | | | 0. 0232<br>(0. 51) | | |
| *uncertainty* | | | | | | | | | -0. 0914 *<br>( -1. 81) | -0. 1012 ***<br>( -2. 60) |
| *soe* | | | | | | | | | | -0. 6764 ***<br>( -7. 95) |
| *cons* | -2. 3942 ***<br>( -3. 67) | -8. 6239 ***<br>( -7. 33) | | | | | | | | |
| 截面/时期 | *Yes/No* | *Yes/No* | *No/No* | *No/No* | *No/No* | *No/No* | *No/No* | *No/No* | *No/No* | *No/No* |
| $R^2$ | 0. 0277 | 0. 1269 | 0. 5771 | 0. 6198 | 0. 6241 | 0. 6565 | 0. 6704 | 0. 6705 | 0. 6714 | 0. 7282 |
| *Obs* | 931 | 931 | 931 | 931 | 931 | 931 | 931 | 931 | 931 | 931 |
| *Modified Wald Test/p* 值 | | | 527413. 1<br>/0. 00 | 142150. 9<br>/0. 00 | 123574. 2<br>/0. 00 | 67217. 0<br>/0. 00 | 69845. 0<br>/0. 00 | 102124. 9<br>/0. 00 | 70932. 1<br>/0. 00 | 67593. 9<br>/0. 00 |
| *Pesaran Test/p* 值 | | | 17. 9/0. 00 | 12. 9/0. 00 | 13. 5/0. 00 | 19. 0/0. 00 | 18. 9/0. 00 | 17. 4/0. 00 | 19. 0/0. 00 | 15. 2/0. 00 |
| *F* 统计量/*p* 值 | 131. 4/0. 00 | 29. 8/0. 00 | | | | | | | | |
| *Wald chi2/p* 值 | | | 5289. 1/0. 00 | 1644. 8/0. 00 | 1703. 7/0. 00 | 1264. 5/0. 00 | 5885. 1/0. 00 | 5805. 2/0. 00 | 6244. 8/0. 00 | 26066. 8/0. 00 |

注：(1) 括号内为 t 统计量；(2) *、**、*** 分别表示 10%、5%、1% 的统计显著性；(3) 模型 (4) — (10) 的 *Modified Wald Test*、*Pesaran Test* 及其 *p* 值均为对应固定效应估计的检验值；(4) PCSE、PCSE_het 分别表示面板修正的标准差估计、仅修正异方差的标准差估计。

变动程度、不确定性、国有企业比重等，可以看出。产能通过上述两种途径影响在位企业出口强度的程度和方向基本保持稳定，产能利用率、外部需求和相对出口价格等核心变量的影响程度和方向也没有明显的变化，说明结论具有较强的稳健性。第四，控制变量的影响方向都符合预期，如产业内企业相对数量、市场份额变动程度增大，会显著提升在位企业效应，资本密集度、不确定性和国有企业比重则会对在位企业效应产生抑制作用。其中，除市场份额变动程度之外，均至少在10%的置信水平下显著。这也说明了，继续着力于推动生产要素有序自由流动的重要性。

（二）进入企业效应

对进入企业效应而言，表6—4模型（1）、（2）的估计结果，以及Modified Wald Test和Pesaran Test的结果，同样表明估计中存在较为严重的组间异方差和同期相关。为了克服组间异方差和组间同期相关对估计结果的影响，此处也采用PCSE估计。

后续结果可从以下五个方面加以阐释：第一，表6—4模型（4）中，产能对进入企业效应的影响为正，且在1%的置信水平下显著，也就是说，产能增加会扩大进入企业效应对出口强度的不利影响。同时，尽管产能利用率对进入企业效应的影响始终为负，但不显著。第二，表6—4模型（4）—（9）相比模型（3）说明，是否加入产能及产能利用率，对外部需求有较大影响；控制了产能及其利用率后，外需对进入企业效应的影响变得不再显著；对相对出口价格而言，所有六个设定下，对进入企业效应的影响均为正，且至少在10%的置信水平下显著，显示竞争力提升可以有效减轻进入企业效应的负向影响。第三，与上文对在位企业效应分析类似，为了解释产能对进入企业效应的显著正向影响，模型（5）—（9）加入了产能和外部需求的交叉项、产能和相对出口价格交叉项。结果表明，产能对进入企业效应的正向影响也是相互作用后的结果。其中，基于竞争力途径，减轻了进入企业效应的不利影响，但这一影响弱于通过需求途径产生的影响。第四，控制变量中，产业内企业相对数量提升可以显著减轻进入企业效应的负向影响，资本密集度提升会加大进入企业效应的负向影响，这些都和预期一致；市场份额变动程度不确定性程度的影响方向尽管也和预期一致，但均不显著。另外，国有企业比重上升会加大进入企业效应的负向影响，而比重下降会通过竞争的途径，减轻进入企业效应的不利影响。更关键的，加入控制变量后，交叉项、产能利用率、外部需求和相对出口价格等核心变量的影响程度和方向并没有明显的变化。第五，由于进入企业效应是通过进入企业相对出口强度和进入企业权重的乘积获得的，因此，表6—4模型（10）和模型（11）分别利用进入企业相对出口强度、权重作为被解释变量，以进一步辨别核心解释变量和控制变量到底是通过何种方式影响进入企业效应的。结果显示，产能变动经由需求途径产生的正向影响，主要是通过扩大进入企业相对出口强度实现的；经由竞争力途径产生的负向影响，则是通过缩小进入企业相对出口强度和提高进入企业权重实现的；相对出口价格的正向影响，是通过扩大进入企业相对出口强度和降低进入企业权重实现的；但产能利用率、外部需求对相对出口强度和权重的影响均不显著；控制变量中，产业内企业相对数量扩大，不仅使新进入企业整体具有更高的出口强度，还引致了更高的企业进入率；而国有企业比重对进入企业效应的正向影响，则是通过扩大进入企业相对出口强度和权重实现的。

### （三）退出企业效应

对退出企业效应而言，表6—5模型（1）、（2）的估计结果，以及Modified Wald Test和Pesaran Test的结果，同样表明估计中存在较为严重的组间异方差或同期相关。后续PCSE估计结果大致可以归纳如下。

第一，表6—5模型（4）—（9）相比模型（3）说明，是否加入产能、产能利用率或交叉项，对外部需求和相对出口价格均有巨大影响；控制产能及其利用率后，外需对退出企业效应的影响变得不再显著，相对出口价格的影响则由正转负。第二，表6—5模型（4）显示，产能对退出企业效应的影响为正，且在1%的置信水平下显著，也就是说，产能增加会扩大退出企业效应对出口强度的不利影响。同时，尽管产能利用率对进入企业效应的影响为负，但不显著。第三，与对在位企业效应和进入企业效应的分析类似，为了解释产能对退出企业效应的显著正向影响，模型（5）—（9）加入了产能和外部需求的交叉项、产能和相对出口价格交叉项。结果表明，产能对退出企业效应的正向影响，主要是经由需求途径实现的，经由竞争力途径虽然也会产生正向影响，但均不显著。

**表 6—4　　进入企业效应的影响因素**

| 进入企业效应 | (1)<br>FE | (2)<br>FE | (3)<br>PCSE | (4)<br>PCSE | (5)<br>PCSE | (6)<br>PCSE | (7)<br>PCSE | (8)<br>PCSE | (9)<br>PCSE | (10)<br>PCSE_ het | (11)<br>PCSE |
|---|---|---|---|---|---|---|---|---|---|---|---|
| *capacity* | | -0.021<br>(-0.81) | | 0.0352 ***<br>(3.90) | | | | | | | |
| *cap × dem* | | | | | 0.0018 ***<br>(3.57) | 0.0018 ***<br>(3.99) | 0.0018 ***<br>(3.95) | 0.0018 ***<br>(4.03) | 0.0015 ***<br>(3.32) | 0.0008 ***<br>(5.80) | 0.0000<br>(0.22) |
| *cap × price* | | | | | -0.0571 **<br>(-2.17) | -0.0516 **<br>(-2.21) | -0.0513 **<br>(-2.19) | -0.0522 **<br>(-2.21) | -0.0552 **<br>(-2.28) | -0.0257 ***<br>(-2.64) | 0.0043 **<br>(2.46) |
| *utilization* | | -0.3057<br>(-0.48) | | -0.4925<br>(-0.46) | -0.0195<br>(-0.02) | -0.1193<br>(-0.12) | 0.0118<br>(0.01) | -0.1814<br>(-0.19) | -0.2857<br>(-0.30) | -0.4049<br>(-1.36) | -0.1507<br>(-1.03) |
| *for_demand* | -0.1327<br>(-1.29) | 0.0286<br>(0.14) | -0.0057 ***<br>(-11.50) | -0.0103<br>(-0.27) | -0.0261<br>(-0.67) | -0.0246<br>(-0.72) | -0.0282<br>(-0.82) | -0.0239<br>(-0.70) | -0.0172<br>(-0.51) | -0.0002<br>(-0.02) | 0.0055<br>(1.06) |
| *rel_price* | 0.0767<br>(1.49) | 0.0824<br>(1.58) | 0.0934 ***<br>(2.84) | 0.1051 ***<br>(3.19) | 1.1061 **<br>(2.33) | 0.9822 **<br>(2.32) | 0.9752 **<br>(2.28) | 0.9893 **<br>(2.31) | 1.0255 **<br>(2.34) | 0.4687 ***<br>(2.63) | -0.0760 **<br>(-2.36) |
| *size* | | | | | -0.5444 ***<br>(-3.05) | -0.5487 ***<br>(-3.32) | -0.5170 ***<br>(-3.09) | -0.5450 ***<br>(-3.37) | -0.4278 **<br>(-2.44) | -0.1314 *<br>(-1.94) | 0.0174<br>(0.97) |
| *int_capital* | | | | | | 0.0360 ***<br>(3.47) | 0.0361 ***<br>(3.66) | 0.0320 ***<br>(2.92) | 0.0259 **<br>(2.24) | 0.0045<br>(1.00) | -0.0008<br>(-0.60) |

续表

| 进入企业效应 | (1) FE | (2) FE | (3) PCSE | (4) PCSE | (5) PCSE | (6) PCSE | (7) PCSE | (8) PCSE | (9) PCSE | (10) PCSE_ het | (11) PCSE |
|---|---|---|---|---|---|---|---|---|---|---|---|
| *market* | | | | | | | -0.0972<br>(-1.34) | | | | |
| *uncertainty* | | | | | | | | 0.1047<br>(1.30) | | | |
| *soe* | | | | | | | | | 0.2279 ***<br>(3.30) | 0.1405 ***<br>(3.91) | 0.0249 **<br>(2.00) |
| *cons* | 3.6711<br>(1.24) | -0.3182<br>(-0.06) | | | | | | | | | |
| 截面/时期 | *Yes/No* | *Yes/No* | *No/No* | *No/No* | *No/No* | *No/No* | *No/No* | *No/No* | *No/No* | *No/Yes* | *No/ Yes* |
| $R^2$ | 0.008 | 0.0092 | 0.3574 | 0.3803 | 0.3953 | 0.4068 | 0.4083 | 0.4079 | 0.4126 | 0.4469 | 0.735 |
| *Obs* | 927 | 927 | 927 | 927 | 927 | 927 | 927 | 927 | 927 | 927 | 927 |
| *Modified Wald Test/p* 值 | | | 527413.1<br>/0.00 | 142150.9<br>/0.00 | 109267.5<br>/0.00 | 70896.1<br>/0.00 | 226232.6<br>/0.00 | 92768.9<br>/0.00 | 49183.3<br>/0.00 | 56937.9<br>/0.00 | 8744.6<br>/0.00 |
| *Pesaran Test/p* 值 | | | 17.9/0.00 | 12.9/0.00 | 11.3/0.00 | 10.6/0.00 | 9.2/0.00 | 9.7/0.00 | 11.0/0.00 | 0.39/0.68 | 70.1/0.00 |
| F 统计量/*p* 值 | 131.3/0.00 | 29.7/0.00 | | | | | | | | | |
| *Wald chi2/p* 值 | | | 190.1/0.00 | 175.8/0.00 | 241.1/0.00 | 270.6/0.00 | 292.2/0.00 | 281.0/0.00 | 383.7/0.00 | 2580.5/0.00 | 113.6/0.00 |

注：（1）括号内为 t 统计量；（2）*、**、*** 分别表示 10%、5%、1% 的统计显著性；（3）模型（4）—（10）的 *Modified Wald Test*、*Pesaran Test* 及其 *p* 值均为对应固定效应估计的检验值；（4）PCSE、PCSE_het 分别表示面板修正的标准差估计、仅修正异方差的标准差估计。

**表 6—5　　退出企业效应的影响因素**

| 退出企业效应 | (1)<br>*FE* | (2)<br>*FE* | (3)<br>*PCSE* | (4)<br>*PCSE* | (5)<br>*PCSE - het* | (6)<br>*PCSE - het* | (7)<br>*PCSE - het* | (8)<br>*PCSE - het* | (9)<br>*PCSE - het* | (10)<br>*PCSE* | (11)<br>*PCSE* |
|---|---|---|---|---|---|---|---|---|---|---|---|
| *capacity* | | 0.0165<br>(1.42) | | 0.0192 ***<br>(10.95) | | | | | | | |
| *cap × dem* | | | | | 0.0008 ***<br>(16.53) | 0.0008 ***<br>(6.15) | 0.0009 ***<br>(6.29) | 0.0008 ***<br>(6.04) | 0.0009 ***<br>(6.33) | 0.00002<br>(0.07) | 0.0001 ***<br>(3.78) |
| *cap × price* | | | | | 0.0085<br>(1.31) | 0.0079<br>(0.61) | 0.0085<br>(0.66) | 0.0085<br>(0.66) | 0.0089<br>(0.69) | 0.0403 ***<br>(3.51) | -0.0008<br>(-0.63) |
| *utilization* | | -0.2557<br>(-0.89) | | -0.2788<br>(-1.56) | -0.1881<br>(-1.01) | -0.1735<br>(-0.57) | -0.2464<br>(-0.81) | -0.2265<br>(-0.74) | -0.1584<br>(-0.52) | 0.6920 **<br>(1.99) | 0.0229<br>(0.54) |
| *for_demand* | 0.2940 ***<br>(6.44) | 0.1907 **<br>(2.06) | -0.0057 ***<br>(-11.50) | -0.0048<br>(-0.77) | -0.0089<br>(-1.36) | -0.0091<br>(-0.87) | -0.0073<br>(-0.69) | -0.0085<br>(-0.80) | -0.0101<br>(-0.95) | -0.0271 **<br>(-2.33) | -0.0012<br>(-0.78) |
| *rel_price* | 0.0043<br>(0.19) | 0.0033<br>(0.14) | 0.0934 ***<br>(2.84) | -0.0373 ***<br>(-6.35) | -0.1921<br>(-1.61) | -0.1781<br>(-0.77) | -0.1928<br>(-0.83) | -0.1957<br>(-0.84) | -0.1951<br>(-0.84) | -0.7222 ***<br>(-3.43) | 0.0183<br>(0.84) |
| *size* | | | | | -0.1194 ***<br>(-3.51) | -0.1192 **<br>(-2.01) | -0.1340 **<br>(-2.26) | -0.1186 **<br>(-1.99) | -0.1371 **<br>(-2.27) | 0.1020<br>(0.53) | -0.0371 ***<br>(-4.42) |
| *int_capital* | | | | | | -0.0048<br>(-1.26) | | | | | |

续表

| 退出企业效应 | (1) FE | (2) FE | (3) PCSE | (4) PCSE | (5) PCSE - het | (6) PCSE - het | (7) PCSE - het | (8) PCSE - het | (9) PCSE - het | (10) PCSE | (11) PCSE |
|---|---|---|---|---|---|---|---|---|---|---|---|
| *market* | | | | | | | 0.0429<br>(1.59) | | | | |
| *uncertainty* | | | | | | | | 0.0532<br>(1.56) | | | |
| *soe* | | | | | | | | | -0.0337<br>(-1.14) | | |
| *cons* | -8.5774***<br>(-6.50) | -5.6286**<br>(-2.25) | | | | | | | | | |
| 截面/时期 | Yes/No | Yes/No | No/No | No/No | No/No | No/No | No/No | No/No | No/No | Yes/No | No/Yes |
| $R^2$ | 0.0563 | 0.0593 | 0.3310 | 0.3665 | 0.3722 | 0.3733 | 0.3738 | 0.374 | 0.373 | 0.6855 | 0.5682 |
| *Obs* | 923 | 923 | 923 | 923 | 923 | 923 | 923 | 923 | 923 | 923 | 925 |
| *Modified Wald Test*/*p* 值 | | | 241601.1<br>/0.00 | 136342.0<br>/0.00 | 227364.3<br>/0.00 | 191472.7<br>/0.00 | 410309.7<br>/0.00 | 189411.6<br>/0.00 | 228981.1<br>/0.00 | 660359.6<br>/0.00 | 142256.3<br>/0.00 |
| *Pesarcn Test*/*p* 值 | | | 2.47/0.01 | 1.86/0.06 | 1.6/0.11 | 1.6/0.11 | 0.4/0.65 | 1.3/0.17 | 1.2/0.20 | 1.8/0.07 | 14.3/0.00 |
| F 统计量/*p* 值 | 24.27/0.00 | 29.79/0.00 | | | | | | | | | |
| *Wald chi2*/*p* 值 | | | 160.2/0.00 | 446.8/0.00 | 1172.9/0.00 | 527.7/0.00 | 528.1/0.00 | 523.1/0.00 | 531.8/0.00 | 6843.1/0.00 | 1325030/0.00 |

注：(1) 括号内为 t 统计量；(2) *、**、*** 分别表示 10%、5%、1% 的统计显著性；(3) 模型 (4) — (10) 的 *Modified Wald Test*、*Pesaran Test* 及其 *p* 值均为对应固定效应估计的检验值；(4) PCSE、PCSE_het 分别表示面板修正的标准差估计、仅修正异方差的标准差估计。

而且，与上文对在位企业效应、进入企业效应的分析结果不同，对退出企业效应而言，在控制了交叉项后，外部需求、相对出口价格的影响均不再显著，显示退出企业效应的变动，更多是来自内部而不是外部市场的影响。第四，表 6—5 模型（10）、（11）将退出企业效应进一步细分为相对出口强度和权重之后的回归结果表明，产能经由需求途径对退出企业效应的正向影响，是通过推高退出企业权重实现的，而经由需求途径的影响尽管对退出企业效应的整体影响不显著，但却会显著提升退出企业的相对出口强度。类似的，产能利用率、外部需求和相对出口价格虽然也对退出企业效应的整体影响不显著，但均会显著地影响退出企业的相对出口强度。第五，控制变量除产业内企业相对数量外，对退出企业效应的影响均不显著；而产业内企业相对数量的显著负向影响，主要是通过降低退出企业权重实现的。

## 二　进一步的稳健性分析

首先，除了通过逐步加入控制变量，来验证我们关注的核心变量的稳健性之外，考虑到测度外部需求方式的差异，本部分还提供了利用购买力平价测算的外部需求替代美元计价外部需求后的结果。表 6—6 显示，利用购买力平价测算的外部需求与美元计价的外部需求相比，对在位企业效应产生的仍然是正向影响，对进入企业效应和退出企业效应产生的仍然是负向影响，其他变量各自的估计系数也大致相当。

**表 6—6　　　采用购买力平价测度外部需求的结果**

| | 在位企业效应 | | 进入企业效应 | | 退出企业效应 | |
|---|---|---|---|---|---|---|
| | PCSE | PCSE | PCSE | PCSE | PCSE | PCSE_het |
| *capacity* | -0.0515***<br>(-6.83) | | 0.0499***<br>(3.41) | | 0.0242***<br>(5.99) | |
| *cap × ppp* | | -0.0016***<br>(-6.09) | | 0.0015***<br>(3.30) | | 0.0008***<br>(6.14) |
| *cap × price* | | 0.1054***<br>(6.34) | | -0.0553**<br>(-2.28) | | 0.0085<br>(0.66) |
| *utilization* | -0.1486<br>(-0.24) | -0.2317<br>(-0.39) | -0.2311<br>(-0.24) | -0.1946<br>(-0.20) | -0.219<br>(-0.73) | -0.2207<br>(-0.73) |

**续表**

| | 在位企业效应 | | 进入企业效应 | | 退出企业效应 | |
|---|---|---|---|---|---|---|
| | PCSE | PCSE | PCSE | PCSE | PCSE | PCSE_het |
| *for_ppp* | 0.0425 *<br>(1.93) | 0.0404 *<br>(1.85) | -0.0223<br>(-0.65) | -0.0203<br>(-0.59) | -0.0075<br>(-0.72) | -0.0078<br>(-0.74) |
| *rel_price* | -0.0263 *<br>(-1.70) | -1.8493 ***<br>(-6.30) | 0.0409<br>(1.22) | 1.0262 **<br>(2.34) | -0.0422 ***<br>(-3.12) | -0.1925<br>(-0.83) |
| size | 0.3565 ***<br>(3.02) | 0.4120 ***<br>(5.01) | -0.4195 **<br>(-2.53) | -0.4281 **<br>(-2.43) | -0.1236 **<br>(-2.05) | -0.1186 **<br>(-1.99) |
| *int_capital* | | -0.0042<br>(-0.47) | 0.0264 **<br>(2.20) | 0.0260 **<br>(2.25) | | |
| *uncertainty* | -0.1076 ***<br>(-3.16) | -0.1007 **<br>(-2.56) | | | | |
| *soe* | -0.6691 ***<br>(-7.04) | -0.6757 ***<br>(-7.84) | 0.2092 ***<br>(2.86) | 0.2280 ***<br>(3.29) | | |
| $R^2$ | 0.7166 | 0.7281 | 0.4105 | 0.4126 | 0.3705 | 0.3723 |
| *Obs* | 931 | 931 | 927 | 927 | 923 | 923 |
| *Modified Wald Test/p* 值 | 77107.4/<br>0.00 | 74217.2/<br>0.00 | 53566.9/<br>0.00 | 56390.8/<br>0.00 | 149592.7/<br>0.00 | 174148.6/<br>0.00 |
| *Pesaran Test/p* 值 | 20.2/0.00 | 20.1/0.00 | 11.3/0.00 | 11.4/0.00 | 1.7/0.08 | 1.3/0.18 |
| chi2/*p* 值 | 9.00E+03/<br>0.00 | 2.50E+04/<br>0.00 | 286.7/<br>0.00 | 382.2/<br>0.00 | 517.4/<br>0.00 | 521.9/<br>0.00 |

注：(1) 括号内为 t 统计量；(2) *、**、*** 分别表示 10%、5%、1% 的统计显著性；(3) *Modified Wald Test*、*Pesaran Test* 及其 *p* 值均为对应固定效应估计的检验值；(4) PCSE、PCSE_het 分别表示面板修正的标准差估计、仅修正异方差的标准差估计。

其次，上文的估计尽管已经控制了供给面变量，同时，相关变量主要是依托权威国际贸易数据库、或是经过细致处理后的微观企业数据计总得到，从而极大地减少了遗漏变量和测度误差的影响。但是，因为互为因果的缘故，估计结果仍有可能会受到内生性问题的影响。其中，对供给面变量而言，虽然由投资决定的正常产能可以通过需求、竞争力等途径影响出口强度，可短期内，它们之间的反向因果关系并不存在；企业更多是通过产能利用率的调整，来对内、外部市场的变化作出及时调整，所以，产能利用率是内生的。另外，需求面变量中的相对出口价格也可能是内生的，因为对中国这样的大国，出口强度的变化很可能会影响国际市场价格。表6—7提供了利用两步GMM估计处理内生性后的结果，由于数据存在组间异方差和同期截面相依，此处并没有利用仅对同方差一致、有效的两阶段最小二乘工具变量估计。另外，由于工具变量的选取通常需要满足一系列的条件，因此，在两步GMM回归中，表6—7还分别提供了弱工具变量检验的 *Cragg-Donald Wald F* 统计量、工具变量有效性检验的 *Hansen J* 统计量及其 $p$ 值。整体来看，采用两步GMM方法克服可能存在内生性后，除了部分控制变量不再显著、方程的拟合优度有所下降之外，产能、产能利用率、外部需求、出口竞争力等核心变量影响出口强度的方向、机制仍然符合预期，这进一步验证了本章的逻辑。而且，弱工具变量检验显示两步GMM估计不存在弱工具变量问题，同时工具变量有效性检验的 $p$ 值较大，显示工具变量的选取是有效的。

**表6—7　　两步GMM估计结果**

| | 在位企业效应 | | 进入企业效应 | | 退出企业效应 | |
|---|---|---|---|---|---|---|
| | GMM | GMM | GMM | GMM | GMM | GMM |
| *capacity* | -0.0597***<br>(-5.01) | | 0.0552***<br>(3.57) | | 0.0214***<br>(5.22) | |
| *cap × dem* | | -0.0021***<br>(-5.25) | | 0.0017***<br>(3.30) | | 0.0008***<br>(5.41) |
| *cap × price* | | 0.0041**<br>(2.04) | | -0.0822***<br>(-3.76) | | 0.0182<br>(1.26) |
| *utilization* | -1.3842<br>(-1.52) | -1.4329<br>(-1.56) | -0.3571<br>(-0.37) | -0.2225<br>(-0.23) | -0.1676<br>(-0.53) | -0.2212<br>(-0.70) |
| *for_demand* | 0.4067***<br>(6.01) | 0.4485***<br>(6.11) | -0.0193<br>(-0.54) | -0.0197<br>(-0.55) | -0.0074<br>(-0.69) | -0.0064<br>(-0.59) |
| *rel_price* | -0.0685*<br>(1.95) | | 0.0722*<br>(1.80) | 1.5283***<br>(3.82) | -0.0553***<br>(-3.78) | -0.3774<br>(-1.45) |
| *size* | 0.6753<br>(1.20) | 0.7032<br>(1.24) | -0.4921***<br>(-2.88) | -0.5112***<br>(-2.79) | -0.1229**<br>(-2.03) | -0.1143*<br>(-1.89) |

续表

| | 在位企业效应 | | 进入企业效应 | | 退出企业效应 | |
|---|---|---|---|---|---|---|
| | *GMM* | *GMM* | *GMM* | *GMM* | *GMM* | *GMM* |
| *int_capital* | | | 0.0270<br>(1.09) | 0.0262<br>(1.15) | | |
| *uncertainty* | -0.0162<br>(-0.88) | -0.0166<br>(-0.90) | | | | |
| *soe* | -0.0533<br>(-1.11) | -0.0538<br>(-1.12) | 0.1637 **<br>(2.09) | 0.1866 **<br>(2.41) | | |
| *Centered* $R^2$ | 0.1694 | 0.1851 | 0.0288 | 0.0156 | 0.0121 | 0.0151 |
| *Obs* | 610 | 610 | 608 | 608 | 710 | 604 |
| *C-D Wald F statistic* | 3.93 | 3.94 | 4.26 | 6.52 | 6.13 | 3.15 |
| *Hansen J statistic/p* 值 | 2.71/0.25 | 2.46/0.29 | 0.49/0.48 | 0.11/0.73 | 0.50/0.91 | 0.11/0.94 |
| F 统计量/p 值 | 8.20/0.00 | 8.27/0.00 | 2.32/0.02 | 3.21/0.00 | 3.69/0.00 | 2.61/0.02 |

注：(1) 括号内为 t 统计量；(2) *、**、*** 分别表示 10%、5%、1% 的统计显著性。

## 第五节　本章小结

与出口快速增长不同，中国的出口强度呈现完全不同的变动特征。但是，新贸易理论、异质性贸易理论等均假设边际成本不变，忽略了出口与内销之间的内在联系；更没有区分不同类型企业权重、出口强度变动的差异。因此，本章利用 1999—2008 年中国工业企业数据库，在剔除了短期存活企业的扰动之后，将整体出口强度细分为在位企业效应、进入企业效应和退出企业效应；进而在边际成本可变的假设下同时考虑了产能、产能利用率等内部供给面变量，外部需求、相对出口价格等传统外部变量，以及内外部变量的相互作用等，对不同类型企业动态效应的影响。

主要结论有：(1) 在位企业效应是出口强度的主体，新进入企业、退出企业和短期存活企业因为其出口强度小于在位企业的出口强度，将负向影响整体出口强度，但程度较小。(2) 传统的外部需求扩大，或是出口竞争力增强，均会提升出口强度，但无论是在位企业效应、进入企业效应，还是退出企业效应，忽略产能、产能利用率等内部供给面因素的影响，都会导致严重的有时甚至是根本性的偏误。（3）尽管产能增长对在位企业效应、进入企业效应和退出企业效应都是不利的，但影响机制存在非常大的差异；另外，产能利用率对三类效应始终不存在显著影响。（4）产业内企业相对数量、资本密集度、不确定性程度、市场份额变动程度、国有企业比重等控制变量的影响，尽管显著性各异，但方向基本符合预期。（5）上述结论在加入控制变量、调整部分变量的测度、克服内生性问题之后，仍然保持稳健。

本章的结论具有丰富的政策含义。首先，尽管二元（或三元）边际方面的研究强调，中国出口增长仍然以集约边际为主，应该增加扩展边际的比重。但对出口强度而言，增加扩展边际比重必须满足的前提是，新进入企业出口强度提升速度应快于其权重提升速度，提高在位企业的出口强度仍然是重中之重。其次，借力“一带一路”倡议，过剩产能转移的重要性得到了广泛的认同，但从出口强度的角度，中国只宜推动本土化程度较高的产能先行转移，而不是对外部市场带动作用较大的产能。再次，我国进口增速持续下滑的重要原因之一，可能是国内产能提升导致的对国外原材料、中间品或最终品的大幅替代，降低进口品关税，便利化进口环节等措施固然重要，但更关键的，还需要从根本上调整，将“人员、企业文化、物料、营销等本土化”作为判断外资企业是否对中国有利的标准。复次，政府应通过融资便利化、创新扶持等手段，鼓励和帮助企业获得因规模经济等带来的效率提升，应对生产成本上升，让产能、产能利用率等经由出口竞争力途径产生的正向作用更加显著。最后，当前仍要继续推进国有企业改革，着力培育要素流动自由、竞争规范有序、风险整体可控的良好市场环境。

# 第七章

# 内需与出口的关联:国际规律*

在外贸新优势“断点”和国内需求扩张与升级的发展新阶段，把握撬动中国外贸转型升级的杠杆需要重新审视脱离本土需求的出口模式。文章基于ISIC四分位产业数据，测算了51个国家出口与内需的结构背离度，遵循“典型事实—理论假说—经验证据”的分析范式，在多国经验中探究出口与内需结构背离的成因及影响。研究发现：虽然发挥要素禀赋比较优势和深度依赖全球产品内分工等会使结构背离成为常态，但由国内制度环境不完善导致的“内需引致出口”功能缺位也是结构背离的重要原因。结构背离对出口升级的影响效应在大国与小国有所不同，结构背离会使大国的出口升级失去国内需求这一重要的优势来源，从而加大被套牢于低端产品结构的风险。据此，大国外贸优势来源及由此决定的出口模式有其特殊性，通过构建“内需引致出口”的制度环境发挥本土需求这一外贸优势的根本性来源，是新形势下中国这类发展中大国外贸转型升级需要倚重的特殊优势途径。

## 第一节　内需与出口的关联

中国出口没有依托国内需求的现象长期以来备受关注。这一出口与内需的背离在企业层面上表现为大量出口企业在国内没有销售的“反常”现象（如朱希伟等，2005；张杰等，2010），在产业层面表现为贸易结构与产业结构的“背离”（如尹翔硕，1997；袁欣，2010；

---

* 本章主要由易宪忠、包群等完成。

张曙霄和张磊，2013）。[①] 由于产业结构主要反映了国内需求结构，贸易结构与产业结构的背离实际上反映了出口产品结构与国内需求结构的背离，即出口没有依托国内需求，本章称之为"出口与内需的结构背离"。一个自然的问题是，一个国家的出口需要依托国内需求吗？国际贸易主流理论对这一问题有不同的主张。一方面，新古典 Heckscher-Ohlin-Vanek（HOV）贸易理论强调一国应该立足要素禀赋优势参与国际分工。这一由要素禀赋优势驱动的贸易模式并不依托国内需求，并已被以韩国为代表的小型经济体的出口导向增长奇迹所验证。尤其是随着产品内分工深化，生产地与销售地的分离也可能使得一国的出口不必依托内需。另一方面，HOV 理论不能解释大约 50% 的"失去的贸易"，这说明其他重要因素驱动着国际贸易（Trefler，1995）。其中，国内需求被认为是一国出口优势的重要来源，深刻影响着一个国家的出口能力（如 Basevi，1970，1971；Fagerberg，1995；Weder，1996，2003；Grossman and Helpman，2011；Morey，2016）。特别是"内需—出口"假说（Demand-Export Hypothesis）明确指出，一国通常会出口国内需求较大的产品（Linder，1961；Krugman，1980；Krugman and Helpman，1985）。这意味着一国对外贸易需要依托国内需求，遵循古典贸易理论和新兴古典贸易理论，由国内贸易内生演进形成（杨小凯，2003）。Weder（2003）将这种外贸发展模式称为"内需驱动型"贸易模式（Demand-Driven Trade Model）。即便在产品内分工条件下，国内需求也是本土企业向价值链高端攀升的重要基础（如 Morrison et al.，2008；De Marchi et al.，2016），因为国内需求通过决定市场大小和需求特征对本土企业价值链升级具有决定性影响（Staritz et al.，2011）。

在中国外贸与内需条件深刻转变的发展阶段，解答"出口是否要依托内需"这一难以取得共识的问题，对重塑中国外贸转型的根本性动力尤为重要。在中国改革开放的前一阶段，由于不足的国内需求难以成为

① 尹翔硕（1997）最早提出中国出口制成品结构与制造业生产结构不一致的问题，袁欣（2010）提出中国对外贸易结构与产业结构发生了"镜像"与"原相"的背离，张曙霄和张磊（2013）称之为"中国贸易结构与产业结构发展的悖论"。朱希伟等（2005）、张杰等（2010）认为，中国出口企业在国内没有销售的行为与 Krugman（1980）的本地市场效应理论和 Meliz（2003）理论发生了明显"背离"。

外贸发展倚重的优势来源，采用立足要素禀赋优势、脱离本土需求的出口模式，在有利的全球化背景下创造了“出口奇迹”。但立足要素成本优势的外向型出口模式也使中国外贸长期囿于出口商品质量低下（李坤望等，2014）、出口企业过度依赖价格竞争（Amiti and Freund，2008）等困境。发达国家“再工业化”、发展中国家出口竞争加剧以及国内要素优势削弱等，也使得中国立足要素成本优势的外向型出口模式正失去其发生作用的内外部环境①，外贸新优势“断点”② 又使外贸发展方式转变缺乏立足点。而伴随着中国外贸转型困境的一个突出现象是，作为外贸优势根本性来源的国内需求正发生重大变化。中国社会消费品零售总额近 10 年平均增速为 16.4%，2015 年达 30.1 万亿元，居全球第二，并且居民消费结构不断升级，呈现出从注重量的满足向追求质的提升等一系列转变。③ 正是在内需条件与外贸环境深刻转变形势下，2015 年国务院相继出台《关于加快培育外贸竞争新优势的若干意见》《关于积极发挥新消费引领作用加快培育形成新供给新动力的指导意见》和《关于构建开放型经济新体制的若干意见》，把“加快培育外贸竞争新优势，促进国际国内市场深度融合”作为构建开放型经济新体制的总体目标。《2016 年国务院政府工作报告》又把“促进供给需求有效对接，形成对经济发展稳定而持久的内需支撑”作为工作重点。据此，在中国外贸新优势“断点”和国内需求扩张与升级的新形势下，为寻求外贸发展的新优势来源并调整由此决定的出口模式，需要我们重新审视脱离本土需求的出口模式。

一个国家的出口是否依托内需，本质上是外贸优势的主要来源及由此决定的出口模式问题，即一个国家的外贸发展是立足禀赋优势、以外需为导向，表现为出口与内需高度背离的出口模式；还是依托国内需求形成比较优势的内生演进，表现为出口与内需低背离的出口模式？为解答“出口是否需要依托内需”，需要解答两个基本问题：(1) 出口与内需结构背离的一般性原因是什么？因为如果结构背离完全是由于基于要素

---

① 2011—2015 年中国出口贸易连续四年未能完成预期增长目标，出口增长率持续下降。

② 2015 年国务院《关于加快培育外贸竞争新优势的若干意见》指出，“传统竞争优势明显削弱，新的竞争优势尚未形成”。

③ 详见 2015 年 11 月 23 日国务院《关于积极发挥新消费引领作用加快培育形成新供给新动力的指导意见》。

禀赋优势“自然性分工”导致的，而这一分工模式受限于一个国家特定发展阶段的要素结构，则高度的结构背离也是发挥要素禀赋优势的“正常”现象。(2) 结构背离真的会影响对外贸易发展的核心——出口升级吗？如果是，为什么以外需为导向的贸易模式并未明显妨碍以韩国为代表的小型经济体的出口升级？

关于第一个问题。基于要素禀赋优势的专业化分工和产品内分工，可能会导致出口与内需的“自然性分工背离”。立足要素禀赋优势的专业化国际分工，会使一国的出口产品结构集中在少数产品上，从而导致较高的出口与内需结构背离度。特别地，产品内分工的深化会使得一国在全球生产网络中专业化于某一生产环节，从而导致出口产品可能并不是国内需求的产品。从中国现实看，立足要素禀赋优势、以国外需求为导向的加工贸易被认为是中国贸易结构与产业结构背离的重要原因（袁欣，2010；张曙霄和张磊，2013）。但加工贸易是全球产品内分工深化的一般性现象（裴长洪，2011），并不是中国特有的现象。一个自然的问题是，以中间品贸易为核心的产品内分必然会弱化国内需求对出口的促进作用吗？即便如此，我们并不能因为这种较高的结构背离而放弃对产品内分工的利用，因为加工贸易在解决就业、促进外贸增长等方面发挥了不可替代的重要作（裴长洪，2011）。这就需要探究更深层次的原因，尤其是导致结构背离的制度环境因素。“内需—出口”假说往往有国内制度完善的隐含假设（易先忠等，2014），在完善的市场制度环境下，本土企业可依托国内需求顺利实现规模经济和技术创新，国内需求较大的产品能成为有竞争力的出口产品，使得“内需—出口”假说成立，从而形成依托于国内需求的出口模式。但制度不完善导致的市场分割（张杰等，2010）、要素扭曲（施炳展和冼国明，2012）和无序竞争（易先忠等，2016）等，可能使国内需求无法转化为本土企业的出口优势，导致国内需求较大的产品不一定是出口产品，表现为较高的出口与需求结构背离度。尽管国内制度对贸易模式的深刻影响已得到广泛认可（Nunn and Trefler，2013；邱斌等，2014），大量研究也论证了国内制度通过影响投资（Nunn，2007）、劳动力成本（Cunat and Melitz，2012）以及融资的可获得性（Manova，2013）等途径影响一国贸易结构，但国内制度通过影响出口背离内需的程度进而影响贸易结构的机制迄今仍然没有被关注。

关于第二个问题。以出口技术含量提升和出口产品多元化为核心的出口升级（Export Upgrading）是一国对外贸易持续发展的核心（Hausman et al.，2007；Zhu and Fu，2013）。无论是产业间贸易、产业内贸易还是产品内贸易的出口升级都依赖于外贸新优势，而国内需求作为一国对外贸易优势的根本性来源，可以追溯到以“斯密定理”为核心的古典贸易理论。根据“斯密定理”，市场范围决定分工深化程度进而决定了内生的绝对优势。自 Linder（1961）的“重叠需求”明确出口与内需的关系以来，国内需求对贸易模式的重要性越来越受到重视，国内需求通过需求规模的比较优势（Helpman and Krugman，1985；Weder，2003）、国内生产者—消费者互动的学习效应（Fagerberg，1995）、改善产品质量（Fajgelbaum et al.，2011）和异质性偏好（Fieler，2011；Osharin and Verbus 2016）等途径对一国贸易模式产生深刻影响。那么，出口与内需的结构背离也可能抑制国内需求对出口的作用，对一国出口升级产生影响。同时，国家规模内生决定了国内市场对出口的重要性，使得大国和小国的出口模式具有显著差异（Fernandes，et al. 2016）[①]。Crozet and Trionfetti（2008）的“非线性”本地市场效应也证实了本地市场效应对不同规模国家有不同的影响。因此，国家规模也可能使得结构背离对大国和小国出口升级的影响效应不同。

鉴于此，本章遵循“典型事实—理论假说—经验证据”的分析范式，在多国经验中审视脱离本土需求的出口模式。文章的主要贡献在于：（1）提出以“出口与内需结构背离”刻画一国外贸主要优势的构成来源和由此决定的出口模式，并基于 ISIC 四分位产业数据测算了 51 个国家的出口与内需结构背离度。“结构背离”这一新概念及其测度指标的提出，不仅为讨论“一国出口模式的内生决定及其调整”等重要问题提供了科学立足点，也可摆脱“中国特例”困境，在多国经验中探寻脱离本土需求出口模式的一般性规律，并从外贸优势根本性来源的视角深化了对中国贸易结构脱离国内需求及产业结构背离本源的认识。（2）探究出口与内需结构背离的制度原因，不仅从“制度环境影响结构背离进而影响出

① Fernandes，et al.（2016）实证研究指出，相比小国，大国有更多的出口企业，出口企业规模更大，拓展边际比集约边际在出口中的作用也更大。

口升级”这一新视角丰富了国内制度对出口影响机制的相关研究，也加深了我们对“出口脱离内需”这一普遍现象的认识。特别是虽然发挥要素禀赋比较优势和深度依赖全球产品内分工会使结构背离成为常态，但由制度环境不完善导致“内需引致出口”功能缺位也是结构背离的重要原因，而矫正由市场制度环境不完善导致的结构背离的实质是构建国内需求转化为外贸优势的制度环境。(3) 探寻大国外贸发展模式的特殊性。在结构背离对出口升级影响效应中纳入国家规模异质性发现，结构背离对大国出口升级的抑制效应强于小国，脱离本土需求的出口模式会加大大国被套牢于低端产品结构的风险，说明大国外贸优势来源及由此决定的出口模式与小国不同，大国的出口应当更加依托本土需求。在全球消费终端市场大转移与中国国内需求扩张升级的新形势下，这对思考如何重塑中国外贸转型升级的根本性优势来源和构建“中国特色开放型经济理论”具有深远的启发意义。

## 第二节 结构背离程度测算与典型事实

### 一 出口与内需结构背离程度测算

要素禀赋和国内需求是一国外贸优势的两个主要来源（Davis and Weinstein，1999）①。依托要素优势的出口模式与依托内需的出口模式，会表现为不同的出口与内需结构背离程度②，结构背离程度以公式（7—1）度量③。立足要素禀赋优势的出口模式，会使一国的出口产品结构主要集中在少数几种具有要素禀赋优势的产品上，而这些有竞争力的出口产品与国内需求关联较弱，表现为较高的结构背离度。相对而言，依托内需的出口模式则会表现为较低的结构背离度。因为：其一，如果一个国家出口遵循了以“斯密定理”为核心的古典贸易理论和以“斯密定理”

① Davis and Weinstein（1999）考虑了本地市场效应和要素禀赋这两类优势来源对贸易模式的影响。

② 本章的结构背离指标与 Lin（2003）的技术选择指数，在指标设计思路、计算方法上本质上是一致的。

③ 尹翔硕（1997）、袁欣（2010）、张曙霄和张磊（2013）分别用某一大类产品在出口结构和产业结构的比例错位粗约刻画了这一结构背离。

为思想基础的新兴古典贸易理论，由国内贸易内生演进形成（杨小凯，2003），就有“国内需求—国内产业结构—出口产品结构”的对应关系，这种由国内贸易内生演进的出口模式表现为出口与内需的强关联性，出口依托内需的程度较高，这与依托要素禀赋优势的出口模式形成反差①。其二，无论是基于 Linder（1961）的重叠需求理论，还是 Weder（1995，1996，2003）的国内需求与贸易模式理论，以及 Krugman（1980）和 Helpman and Krugman（1985）等人的本土市场效应理论等都认为，一个国家出口的产品应该是本国需求较多的产品。如 Linder（1961）的重叠需求理论认为，一国出口本国需求较大的“代表性产品”。本地市场效应理论也认为，“一种产品的国内市场需求占世界比例大，则这种产品的出口份额也更大”（Crozet and Trionfetti，2008，p. 1），因此“一个国家出口本国需求较大的产品”（Krugman，1980，p. 955）。基于这些注重国内需求的经典贸易理论，国内需求是一国外贸优势的重要来源，国内需求较大的产品其出口也较多，而国内需求较少的产品则出口较少或者需要进口，表现为较低的“出口—内需”背离度。因此，公式（7—1）度量的出口与内需结构背离度，反映了一国出口依托于国内需求的总体程度，根植于外贸优势来源的差异。背离度的绝对值越小，说明一国的出口产品结构与国内需求结构的关联性越强，出口依托于国内需求的程度越高，国内需求成为这个国家出口优势的重要来源②；背离度的绝对值越大，说明一国出口依托于国内需求的程度越低，非内需因素是这个国家出口的主要驱动力。需要强调的是，由于国内需求只是驱动外贸发展的动力之一，而非内需因素，特别是要素优势驱动的出口会产生“自然性分工背离”，因此结构背离是一种常态。

---

① 正如杨小凯（2003）指出的那样，要素禀赋比较优势无法解释国内贸易如何发展到国际贸易。这也说明在要素禀赋优势驱动型贸易模式下，出口产品与国内需求的相关性较弱。

② 实际上，依托国内需求发展对外贸易，也是经典竞争力理论、企业能力理论和产品生命周期理论达成的共识。因为任何产品的出口都源于其国际竞争力，而国内需求是竞争力的重要来源。如根据经典企业竞争力理论，国内需求是 Porter（1990）竞争优势“钻石体系”的“火车头”。根据经典的企业能力理论，对于来源不同国家的产品而言，国内市场的大小是其资源与能力的核心决定因素（Stigler，1951；Rosenberg，1963；Wells，1972）。产品生命周期理论也认为，对新产品的国内需求是企业新产品的重要优势（Vernon，1966）。

$$diva = \sum_{i=1}^{n} \left| \frac{con_i}{\sum_{i=1}^{n} con_i} - \frac{ex_i}{\sum_{i=1}^{n} ex_i} \right| \times 100 \text{①} \qquad (7—1)$$

其中，*diva* 为出口与内需的结构背离程度，$con_i$表示这个国家产业 $i$ 的国内消费额，$ex_i$表示这个国家产业 $i$ 的出口额，$n$ 代表产业总数。采用联合国工业发展组织（UNIDO）四分位国际标准产业分类（ISIC）数据，首次测算了 51 个国家出口与内需的结构背离度，数据来源于联合国工业发展组织（2013）的产业供需平衡数据库。其中需求数据为每一产业的国内消费量（Apparent Consumption），包括由国内生产和进口的产品。按照 ISIC 四分位分类标准，共有 127 个制造业，其中烟草产品（ISIC：1600）主要在国内销售，出口量少，而成品油（ISIC：2320）和基本钢铁（ISIC：2710）受到国家自然资源禀赋影响程度大，不具有一般性，故而剔除这三个产业。51 个国家出口与内需的结构背离度的测算共涉及 135904 条出口与国内需求数据。②

图 7—1 给出了代表性国家出口与内需的结构背离程度。首先，无论世界平均水平还是各国的趋势图都表明，出口与内需的结构背离度在 1997—2010 年都没有大幅度提升，并没有出现本章的一般性预期：随着全球产品内分工的深化，国内需求与出口产品结构的相关性会越来越弱，背离度不断增大。其次，一般而言，发达国家的背离度低于发展中国家，如中国、俄罗斯联邦、印度尼西亚等发展中国家的背离度普遍高于德国、

---

① 以各产业的均值计算背离度是否更为科学？笔者计算了两套背离度数据，另一套背离度以各个产业的均值计算。并在后文中同时运用了这两套数据进行基本事实分析和计量检验，结果并没有显著差异。通过比较这两套背离度数据，笔者发现以总和计算的背离度比以均值计算的背离度更加科学，因为：（1）由于基于资源禀赋优势的专业化国际分工可能使得一国的出口产品结构比较集中，以产业均值计算的背离度会低估一国的总体背离度；（2）由于国内消费的数据在有些国家的某些产业不完全，而各个产业的消费又是客观存在的，以产业均值计算的背离度大大高估了这些国家的背离度。故而本章采用以总和计算的背离度。为了研究的严谨性，附录 7—1 给出了以均值计算的背离度的典型事实分析，见“附录 7—1：以产业均值计算的背离度的典型事实”。

② 在 United Nations Industrial Development Organization：Industrial Demand Supply Balance Database 中，能同时获得出口数据与国内消费数据的只有 51 个国家。数据来源于 ESDS International, University of Manchester. DOI，http：//dx. doi. org/10. 5257/unido/idsb/2013。时间跨期为 1997—2010 年，但各个国家时间跨期有差异。

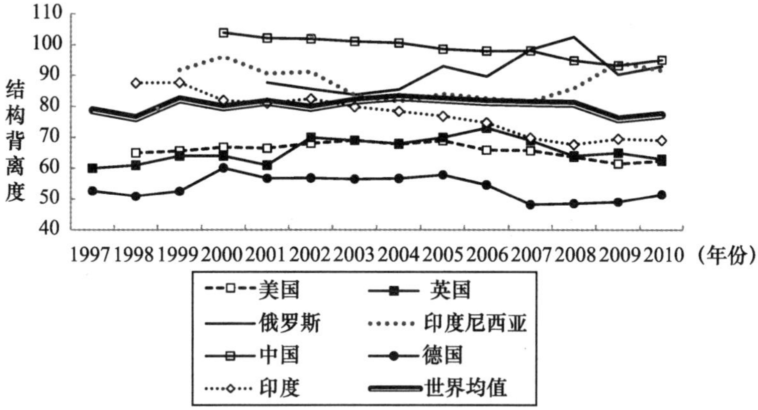


图 7—1　代表性国家制造业出口产品结构与国内需求结构的背离程度

美国和英国。[①] 进一步，图 7—2 和图 7—3 分别给出了美国和印度 2010 年 124 个产业出口产品结构和国内需求结构比例，无论是发达国家美国还是发展中国家印度的数据都显示：总体上看，国内需求较大的产品，其出口比例也较大。说明美国和印度的大多数产业依托国内需求的程度较高，国内需求成为这两个国家出口优势的重要来源。

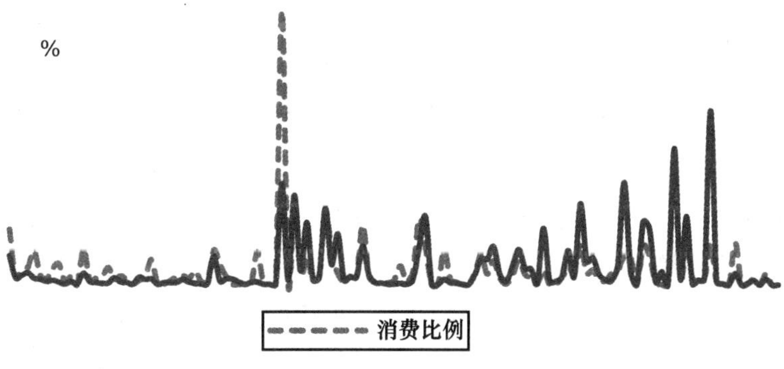


图 7—2　2010 年美国出口产品结构与国内需求结构

## 二　典型事实

观察出口与内需的结构背离程度、国内市场制度环境、国家规模与

① 正如既有研究所批评的那样，中国的背离度远高于世界平均水平，也高于同一发展水平的国家。

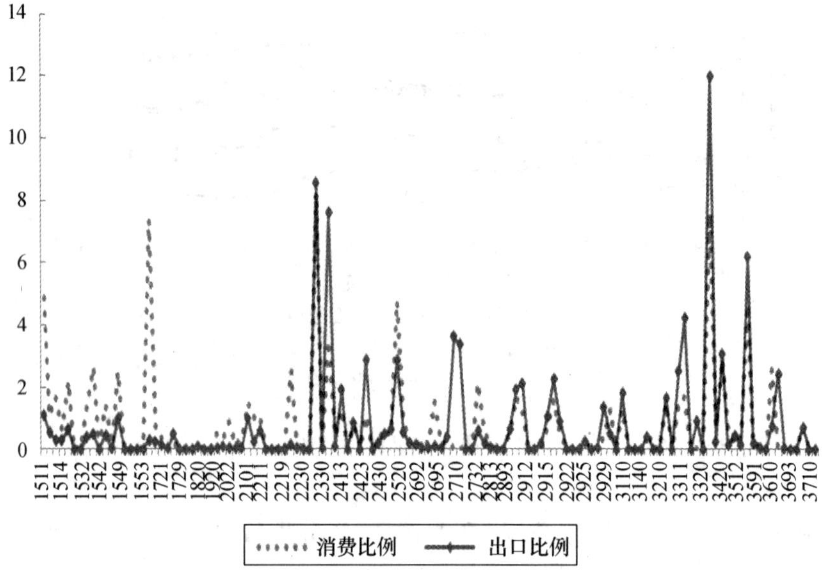


图 7—3 2010 年印度出口产品结构与国内需求结构

出口产品结构之间的关系，笔者发现如下典型事实。[①]

典型事实 1：市场制度环境好的国家其结构背离度低。采用常用的由 Heritage Foundation 提供的总体经济自由度指数和由 Global Insight 提供的商业环境指数度量国内市场制度环境[②]，以 1997—2010 年的样本均值描述市场制度环境与结构背离的相关性。根据图 7—4 和图 7—5，无论是哪种制度水平都与结构背离度呈现明显的负相关关系。市场制度环境好的国家，如美国、英国、法国、德国、奥地利等，都有较低的结构背离度。而市场制度环境差的国家，如尼日利亚、蒙古、马拉维、伊朗等，其背离度都较高。由于出口与内需的背离程度反映了出口依托于国内需求的程度，根植于外贸优势主要来源的差异。背离度的绝对值越小，说明出口依托于国内需求的程度越高，国内需求成为这个国家出口优势的重要来源。因此，市场制度环境与结构背离的负相关性，一定程度说明国内市场制度环境越完善，越有利于发挥国内需求对出口的促进作用，从而使得出口与内需的关联程度越高，出口与内需的背离程度越低。

① 本部分的数据来源及依据将在实证部分详细说明。

② 本章中的制度环境仅限于经济制度环境，没有考虑政治制度。

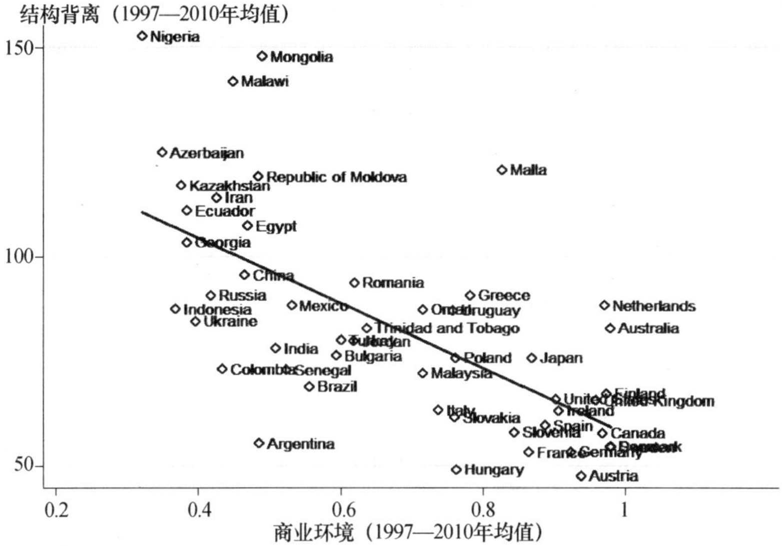


**图 7—4　商业环境指数与结构背离**

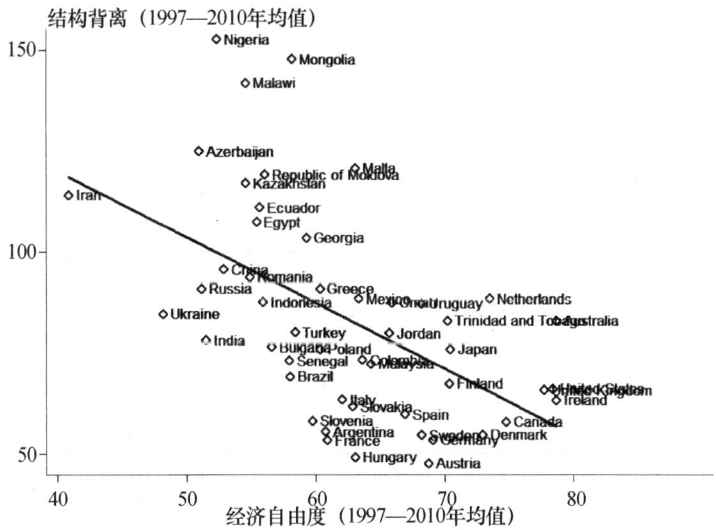


**图 7—5　经济自由度与结构背离**

典型事实 2：结构背离与出口产品结构水平负相关。以出口产品技术复杂度度量出口产品结构水平，图 7—6 表明出口与内需结构背离度较低的国家，其出口产品技术复杂度也较高，出口产品技术复杂度与结构背

离的相关性达到 -0.5734。由于出口与内需的背离程度反映了一个国家出口依托于国内需求的程度，根植于外贸优势主要来源，结构背离与出口产品结构的高度负相关性一定程度说明，当国内需求成为一国外贸优势的重要来源时，这个国家更容易实现出口升级，而脱离本土需求的出口模式则可能会抑制出口升级。

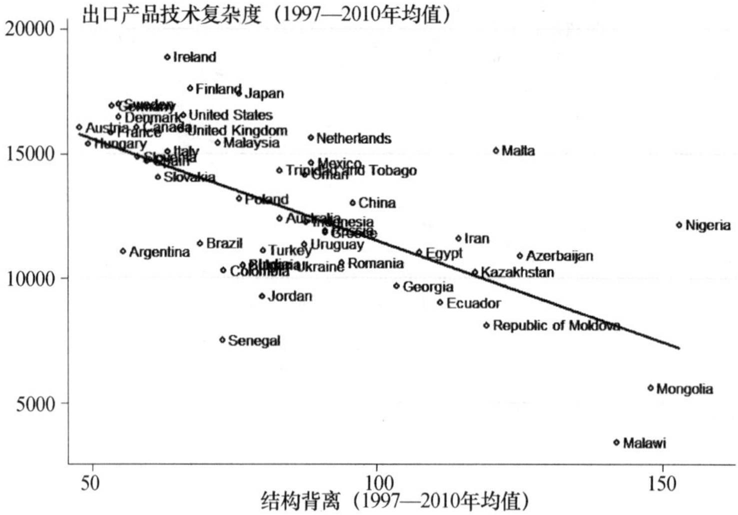


**图 7—6　结构背离与出口产品技术复杂度**

典型事实 3：大国的结构背离度相对小国更低。图 7—7 表明，以 GDP 度量的国家规模与结构背离度呈现负相关关系，相关系数达到 -0.5315①，说明大国的结构背离度相对小国更低。无论是不同发展水平的国家相比（如美国与蒙古相比），还是相同发展水平的国家相比（如日本与英国相比）都印证了这一点。国家规模与结构背离的负相关关系一定程度说明，相对小国而言，大国出口需要更加依托内需。结合典型事实 2 来理解大国结构背离度相对小国更低的事实，可能意味着大国的“出口—内需”背离对出口升级的抑制效应要比小国更强，所以大国出口需要更加依托本土需求，以发挥国内需求这一重要的外贸优势来源。

① 人口规模与结构背离度的相关系数为 -0.1285。

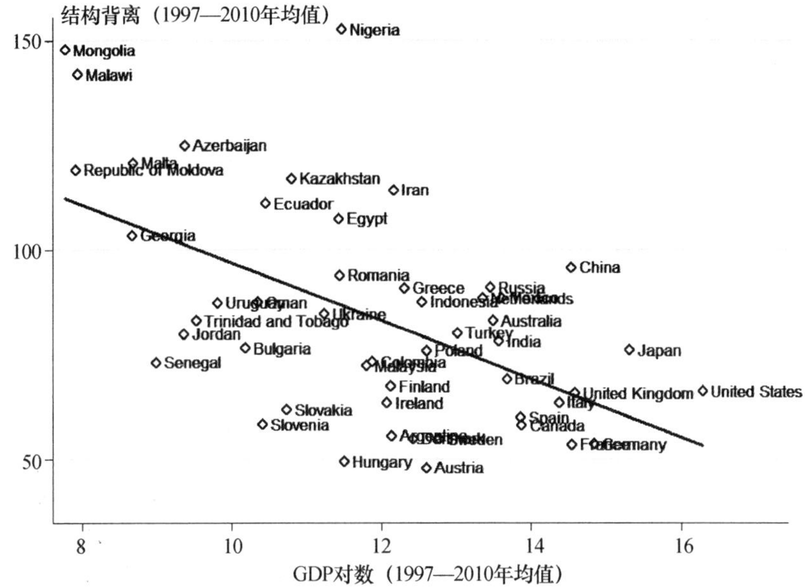


**图 7—7　GDP 规模与结构背离**

# 第三节　分析框架与理论假说

基于以上观察到的典型事实，本章提出“制度环境—结构背离—出口升级”的理论分析框架：市场制度环境不完善导致的“内需引致出口”功能缺位，使得国内需求较大的产品无法成为有竞争力的出口产品，本土企业只能依赖以要素禀赋优势为主的低层次优势获得出口竞争力，而这种依赖要素禀赋优势出口较多产品并不是国内需求较大的产品，从而导致较高的结构背离。[①] 出口与内需的结构背离使得一个国家——特别是拥有较大国内市场的大国——出口升级失去国内需求这一重要的外贸优

① 本章的理论分析和结构背离指标的设计都是在“要素禀赋和国内需求是一个国家外贸优势两个主要来源”的框架下进行，这也是200多年国际贸易理论与实践发展的基本结论。当由于制度环境不完善使得国内需求优势无法发挥时，本土企业只能依赖要素禀赋优势。而依赖要素禀赋的出口模式会有更高的结构背离度，这已经在结构背离指标的设计部分充分论述了。

势来源，从而抑制大国出口升级。[①]

## 一　出口与内需的结构背离：制度环境的影响

典型事实1初步说明市场制度环境不完善会导致出口与内需的结构背离。根据公式（7—1）中结构背离指标设计的“跷跷板效应”，如果制度环境不完善会导致结构背离，则不完善的制度环境就会使得国内需求较大的产品出口少，而国内需求较少的产品出口多。不完善的制度环境为什么会导致国内需求较大的产品出口少，而国内需求较少的产品出口多呢?[②] 以图7—8进行简要分析。根据200多年国际贸易理论与实践的发展，要素禀赋和国内需求为一个国家外贸发展两个主要的优势来源（Davis and Weinstein，1999）。假设一个国家有两大类产品：产品A是国内需求较大的产品，其优势来源主要是（可以是）国内需求；产品B是国内需求比较小的产品，由于本土需求少，其优势来源主要是（只能是）要素成本。众多竞争性本土企业可选择产品A或者产品B出口，但出口必须有国际竞争力，竞争力的来源主要是国内需求和要素成本。由于众多本土企业面临相同的国内要素成本条件，并且要素成本优势在国际竞争中的替代性也较强，为了避免在国内及国际市场竞争中被淘汰，本土企业就会尽量依托较大国内需求寻求产品A的更持久竞争力。[③] 当市场制度环境完善时，较大国内需求能顺利转化为出口竞争力，产品A就能够出口。同时由于本土企业在市场竞争中会尽量寻求产品A的更持久竞争力，将会把有限的资源更多地用于有“本土需求比较优势”的产品A的生产和出口上，而产品B则出口少或者需要进口，这个国家的外贸发展就会遵循“内需—出口”假说，结构背离度也会较低。相反，当市场制度环境不完善时，较大国内需求无法转化为出口竞争力，国内需求较大产品A没有竞争力难以出口，本土企业只能立足要素禀赋优势，集中出口国内需求较小的产品B，使得产品B出口比例较大[④]，这个国家的外贸

① 除了市场制度环境外，产品内分工、鼓励出口的贸易政策、要素禀赋等都可能影响结构背离，这些因素都将在实证检验部分纳入分析。

② 本章在两类产品简要分析框架下描述制度环境对结构背离“跷跷板效应”的影响机制。

③ 这个基本假设见Porter（1990，p.111）。

④ 特别是在鼓励出口的政策导向下，这一趋势会更加明显，如中国的光伏产品。

发展就会遵循 HOV 理论，结构背离度就会较高。这个简要的分析表明，出口与内需的结构背离程度实质上反映了出口优势主要来源的差异，制度环境影响结构背离的关键在于较大国内需求能否顺利转化为本土企业出口竞争力。

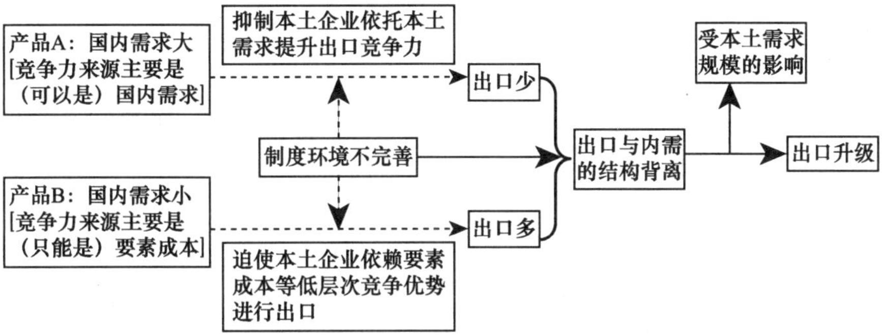


**图 7—8　“制度环境—结构背离—出口升级”的分析框架**

那么，制度环境如何影响了较大国内需求转化为本土企业出口竞争力？“内需—出口”假说之所以预期一个国家出口其国内需求较大的产品，究其根源，在国内市场制度完善的隐含假设下，较大的国内需求通过规模经济和技术创新等途径提升了其出口竞争力，使得国内需求较大的产品成为出口较多的产品。但国内市场制度环境不完善会导致“内需引致出口”功能缺位，正如 Porter（1990）指出那样，国内需求规模大的产品不一定具有出口竞争力。（1）在不完善市场制度环境下，较高的国内贸易成本会迫使本土企业放弃贸易的本地市场偏好，使得较大国内需求难以转换为出口竞争力。国际贸易之所以一般在国内贸易之后发展起来，其逻辑起点在于，本土企业贸易具有“本地市场偏好”（Wolf，2010）。因为本土企业在国内市场具有成本优势、信息优势以及面临的贸易壁垒也较少，对本土文化、制度的熟悉又使得本土企业更容易把握国内需求特征，所以产品的设计和生产起初往往是针对国内市场（Porter，1990）。再加上同国内贸易相比，国际贸易需要支付如关税、运输等额外费用，所以国际贸易一般在国内贸易之后发展起来（杨小凯，2003）。而由国内市场分割和社会信用体系差导致的较高销售成本、对有效需求的较高搜寻成本和高流通成本等[①]，都会使国内贸易成本不一定低于国际贸易成本。在国内贸易成本较高的条件下，本土企业就会放弃本地市场偏好，立足低价竞争，以国际贸易的规模经济效应来替代国内市场的规模经济效应（如朱希伟等，2005；张杰等，2010），国内需求较大产品的规模经济就无法实现，较大的国内需求就无法转化为本土企业出口竞争力。（2）不完善制度环境下的无序竞争和竞争不充分，会削弱国内需求较大产品的出口竞争力。市场竞争的“自选择”是出口企业竞争力动态提升的关键机制（Melitz，2003；Melitz and Ottaviano，2008），而规范有序的市场竞争是“自选择”机制实现的基本条件。但市场秩序不健全、市场监管不到位，以及企业失信惩戒机制缺位等导致的无序竞争，会使得市场竞争无法通过“自选择”机制提升国内需求较大产品的出口竞争力。[②]在无序竞争环境下，本土企业就会偏向依赖低层次成本优势并以低成本竞争寻求较大国内需求支撑的规模经济，陷入“以价换量”的低成本扩张模式。这种在低端产品市场上为获得规模经济的恶性成本竞争，不仅不会强化国内需求较大产品的竞争力，反而会削弱其出口竞争力（Porter，1990），从而使得国内需求较大的产品不能成为有竞争力的出口产品。同样，由于政府对投资领域的限制、行政性垄断和政府对企业过多管制导致的高进入成本等，都会导致竞争不充分。而在非竞争性市场上，较大国内需求规模支撑的“相对满意”的获利会弱化本土企业进行外海扩张的意愿（Porter，1990），本土企业通过回应消费者诉求改进产品质量的动力也较弱（Ito and Pucik，1993），对本土市场提供的创新产品也是非最优设计（Beise-Zee and Rammer，2006），使得国内需求较大的产品无法转化为有竞争力的出口产品。（3）不完善制度环境下较低的创新收益率、“非创新获利空间”和不完善消费环境制约了“需求引致创新”功能的发挥，使得国内需求较大的产品不一定具有出口竞争力。无论是注重国内市场的经典贸易理论还是波特的竞争力理论都认为，“需求

① 如中国社会信用体系和知识产权保护制度等某些“特殊”制度因素刺激众多企业以代工或贴牌方式出口的扩张（康志勇和张杰，2009）。

② 例如，中国虽然是世界上最大的电子消费品市场，但“山寨产品”“劣币驱逐良币”“价格战”现象突出，无序竞争使得国内巨大的需求优势无法有效转换为本土企业国际竞争力，国内市场对本土企业出口竞争力的贡献度处于主要出口国的末端水平（易先忠等，2016）。

引致创新”是国内需求较大的产品成为具有竞争力出口产品的重要机制。而较弱的产权保护和执法不严会降低创新的预期收益，对要素流动限制和不完善资本市场会增加创新成本，Desmet and Parente（2010）等所预期的“较大的国内需求能促进创新”不一定能实现。同时，由行政性垄断等导致的“投机获利”空间、由法制不健全等导致的“寻租获利”空间等，会极大弱化本土企业依托国内需求进行创新的动力。由要素扭曲导致的“低、同质产品获利”空间也会扭曲出口企业的生产要素投入比例，固化出口企业对低成本要素的依赖（施炳展和冼国明，2012），弱化依托内需进行创新和产品升级的动力。再者，本土市场上的消费者—生产商有效互动的学习效应（Local User-Producer Interaction）是需求引致创新的重要微观基础（Porter，1990；Beise-Zee and Rammer，2006）。而质量监管体系不健全、商品销售信用差、消费者权益保护机制不健全等不完善消费环境，会弱化本土企业回应消费者合理诉求的压力，国内消费者诉求也无法转换为本土企业的学习途径和改进产品质量的方向。在这种情况下，正如 Porter（1990）指出的那样，“当本国客户不能为企业创新提供压力时，这个产业要在创新的竞赛中胜过国外竞争对手是很困难的”。

在国内需求无法转化为本土企业出口竞争力的市场环境中，本土企业创新的动力和能力较弱，国内需求较大的产品难以满足国际市场对产品质量和技术等方面的要求，民族品牌难以走出国门，国内需求较大的产品不一定能成为出口较多的产品。同时，不完善制度环境使得本土企业失去依托国内需求获得高层次竞争优势的重要途径，本土企业只能依赖以要素优势为主的低层次优势获得竞争力，使得出口产品集中在少数有要素成本优势的产品上，并通过在国际市场上的低价竞争强化这种成本优势，这种依赖以要素优势出口量较大的产品并不是国内需求较多的产品。[①] 这两种效应必然表现为较高的“出口—内需”结构背离度。

---

① 如中国政府实施各种“隐形”补贴，针对出口企业普遍采用出口退税、出口补贴以及税收返还，压低生产要素价格，强化了出口企业依赖要素成本优势的出口模式。一个典型的案件就是中国光伏产品，这种依赖出口优惠政策获取要素成本优势，使得中国成为全球最大的光伏产品出口国家，而国内销售仅占5%。这种没有依托国内需求的出口模式的不可持续性目前已经充分体现出来。

综上所述，提出假说1：市场制度环境是影响出口与内需结构背离的重要因素，改善市场制度环境可提高出口依托于内需的程度。

## 二 结构背离对出口升级的影响：大国与小国的差异

制度环境不完善可以导致结构背离，典型事实2和典型事实3需要进一步解答的问题是：由制度环境不完善导致的结构背离对出口升级的影响效应在大国与小国之间是否存在差异？这个问题实质上包含两个问题：(1) 国内需求如何影响了出口升级？因为结构背离是出口依托国内需求程度的反映，结构背离对出口升级的影响，根植于国内需求对出口升级的影响效应。在解答这一问题的基础上，才会有问题（2）国家规模如何影响了结构背离对出口升级的影响效应，使得大国会偏向更低的结构背离？

关于第一个问题。综合既有研究，出口升级主要包括三个维度：产业间高技术产品出口比例提升、产品内出口质量提升和出口产品多元化 (Hausmann et al., 2007; Poncet and Waldemar, 2013; Zhu and Fu, 201; Amighinia and Sanfilippo, 2014)[①]。无论哪一维度的出口升级，都需要立足于外贸新优势，而国内需求是外贸新优势的重要来源。(1) 国内需求支撑的规模经济与出口升级。国内需求支撑起本土企业进入国际市场的临界经济规模，并且报酬递增产业会偏向在本地市场需求大的区域集聚 (Krugman, 1980; Helpman and Krugman, 1985)，而产业集聚使得厂商间信息交流增加、技术外溢增强，形成外部规模经济效应，这一由国内市场需求支撑的内部与外部规模经济是出口升级的优势来源，因此国家规模是一国企业优势的重要来源（裴长洪和郑文，2011；裴长洪，2016)。(2) 国内需求对创新的引致效应与出口升级。创新是出口产品升级的决定性因素，而需求是创新的重要引致因素 (Von Hippel, 1988; Lundvall, 1992)。基于本土市场需求特点的产品创新是技术相对落后国家的企业能够获得竞争优势的原因（路风和慕玲，2003)。因为本土企业对国内需求的注意力最敏感，所需的成本也最低，本土企业可通过掌握国内需求的

① 大多研究采用出口产品技术复杂度度量出口升级（如 Poncet and Waldemar, 2013; Zhu and Fu, 2013)。

信息与发展趋势，及时调整产品升级的方向（Porter，1990）。并且国内消费者在产品使用过程中学习，不断提高对产品质量的要求，成为产品质量不断升级的重要原因（Ragatz et al.，1997；Romijn and Albu，2002）。（3）本土企业在国内市场的学习效应与出口升级。从长期看，国内销售的“干中学”提高了本土企业的出口产品质量（Esteves and Rua，2015）。国内销售的“干中学”效应主要通过本土企业对国内消费形态和特征的认知、解读和回应的过程来实现（Porter，1990；Fagerberg，1995；Beise-Zee and Rammer，2006）。特别是，国内专业而挑剔的客户是本土企业追求高质量和精致服务的压力来源，国内高端消费者的需求会迫使本土企业改进产品质量（Linder，1961；Flam and Helpman，1987）。总之，国内需求通过支撑规模经济、引致技术创新和学习效应等途径为出口升级提供动力，而在国内需求结构与出口产品结构背离条件下，出口的主要产品并不是国内需求较大的产品，使得一个国家的出口升级失去国内需求的支撑力，从而解释了典型事实2。

进一步的问题是，国家规模如何影响了结构背离对出口升级的影响效应？结构背离对出口升级的影响根植于国内需求对出口升级的影响效应，必然受到本土需求规模的影响。对小国而言，一方面，较小的本土需求规模对出口升级的作用效应有限，使得结构背离对小国出口升级的抑制效应较弱；另一方面，为弥补国内市场狭小的不足，小国比大国更加依赖国际市场（Alesina et al.，2005）①，以获得新市场、学习新技术和获取技能，从而谋求出口升级（Staritz et al.，2011），这可能会使得结构背离对小国出口升级具有促进效应。而大国的本土需求规模对出口升级的促进效应比小国更强。因为大国的国内需求不仅可以支撑起“小众产品”的规模经济，也可以容纳更多企业和促进产业集聚，增强了技术外溢程度，提高创新成功的概率（Corsetti et al.，2007；Chaney and Ossa，2013）。并且大的市场规模容纳更多企业，导致更加拥挤的产品空间，使

① 小国比大国更加依赖国际市场是国际经济学界达成的共识（如 Taagepera and Hayes，1997；Alesina et al，2005；Kahnamoui，2013）。现实经济中也是如此，如20世纪60—70年代，韩国为弥补国内市场狭小的不足，面向国际市场设计其产业结构，重点发展钢铁、造船、石油化工、汽车、电子等产业。而“目前全球人口和潜在市场规模较大的发达国家，基本上都属于这种（内需驱动）经济形态”（刘志彪，2012）。

得产品的替代性更强，市场竞争更加激烈，从而提升了本土企业创新的动力和压力（Desmet and Parente，2010）。再者，大国国内多层次性需求结构所容纳的“前瞻性需求”（Anticipatory Demand）和“领先用户”（Lead Users）也比小国更加普遍，而代表需求质量的“前瞻性需求”和“领先用户”是本土企业改进产品和服务质量的重要方向（Porter，1990；Von Hippel，1986）。出口产品结构与国内需求结构的背离，使得大国出口升级失去国内需求这一重要的外贸优势来源，必然制约其出口升级。因此，相对小国而言，大国结构背离对其出口升级的抑制效应更强，这就要求大国的出口需要更加依托内需，从而解释了典型事实3。

综上所述，提出假说2：国家规模影响“出口—内需”结构背离对出口升级的影响效应，结构背离对大国出口升级的抑制效应要强于小国。

## 第四节　内需与出口结构背离的检验

### 一　模型设定与数据

#### （一）结构背离的影响因素、模型与数据

首先需要厘清出口与内需结构背离的影响因素。除了本章要分析的核心因素——市场制度环境外，还可能有其他重要因素影响结构背离：（1）资源禀赋。资源禀赋比较优势理论强调一国基于资源禀赋的比较优势来实行专业化分工，使得出口产品结构可能集中在少数有要素成本优势的产品上，从而导致较高的结构背离。（2）产品内分工。产品内分工的深化使得一国在全球生产网络中专业化于某一生产环节，从而可能导致出口产品并不是国内需求的产品。并且在产品内分工条件下，生产地与销售地的分离也可能弱化国内需求对出口的促进作用。（3）出口导向发展模式。鼓励出口的贸易政策如本币贬值等，可能使得一个国家主要依赖国际市场进行产品销售，也可能使得一国经济资源更多流向出口部门，从而导致较高的结构背离。（4）技术水平。本土企业能否生产出国内需求的产品，并依托国内需求形成出口竞争力，是实现出口产品结构与国内需求结构匹配的重要基础，而技术水平是本土企业形成有效供给的关键。（5）一个国家的需求状况也可能影响结构背离，本章以人均收

入水平刻画需求条件。在结构背离决定模型中，重点分析市场制度环境的影响，并控制要素禀赋、产品内分工以及出口导向模式等因素。

$$devia_{it} = \alpha_0 + \alpha_1 institution_{it} + \sum X_{it} + \xi_t + \mu_i + e_{it} \qquad (7—2)$$

其中，$\xi$ 代表时间效应，$\mu$ 度量不同经济体的个体差异，$e$ 为随机扰动项。*devia* 代表出口与内需的结构背离程度，51 个国家结构背离度根据公式（7—1）测算。主要关注市场制度环境对结构背离的影响，采用 Heritage Foundation 的总体经济自由指数（*frd*）作为市场制度环境的替代指标，因为经济自由是发挥市场机制的前提和基础，是市场效率和市场制度完善度的体现（De Haan et al. , 2006）。同时，为检验结论的稳健性，使用由 Global Insight 提供的商业环境指数（*wmo*）度量市场制度环境。经济自由度指数以 9 个制度维度的均值度量①，商业环境指数以政府效率、腐败控制、法制、管制质量四个有关经济制度维度的均值度量。② 根据 Heritage Foundation 和 Global Insight 对各个维度的定义，经济自由指数和商业环境指数基本上包含了本章理论分析中涉及的市场制度环境（表 7—1）。

**表 7—1　　　　主要变量的描述统计**

| 变量名称 | 均值 | 最小值 | 最大值 | 样本个数 | 变量定义与数据来源 |
|---|---|---|---|---|---|
| *diva* | 80. 18 | 45. 59 | 152. 7 | 548 | 出口产品结构与国内需求结构的背离度[a] |
| *high-tech* | 13. 06 | 0. 0180 | 61. 74 | 711 | 高技术产品出口占制成品比例[b] |
| *lcomplex* | 9. 418 | 8. 024 | 9. 872 | 539 | 技术复杂度对数[c] |
| *diveris* | 7. 134 | 1. 041 | 19. 41 | 733 | 多元化指数[d] |
| *wmo* | 0. 666 | 0. 190 | 1 | 637 | 商业环境指数[e] |
| *frd* | 62. 17 | 30 | 82. 60 | 731 | 经济自由度[f] |
| *open* | 78. 60 | 14. 93 | 220. 4 | 681 | 贸易开放度[g] |

① 见 Miller and Kim，“Defining Economic Freedom”，http：//www. heritage. org/index/book/chapter－7，经济自由度包含产权保护、无腐败程度、政府支出、财政自由、商业自由、货币自由、贸易开放、投资自由、金融自由以及劳动力自由 10 个维度，但劳动力自由流动指标只有 2008 年开始的数据，所以没有纳入。

② 各个制度维度的检验见“附录 7—2：制度维度的分解”。

续表

| 变量名称 | 均值 | 最小值 | 最大值 | 样本个数 | 变量定义与数据来源 |
|---|---|---|---|---|---|
| *lexchange* | 5.006 | 4.275 | 6.892 | 693 | 汇率增长率对数（1995 年为 100）[e] |
| *wage* | 8.244 | 0.100 | 51.10 | 653 | 制造业工资率[e] |
| *primary* | 0.424 | 0.0272 | 0.989 | 695 | 原材料出口比例[b] |
| *lpop* | 9.986 | 5.940 | 14.10 | 735 | 人口对数[g] |
| *lmarketsize* | 11.53 | 7.044 | 16.58 | 733 | 国内市场规模对数：log（GDP + 进口 - 出口）[g] |
| *education* | 41.90 | 0.507 | 95.07 | 696 | 人力资本：大学生入学比例[e] |
| *technology* | 78.42 | 2.345 | 219.9 | 733 | 相对美国劳动生产率[g] |
| *lrgdp* | 9.2369 | 6.06 | 10.68 | 735 | 真实人均收入对数[g] |
| *lFDI* | 8.003 | 1.649 | 12.66 | 705 | FDI 流入量对数[e] |
| *locklanded* | 0.163 | 0 | 1 | 733 | 内陆国家为 1，否则为 0[h] |
| *infra* | 0.960 | 0 | 9.700 | 717 | 道路密集度：每平方公里道路公里数[e] |
| *inter* | 0.434 | 0.0670 | 0.739 | 644 | 中间产品出口比例[i] |
| *eurfrac* | 0.357 | 0 | 1.000 | 748 | 欧洲语言（以英语、法语、德语、葡萄牙语和西班牙语为母语的人口比例）[j] |
| *ethfrac* | 33.50 | 1 | 89 | 544 | 民族语言分化指数[k] |
| *logemaug* | 3.751 | 2.010 | 7.603 | 375 | 早期移民死亡率[k] |
| *distequat* | 35.99 | 2.062 | 60.21 | 763 | 到赤道的距离[j] |
| *leg_british* | 0.234 | 0 | 1 | 733 | 法律起源于英国为 1，否则为 0[l] |
| *leg_french* | 0.383 | 0 | 1 | 733 | 法律起源于法国为 1，否则为 0[l] |
| *culture* | 53.52 | 36.67 | 69.50 | 735 | 文化指数[m] |

注：a. 根据 UNIDO Industrial Demand Supply Balance Database 计算；b. 根据 UNCTAD database 整理计算；c. 以 SITC 四分位贸易数据进行测度，基础数据来源于 Comtrade database；d. 以 UNCTAD database 中的 HHI 计算；e. Passport；f. World Heritage Foundation；g. PWT 7.1；h. CEPII；i. 根据 Comtrade 数据库中的广义经济分类法（BEC）计算，进出口值、贸易开放度、GDP 都以 2005 年为不变价格；j. 来源于 Hall and Jones（1999）；k. 数据来源于 Davis and Hopkins（2011），早期殖民死亡率数据来源于 Acemoglu et al.（2001），Davis and Hopkins（2011）以邻国数据对早期殖民死亡率数据进行了扩充，使得本章样本稍有扩大；l. 数据来源于 Beck et al.（2000）；m. 根据 geert-hofstede 六类文化指数（权力距离指数、个人价值指数、男性倾向指数、不确定性规避指数、长期导向指数、放纵指数）的均值计算（https：//geert-hofstede.com）。

产品内分工深化最为直接的表现就是中间产品贸易的快速增长。因此，使用中间产品贸易的相关统计数据来间接度量一国融入产品内国际分工程度具有直接性和合理性（Yeats，2001；戴翔和金碚，2014）。中间产品进出口贸易数据来自于 Comtrade 数据库中的广义经济分类法（Broad Economic Categories，BEC）下的中间品贸易数据。但根据 Gaulier et al.（2005）和 Ueki（2011）的定义，中间产品不应该包括 BEC 下的三类资源性产品：主要用于工业的食品和饮料（产品代码：111）、初级燃料和润滑油（产品代码：31）和加工的燃料和润滑油（产品代码：322）。因为这三类资源性产品并不能反映由于产品内分工深化而导致的分工深化和专业化，故而本章剔除这三类资源型中间产品。以 BEC 下剩下的五类中间品出口额（BEC 产品代码：22、32、42、53 和 121）占一国总出口比例度量一国融入全球产品内分工程度（*inter*）。其他控制变量包括资源禀赋、出口导向发展模式、技术水平、国家个体特征和需求条件。资源禀赋主要纳入反映劳动力禀赋的制造业工资率水平（*wage*）和反映初级要素禀赋的原材料出口比例（*prim*）。出口导向发展模式以贸易开放度（*open*）和汇率贬值率（*exchange*）度量。以相对美国劳动生产率度量技术水平（*technology*）。国家个体特征包括一国的地理位置（*locklanded*）、文化（*culture*）和法律起源，法律起源有五种，遵循 Davis and Hopkins（2011）等选择常用的两种，即法律起源于英国（*leg_british*）和起源于法国（*lcg_french*）。

（二）出口升级的影响因素、模型与数据

既有关于出口升级的研究，根据其研究重点纳入不同的影响因素，主要有要素禀赋、制度特征、FDI、人力资本、基础设施和产品内分工等（如 Schott，2008；Wang and Wei，2010；Amighinia and Sanfilippo，2014）。遵循 Zhu and Fu（2013）的最新研究框架，在出口升级模型中纳入 FDI、国家规模、人力资本（*education*）和基础设施等因素，重点考察不同规模国家的结构背离对出口升级的影响。

$$upgrading_{it} = \beta_0 + \beta_1 deiva_{it} I(size_{it} \leqslant mean) + \beta_2 deiva_{it} I(size_{it} > mean) + \sum X_{it} + \xi_t + \mu_i + e_{it} \quad (7—3)$$

其中，*upgrading* 代表出口升级，$I(size_{it} \leq mean)$ 和 $I(size_{it} > mean)$[①] 为示性函数，分别表示国家规模小于均值（小国）和国家规模大于均值（大国）的国家集合。采用国内市场规模（*lmarketsize*）度量国家规模（*size*）。遵循 Li and Yue（2008）的研究，国内市场规模是以 GDP 加上进口减去出口度量。$X$ 为控制变量，主要包括：FDI、以人口度量的国家规模（*lpop*）、人力资本（*education*）和基础设施（*infra*）等。$\xi$ 代表时间效应，$\mu$ 度量不同经济体的个体差异，$e$ 为随机扰动项。

出口升级的度量。综合既有研究，出口升级包括三个维度：一是产业间高技术产品出口比例提升，高技术产品出口占制成品出口比例可作为产业间出口产品结构升级的较为理想的替代指标；二是产品内出口质量的提升，大多研究采用 Hausmann et al.（2007）的出口产品技术复杂度度量出口升级（Poncet and Waldemar，2013；Zhu and Fu，2013）；三是出口产品多元化，Amighinia and Sanfilippo（2014）认为出口产品多元化指数可综合反映产业间结构升级和产品内结构升级程度，并以多元化指数度量出口升级。为增强结论的稳健性，本章采用出口产品技术复杂度、高技术产品出口占制成品出口比例和出口产品多元化指数三类指标度量出口升级。以常用的 Hausmann（2007）方法计算出口产品技术复杂度，使用到的贸易数据来自于联合国 Comtrade SITC 四位数分类贸易统计数据。

$$complex_c = \sum_k \frac{x_{ck}}{X_c} prody_k \tag{7—4}$$

$$prody_k = \sum_c \frac{x_{ck}/X_c}{\sum_j (x_{ck}/X_c)} y_c \tag{7—5}$$

其中，$complex_c$即为 $c$ 国出口技术复杂度指数，$x_{ck}$为 $c$ 国商品 $k$ 的出口额，$X$ 为该国出口总额。$prody_k$为商品 $k$ 的技术复杂度指数，$y_c$为 $c$ 国家的人均收入水平。遵循 Amighinia and Sanfilippo（2014），采用如下方法度量出口产品多元化指数：

① 在实际估计中，为了不分割同一个样本，以一个国的规模均值是否大于样本均值作为划分大国（小国）的标准。

$$diver = \frac{1}{hhi}, \text{其中 } hhi = \frac{\sqrt{\sum_{i=1}^{n}\left(\frac{x_i}{X}\right)^2} - \sqrt{\frac{1}{n}}}{1 - \sqrt{1/n}} \qquad (7—6)$$

其中，*diver* 为出口产品多元化指数，指数越大则出口产品结构多元化程度高，即产品结构高级化程度高。*hhi* 为有标准化的 Herfindahl-Hirschmann 指数，$x_i$为第 $i$ 种产品的出口值，$X$ 是出口总量，$n$ 是产品种类数量。*hhi* 取值 0—1，指数越高说明出口产品结构越集中，而该指数越低说明出口产品结构越多元化。*hhi* 以 SITC 四分位贸易数据进行测度，基础数据来源于 Comtrade。

## 二　制度环境影响结构背离的 IV 估计

在制度环境影响结构背离的实证检验中，由于遗漏变量、测量误差以及逆向因果关系都可能导致公式（7—2）中制度环境的内生性问题。内生性问题不仅会导致估计结果偏误，也无法识别制度环境与结构背离的因果关系。为此，遵循 Acemoglu et al.（2001）的估计策略，采用如下的估计方法：第一步，寻找制度环境的有效工具变量，通过制度环境对工具变量回归得到制度环境拟合值。第二步，用结构背离对制度环境拟合值回归。这两步可以采用两阶段估计方法（2SLS）对公式（7—2）进行估计，得到公式（7—2）中制度环境系数的有效估计量，并能规避结构背离对制度环境的逆向影响。

回顾制度与经济发展的相关文献，关于制度的工具变量选择极具争论性。最具代表性的工具变量有：与赤道的距离（Hall and Jones, 1999）、欧洲语言（以英语、法语、德语、葡萄牙语和西班牙语为母语的人口比例）（Dollar and Kraay, 2003; Rodrik et al., 2004）、法律起源（La Porta et al., 1999; Beck et al., 2000）、早期殖民死亡率（Acemoglu et al., 2001）、早期政治水平（Davis and Hopkins, 2011）和民族语言分化指数（Knack and Keefer, 1997）等。在制度与经济发展的研究中，这些变量已被证明可作为制度的工具变量，但具体到本章制度环境与结构背离的分析，有效的工具变量需要满足两个条件：其一，工具变量只能通过制度环境（frd）间接影响结构背离，而不能通过其他途径影响结构背离；其二，工具变量能够较大程度解释制度环境。根据这两个基本准则，笔者对以上六个常用的工具变量进行检验。检验发现，只有欧洲语言和早期殖民死亡率，同时满足本章制度环境有效工具变量的两个条件。检验结果见表 7—2。

**表 7—2　　　　　　　　工具变量的有效性检验**

| | A. 被解释变量：结构背离 | | | | B. 被解释变量：制度环境（*frd*） | |
|---|---|---|---|---|---|---|
| | 欧洲语言 | 早期移民死亡率 | 欧洲语言 | 早期移民死亡率 | 欧洲语言 | 早期移民死亡率 |
| 制度环境（*frd*） | | | -1.2522***<br>(0.1086) | -0.9648***<br>(0.2313) | | |
| 工具变量 | -17.1309***<br>(2.1916) | 6.6593***<br>(1.6428) | -3.6341<br>(2.3742) | -0.5530<br>(2.8824) | 11.0783***<br>(0.6783) | -4.6773***<br>(0.2921) |
| _*cons* | 86.2634***<br>(1.5983) | 63.6706***<br>(5.7834) | 160.1927***<br>(6.8135) | 149.0568***<br>(23.8581) | 58.3337***<br>(0.3810) | 82.1755***<br>(1.2581) |
| *N* | 513 | 241 | 513 | 241 | 718 | 375 |
| $R^2$ | 0.0875 | 0.0871 | 0.2372 | 0.1410 | 0.2858 | 0.4190 |
| C. 弱工具变量检验（2SLS 估计） | | | Cragg-Donald Wald F statistic | | 34.626 | 179.870 |
| | | | Stock-Yogo weak ID 临界值 | | 16.38<br>(10%) | 16.38<br>(10%) |

注：（　）内为考虑异方差稳健性标准误，* $p<0.1$，** $p<0.05$，*** $p<0.01$。

表 7—2 中 A 栏的第 1 列和第 2 列说明这两个因素可以解释大约 9% 的结构背离，进一步，A 栏的第 3 列和第 4 列则说明在不控制其他因素的情况下，这两个因素只通过制度环境影响结构背离，即这两个因素是严格外生变量，满足工具变量的排他性约束（Exclusion Restriction）。表 7—2 的 B 栏说明欧洲语言和早期殖民死亡率对制度环境具有较强的解释力，分别能解释制度环境（*frd*）的 29% 和 42%。在“恰度识别”（工具变量和内生变量的个数相等）的条件下，如果不存在弱工具变量的问题，则说明这两个工具变量是有效的。根据 C 栏制度环境影响结构背离的两阶段 IV 估计，欧洲语言和早期殖民死亡率的弱工具变量检验值远远大于 10%

偏误下的临界值 16.38，说明这两个变量都不是弱工具变量。据此，欧洲语言和早期殖民死亡率及其线性组合都是有效的工具变量。为减少样本损失，主要采用欧洲语言作为本章制度环境的工具变量，并以欧洲语言与早期殖民死亡率的线性组合进行稳健性检验。[①]

表 7—3 给出了基于工具变量的两阶段估计结果[②]。表 7—3 中（1）—（5）列的工具变量为欧洲语言，在“恰好识别”条件下，Kleibergen-Paap（K－P）LM $\chi 2$ 统计量和 Cragg-Donald（C－D）Wald F 统计量说明不存在识别不足和弱工具变量的问题。(6)—(7) 列的工具变量为欧洲语言和早期殖民死亡率，Hansen's J P 值说明不存在过度识别问题。据此，工具变量选择在各个模型中是合理的。从两阶段估计结果与 OLS 估计结果比较看，两阶段估计的制度环境系数都高于 OLS 的估计结果，说明没有考虑内生性问题的 OLS 估计存在向下偏误，Acemoglu et al.（2001）认为这种情况下，由测量误差导致的内生性问题比逆向因果关系和遗漏变量更重要。

表 7—3 中第（1）列给出单因素回归结果，以经济自由度（*frd*）衡量的市场制度环境估计系数显著为负，说明市场制度环境的不完善是影响出口与内需结构背离的重要因素，改善市场制度环境能有效降低出口与内需的结构背离程度。这一结论在控制产品内分工（*iner*）、要素禀赋（*prim*、*wage*）、法律起源（*leg_british*、*leg_french*）、文化（*culture*）、地理位置（*locklanded*）以及出口导向发展模式（*lopen*、*lexchange*）等因素后依然成立，见表 7—3 第（2）—（5）列。并且这一结论也不随工具变量的改变而变化，见表 7—3 第（6）、(7）列。究其根源，正如理论分析所揭示的那样，制度环境的不完善使得国内需求较大的产品无法成为有

---

① 这两个变量为什么可以作为制度环境的工具变量，在已有经典文献中已经充分论述，见 Acemoglu et al.（2001）、Dollar and Kraay（2003）、Rodrik et al.（2004）等。

② IV 估计中，共线性问题会比 OLS 估计更加严重（Wooldridge，2003，pp. 464）。对回归（2）进行模型初步诊断的相关系数显示，真实人均收入（*lrgdpl*）、制造业工资水平（*wage*）和技术水平（*technology*）这三个变量之间，以及这三个变量与农业增加值占总增加值比例（*agri*）和制度变量，具有较高的相关系数，可能存在严重的共线性问题。在估计中，剔除了农业增加值比例，并采用逐步纳入估计的方法。在随后估计中剔除真实人均收入、制造业工资水平、技术水平和农业增加值比例这些共线性比较严重的变量。变量间的相关系数见“附录 7—3：结构背离决定模型主要变量的相关系数”。

竞争力的出口产品，本土企业只能依赖以要素优势为主的低层次优势获得出口竞争力，而这种出口较多产品并不是国内需求较大的产品，从而导致较高的结构背离。

**表 7—3　　制度环境影响结构背离的 IV 估计**

| | (1) | (2) | (3) | (4) | (5) | (6) | (7) |
|---|---|---|---|---|---|---|---|
| 第二阶段估计结果 | | | | | | | |
| *frd* | -1.595*** | -1.278*** | -1.742*** | -1.9512*** | -1.8436*** | -1.458*** | -1.537*** |
| | (0.202) | (0.174) | (0.457) | (0.3689) | (0.5836) | (0.172) | (0.252) |
| *prim* | | 24.925*** | 26.384*** | 25.953*** | 24.550*** | 25.292*** | 26.843*** |
| | | (4.363) | (6.653) | (5.464) | (5.087) | (4.669) | (7.028) |
| *inter* | | -168.685*** | -161.584*** | -217.452*** | -237.106*** | -297.693*** | -210.839*** |
| | | (38.399) | (60.597) | (32.098) | (33.735) | (40.319) | (41.825) |
| *inter-sq* | | 183.149*** | 128.512** | 207.529*** | 232.069*** | 312.161*** | 207.987*** |
| | | (43.515) | (63.457) | (36.258) | (38.276) | (44.700) | (45.188) |
| *leg_british* | | | 9.807** | 17.081*** | 12.532*** | | 13.557** |
| | | | (4.324) | (3.256) | (3.998) | | (5.486) |
| *leg_french* | | | -3.610* | -1.078 | -1.290 | | -5.615 |
| | | | (2.125) | (1.972) | (1.963) | | (4.462) |
| *locklanded* | | | -13.349*** | -1.843 | -4.698 | | -10.594 |
| | | | (3.379) | (3.187) | (3.335) | | (7.191) |
| *culture* | | | 0.296 | 0.578*** | 0.777*** | | 0.980*** |
| | | | (0.180) | (0.143) | (0.160) | | (0.326) |
| *lopen* | | | 5.166** | 7.080*** | 7.671*** | | 10.693*** |
| | | | (2.185) | (2.296) | (2.087) | | (2.718) |
| *lexchange* | | | -2.092 | -2.685 | -1.583 | | -0.760 |
| | | | (2.547) | (2.290) | (2.344) | | (2.494) |
| *wage* | | | -1.572** | | | | |
| | | | (0.6154) | | | | |
| *technology* | | | | -0.079** | | | |
| | | | | (0.030) | | | |
| *lrgdp* | | | | | -7.014*** | | |
| | | | | | (2.316) | | |

续表

| | (1) | (2) | (3) | (4) | (5) | (6) | (7) |
|---|---|---|---|---|---|---|---|
| *_cons* | 180.452*** | 185.325*** | 213.364*** | 180.220*** | 202.267*** | 196.110*** | 180.065*** |
| | (12.922) | (13.891) | (44.363) | (32.158) | (26.531) | (12.877) | (30.140) |
| 时间 | 否 | 控制 | 控制 | 控制 | 控制 | 控制 | 控制 |
| *N* | 513 | 483 | 366 | 440 | 440 | 228 | 204 |
| $R^2$ | 0.226 | 0.481 | 0.471 | 0.524 | 0.569 | 0.501 | 0.556 |
| 第一阶段工具变量估计结果 | | | | | | | |
| 欧洲语言 | 10.988*** | 10.420*** | 6.613*** | 5.403*** | 5.727*** | 7.631*** | 8.418*** |
| | (0.795) | (0.759) | (0.768) | (0.865) | (0.797) | (1.461) | (1.751) |
| 早期移民死亡率 | | | | | | −2.273*** | −3.782*** |
| | | | | | | (0.639) | (1.235) |
| K−P LM$\chi$2统计量 | 130.748 | 129.273 | 34.817 | 47.046 | 38.682 | 108.227 | 38.658 |
| C−D Wald F统计量 | 195.734 | 196.162 | 40.792 | 74.428 | 51.579 | 180.985 | 28.253 |
| Hansen's J P值 | | | | | | 0.6998 | 0.1432 |
| OLS估计 | | | | | | | |
| *frd* | −1.407*** | −0.631*** | −0.363*** | −0.587*** | −0.341*** | | |
| | (0.109) | (0.098) | (0.138) | (0.146) | (0.147) | | |

注：（　）内为考虑异方差稳健性标准误，* $p<0.1$，** $p<0.05$，*** $p<0.01$。第一阶段的控制变量与第二阶段的控制变量相同。

反映资源禀赋的原材料出口比例（*prim*）变量都显著为正，以及制造业工资率（*wage*）显著为负，说明一个国家的自然资源、劳动力等要素禀赋的比较优势确实影响了其出口与内需的结构背离程度。在要素禀赋富裕的国家，出口依托国内需求的程度相对较低。这同样也说明，国内需求是一国要素禀赋优势弱化条件下需要更加倚重的外贸优势来源，见图7—9。度量出口导向发展模式的贸易开放度（*lopen*）会增加结构背离度，说明贸易越开放的国家背离度越高。技术水平（*technology*）和人均收入水平（*lrgdpl*）的提升能降低结构背离，说明技术能力的提升和需求条件的改善能更好发挥本土需求对出口的作用。内陆国家（*locklanded*）更加依赖国内市场的作用，结构背离度相对非内陆国家更低，但这一结论并不稳健。此外，以 Hofstede 指数度量的文化（*culture*）和法律起源（*leg_british*）也影响了一个国家出口与内需的结构背离程度。

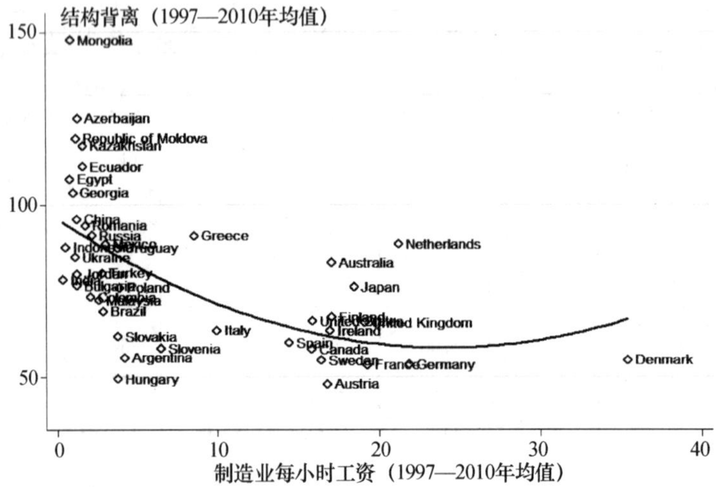


**图 7—9　劳动力资源优势与结构背离**

与笔者直觉不一致的是，反映融入全球产品内分工程度的中间产品出口比例（*inter*）与结构背离呈现非线性的"U 形"关系，即随着融入产品内分工的程度的逐步提高，出口与内需的结构背离程度先降低后增加，见表 7—3 第（2）—（7）列和图 7—10。这说明产品内分工并不一定必然导致更高的出口与内需背离程度。可能的原因在于：其一，中间品贸易是产品内分工的本质特征，中间品进口可通过提高本土供给能力的途径降低出口与内需的背离程度。在产品内分工条件下，本土企业为满足较大国内需求也需要进口技术含量高的中间品，大量研究也证实了中间品进口可以提高本土企业生产率水平（Gopinath and Neiman，2013；Fan et al.，2015；Ling and Li，2016）、改进技术（陈雯和苗双有，2016）和提高产品质量（如 Amiti and Khan-

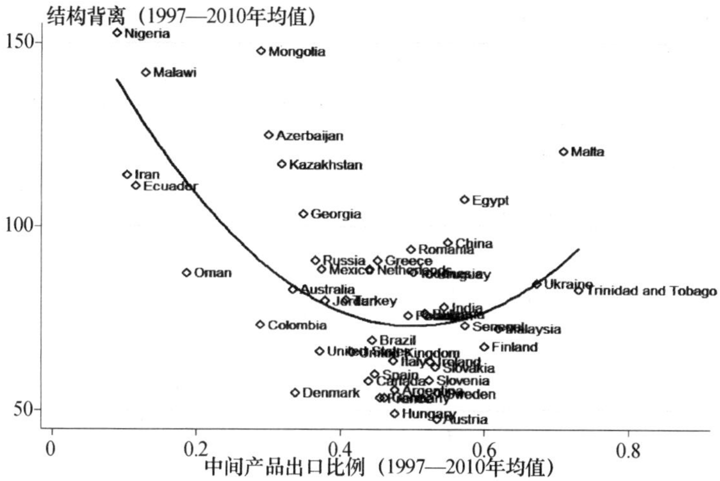


**图 7—10　产品内分工与结构背离**

delwal，2013）[①]。这就可能使得本土企业在通过中间品进口满足国内需求的过程中，提高本土需求较大最终产品的出口竞争力，从而降低出口与内需的背离程度。这一“进口引致出口”是产品内分工条件下本土企业实施出口的重要机制（Bas and Strauss-Kahn，2015）。田巍和余淼杰（2013）进一步研究发现，相对于纯内销和纯外销的企业而言，中间品关税的下降对同时进行出口和内销的企业出口促进效应最强，这在一定程度上也说明中间品进口在国内需求产品转换为有竞争力的出口产品过程中具有衔接促进效应。其二，中间品进口可通过改善国内需求的途径降低出口与内需的背离度。中间品进口会通过扩大产品种类等途径增加最终产品的竞争程度（Schott，2010；Goldberg et al.，2010）[②]，竞争程度的增加降低企业的成本加成和提升消费者对品牌的认知度（Dhingra，2013），从而扩大对最终产品的需求规模和需求层次。这一改善的国内需求可能更有利于发挥国内需求对出口的促进效应。其三，融入全球产品内分工通过迫使参与国改善基础设施和制度质量（如 Gereffi，1999；Hen-

① 大量研究表明中间品进口能改善本土企业生产率和产品质量（Kugler and Verhoogen，2009；Acharya and Keller，2009；Bas and Strauss-Kahn，2014；Kee，2015 等）。

② Goldberg et al.（2010）研究发现中间产品进口能够解释 31% 印度国内企业的新产品种类扩张。

derson et al.，2002；戴翔和金碚，2014），也给本土企业提供了获得信息、进入新市场、学习新技术和获取技能的机会（Staritz et al.，2011），提高参与国产业供给能力，从而缓解由国内产业结构单一导致的出口与内需的结构背离。但过度依赖全球产品内分工，以国外需求为导向的出口贸易必然会导致较高的结构背离度。

## 三 结构背离影响出口升级的实证检验

为了验证制度环境影响结构背离进而影响出口升级的机制和处理公式（7—3）中结构背离的内生性问题，遵循陈硕和陈婷（2016）、Davis and Hopkins（2011）的检验思路，采用系统估计方法，规避对公式（7—3）单独进行 OLS 估计产生的联立性偏误（Simultaneity Bias），即逆向因果关系。本章的系统估计方法是在对公式（7—2）实证分析的基础上，将出口升级、结构背离和制度环境同时视为内生变量，其原理类似三阶段的估计：第一阶段，通过制度环境对其工具变量回归，得到制度环境拟合值。然后将拟合值代入第二阶段回归公式（7—3）的“制度环境—结构背离”关系中。此时，制度环境的方差来自于外生的工具变量。第三阶段用外生变量解释过了的结构背离作为解释变量去解释出口升级，即将公式（7—3）中获得的结构背离估计值作为公式（7—3）关键解释变量进而获得其一致性估计值。考虑到三个方程残差之间可能存在的相关性，利用 3SLS 系统估计方法更有效率。这一系统估计方法有效性取决于工具变量通过而且仅通过影响制度环境影响结构背离，而这一点业已证明。3SLS 检验结果见表 7—4。为了便于比较，同时也给出了控制个体效应的 OLS 估计结果。

表 7—4 中（1）—（3）列是根据欧洲语言估计制度环境，（4）—（6）列是根据欧洲语言与早期移民死亡率估计制度环境。以国内市场规模度量国家规模（*size*），重点关注在大国（$size > mean$）和小国（$size \leqslant mean$）情形下，结构背离对出口升级影响的差异性。制度环境方程和结构背离方程与表 7—3 中“制度环境—结构背离”的分析原理相同，主要关注出口升级方程中结构背离对出口升级的影响。表 7—4 的检验结果表明，制度环境通过影响结构背离进而影响了出口升级，但结构背离对出口升级的抑制效应主要限于本土需求较大的大国。表 7—4 的第（1）列和第

(4) 列表明，当以出口产品技术复杂度（*lcomplex*）度量出口升级时，在大国情形下，出口与内需的结构背离与出口升级显著负相关；而在小国情形下，结构背离与出口升级的关系不显著，并且估计系数大幅度降低。采用高技术产品出口占制成品出口比例（*high-tech*）指标度量出口升级，同样支持了结构背离显著抑制大国出口升级但对小国没有显著影响的结论，这一结论并不随制度工具变量的改变而变化，见表7—4的第（2）列和第（5）列。当以出口产品多元化指数（*diver*）度量出口升级时，结构背离也显著抑制了小国的出口升级（估计系数为-0.0092），但这一影响效应远低于大国的水平（估计系数为-0.0471），工具变量的变化也不改变这一结论，见表7—4第（3）列和第（6）列。和OLS估计相比，没有考虑内生性问题的OLS的估计趋向于低估结构背离对出口升级的影响，特别是以出口产品技术复杂度和以出口产品多元化指数度量出口升级时，这一低估程度比较明显。[①]但并不改变“结构背离对大国出口升级的抑制效应强于小国”这一核心结论。这一稳健的检验结果证实了，相对小国而言，大国更需要实施Weder（2003）提出的“内需驱动型”贸易模式。因为对大国而言，巨大国内需求支撑的规模经济、技术创新和学习效应，对出口升级的促进效应比小国更强。而脱离本土需求的出口模式，即较高结构背离，会使大国出口升级失去国内需求这一重要的支撑力，必然制约大国出口升级，加大被套牢于低端产品结构的风险。这一研究结论也有力支撑了“对于中国这样的大国而言，培育本土企业竞争力和外贸发展方式转变需要发挥大国国内需求优势”的观点（如路风和慕玲，2003；刘志彪，2013；裴长洪和郑文，2011；裴长洪，2016）。[②]

---

① 而以高技术产品出口比例度量出口升级时，两种估计方法的差异较小，这可能意味着结构背离的内生性问题在不同出口升级模式中的程度不同。考察结构背离与出口升级的逆向因果关系也证实：高技术产品出口比例提升对结构背离的逆向影响关系并不成立。

② 如路风和慕玲（2003）指出“要素禀赋比较优势理论在解释中国工业竞争力上贫乏无力，竞争优势的创造和维持一个依托国内需求的本土化过程”。刘志彪（2013）指出“建立动态比较优势必须基于国内市场的支持”。裴长洪和郑文（2011）指出“中国许多产品大都有庞大的国内需求作为支撑，通过国内贸易锤炼竞争力，然后走出国门的”。裴长洪（2016）指出，“中国国内市场优势是竞争新优势的重要来源”，将国内大市场优势转化为外贸新优势也是构建“中国特色开放型经济理论”的重要内容。

**表7—4　　　结构背离对出口升级的影响效应（3SLS估计）**

| | (1) | (2) | (3) | (4) | (5) | (6) |
|---|---|---|---|---|---|---|
| | *lcomplex* | *high-tech* | *diver* | *lcomplex* | *high-tech* | *diver* |
| 出口升级方程 | | | | | | |
| *devial*（*size*>*mean*） | -0.0008** | -0.0109*** | -0.0471*** | -0.0009* | -0.0063*** | -0.0543*** |
| | (0.0003) | (0.0037) | (0.0074) | (0.0005) | (0.0020) | (0.0090) |
| *devial*（*size*≤*mean*） | 0.0002 | 0.0027 | -0.0092* | 0.0002 | 0.0044 | -0.0210*** |
| | (0.0002) | (0.0026) | (0.0052) | (0.0004) | (0.0036) | (0.0080) |
| *lpop* | 0.3597*** | 2.3492*** | 3.3030** | 0.2635 | 1.9370* | -1.0266 |
| | (0.0735) | (0.6934) | (1.3941) | (0.1789) | (1.0869) | (2.6582) |
| *infra* | -0.0173 | 0.1043 | 0.1037 | -0.0214 | -0.0011 | 0.0852 |
| | (0.0121) | (0.1150) | (0.2313) | (0.0148) | (0.0940) | (0.2300) |
| *leducation* | 0.1796*** | -0.1300 | -0.4120 | 0.2137*** | 0.0973 | 0.1748 |
| | (0.0179) | (0.1874) | (0.3767) | (0.0368) | (0.2540) | (0.6213) |
| *lFDI* | -0.0011 | -0.0058 | -0.0536 | -0.0072 | 0.1009*** | -0.1605** |
| | (0.0027) | (0.0271) | (0.0545) | (0.0047) | (0.0333) | (0.0816) |
| 时间效应 | 是 | 是 | 是 | 是 | 是 | 是 |
| 个体效应 | 是 | 是 | 是 | 是 | 是 | 是 |
| $R^2$ | 0.9857 | 0.8822 | 0.9622 | 0.9819 | 0.9404 | 0.9520 |
| 结构背离方程 | | | | | | |
| *frd* | -1.1921*** | -1.2070*** | -1.2086*** | -0.8697*** | -0.8414*** | -0.8399*** |
| | (0.1250) | (0.1175) | (0.1175) | (0.1877) | (0.1763) | (0.1762) |
| *prim* | 29.4387*** | 28.2636*** | 28.3240*** | 35.4211*** | 34.2584*** | 34.2038*** |
| | (4.8257) | (4.5313) | (4.5313) | (8.4090) | (8.0785) | (8.0787) |
| *inter* | -1.6e+02*** | -1.8e+02*** | -1.8e+02*** | -2.3e+02*** | -2.4e+02*** | -2.4e+02*** |
| | (29.8854) | (27.9142) | (27.9143) | (39.6323) | (37.4908) | (37.4913) |
| *inter-sq* | 161.6446*** | 176.8074*** | 176.1363*** | 219.7943*** | 234.9388*** | 234.5545*** |
| | (34.0691) | (32.0989) | (32.0990) | (45.1013) | (42.8977) | (42.8985) |
| *leg_british* | 9.8089*** | 9.9043*** | 9.9227*** | 3.9487 | 4.2851 | 4.2558 |
| | (2.6697) | (2.4878) | (2.4878) | (5.1749) | (4.6785) | (4.6785) |
| *leg_french* | -3.6448 | -3.2758 | -3.2607 | -2.5774 | -0.5093 | -0.5167 |
| | (2.2562) | (2.0991) | (2.0991) | (4.7626) | (4.2760) | (4.2760) |
| *locklanded* | -6.9982** | -6.4431** | -6.4500** | -8.0348* | -10.2830** | -10.2659** |
| | (3.1194) | (2.8598) | (2.8598) | (4.8487) | (4.5361) | (4.5361) |
| *culture* | 0.7942*** | 0.7077*** | 0.7078*** | 1.0886*** | 0.9714*** | 0.9691*** |
| | (0.1449) | (0.1339) | (0.1339) | (0.3116) | (0.2897) | (0.2897) |
| *lopen* | 8.8703*** | 8.1398*** | 8.1736*** | 11.0187*** | 10.5097*** | 10.5611*** |
| | (2.0522) | (1.9557) | (1.9557) | (2.7318) | (2.5866) | (2.5866) |

续表

| | (1) | (2) | (3) | (4) | (5) | (6) |
|---|---|---|---|---|---|---|
| | *lcomplex* | *high-tech* | *diver* | *lcomplex* | *high-tech* | *diver* |
| 时间效应 | 是 | 是 | 是 | 是 | 是 | 是 |
| $R^2$ | 0.5204 | 0.5395 | 0.5395 | 0.5344 | 0.5535 | 0.5535 |
| 制度环境方程 | | | | | | |
| 欧洲语言 | 12.7474*** | 12.7687*** | 12.7810*** | 14.5719*** | 14.8156*** | 14.8154*** |
| | (0.8664) | (0.8210) | (0.8210) | (1.1075) | (1.0548) | (1.0553) |
| 早期移民死亡率 | | | | -1.5317*** | -1.5708*** | -1.5535*** |
| | | | | (0.4136) | (0.4062) | (0.4063) |
| 时间效应 | 是 | 是 | 是 | 是 | 是 | 是 |
| $R^2$ | 0.5962 | 0.5983 | 0.5983 | 0.8105 | 0.8111 | 0.8112 |
| $N$ | 381 | 428 | 428 | 190 | 209 | 209 |
| OLS 估计 | | | | | | |
| *devial*（*size* > *mean*） | -0.0007** | -0.0112*** | -0.0459*** | | | |
| | (0.0003) | (0.0038) | (0.0089) | | | |
| *devial*（*size* < *mean*） | -0.0000 | -0.0005 | -0.0065 | | | |
| | (0.0003) | (0.0026) | (0.0060) | | | |

注：（ ）内为标准误，* $p<0.1$，** $p<0.05$，*** $p<0.01$。制度环境方程的控制变量与结构背离方程的控制变量相同，删除了共线性较严重的控制变量，为了与 OLS 估计样本数量一致，也删除了 *lexchange*；OLS 估计中的控制变量与出口升级的控制变量一致，也控制时间和个体效应。

## 四 稳健性检验

笔者以另外两种方式进行稳健性检验，本章的两个核心命题——“制度环境影响结构背离，结构背离对大国出口升级的抑制效应强于小国”依然成立。第一，使用由 Global Insight 提供的商业环境指数（*wmo*）度量市场制度环境，对制度环境影响结构背离进而影响出口升级的机制进行检验。与 *frd* 指数的检验思路相同，首先寻找商业环境指数（*wmo*）的工具变量，发现欧洲语言和早期移民死亡率也是商业环境指数的有效工具变量，在此基础上对公式（7—2）进行 IV（2SLS）估计，对公式（7—3）运用三阶段最小二乘估计。发现文章的两个基本命题稳健成立，见附录 7—4（附图 7—4—1 和附图 7—4—2）。第二，运用系统 GMM 方法对公式（7—2）和公式（7—3）进行估计。将虚拟变量以外的控制变量都视为内生变量，以其滞后阶的水平值和差分值作为工具变量，采用 Hansen 统计量检验工具变量的整体有效性，为规避工具变量过多而弱化

Hansen 检验的有效性问题，控制工具变量个数。系统 GMM 估计结果也稳健支撑了本章的两个核心命题。见附录 7—5。[①]

## 第五节　本章小结

国内需求是一国外贸优势的根本性来源之一。在外贸与内需条件深刻转变的发展新阶段，重塑中国外贸转型升级的根本性动力需要重新审视脱离本土需求的出口模式。而禀赋比较优势理论和注重国内市场的贸易理论对出口是否需要依托本土需求有不同的发展主张，全球产品内分工深化也强化了出口无须依托内需的理论直觉。鉴于此，本章基于 51 个国家 ISIC 四分位产业数据，构建和测算了出口依托内需总体程度的指标——出口与内需的结构背离，在多国经验中探究出口与内需背离的成因及影响。研究发现：结构背离随着要素禀赋优势弱化而降低，产品内分工与结构背离的“U 形”关系说明参与产品内分工不一定必然导致更高的结构背离，同时市场制度环境不完善导致的“内需引致出口”功能缺位也是结构背离的重要原因；出口与内需的结构背离使得一个国家——特别是拥有较大国内市场的大国——出口升级失去国内需求这一重要的外贸优势来源，从而抑制大国的出口升级。

本章在多国经验中审视脱离本土需求的出口模式，不仅有助于深化对中国出口贸易脱离国内需求及产业结构现象的认识，对重塑中国这类发展中大国外贸转型升级的根本性动力也具有深远的启发意义。其一，长期以来，中国出口贸易严重背离国内需求及产业结构的实质是，国内需求没有成为外贸发展的重要优势来源，由此导致了贸易结构与产业结构无法良性互动、出口转内销困难、本土出口企业能力不足和外贸新优势“断点”等核心问题。虽然在依托要素禀赋优势和深度依赖全球产品内分工的外贸发展模式下，这一背离现象具有合理性，但由市场制度环境不完善导致的“内需引致出口”功

① 进一步，以门限模型检验以国家规模均值分组的科学性。发现 *high-tech*、*lcomplex*、*diver* 为被解释变量估计的国内市场规模门槛值分别为 10.512、10.493 和 10.932，这些门槛值对应置信区间都比较小，说明以国家规模均值分组是基本科学的。见“附录 7—6：国内市场规模的门槛估计值”。此外，以人口规模（*lpop*）度量国家规模（*size*）检验结果也稳健成立，见“附录 7—7：结构背离影响出口升级的实证检验：人口规模度量国家规模”。

能缺位也是这一背离的重要原因，矫正由市场制度不完善导致的背离，有利于发挥国内需求这一外贸优势的根本性来源。其二，大国的外贸优势来源及由此决定的出口模式与小国不同。大国国内需求是外贸转型升级重要优势来源，脱离国内需求的出口模式会加大大国被套牢于低端产品结构的风险。当国内需求不足无法成为外贸发展的重要优势来源时，立足要素禀赋优势实施脱离本土需求的出口模式是现实选择。但在国内需求扩张与升级、要素禀赋优势削弱和全球需求终端市场正从发达国家向发展中大国转移的新形势下（Staritz et al. , 2011），中国这类发展中大国就需要更加倚重大国外贸发展的特殊优势途径——“内需驱动型”贸易模式。这种内外需求联动的外贸发展模式，不仅可为应对正在积聚的贸易风险留下更多的政策选择空间，也可以利用正在扩张和升级的庞大国内需求培育以技术、品牌为核心的外贸竞争新优势，突破发达国家“结构封锁”，从根源上破解长期以来外贸转型升级困境。其三，形成大国“内需驱动型”出口模式的着力点在于，构建“内需引致出口”的市场制度环境。对中国这样的渐进式转型大国而言，市场竞争环境、行政性垄断、消费环境、市场分割等多方面的制度不完善都可能会抑制国内需求对出口竞争力的培育作用。[①] 构建“内需引致出口”制度环境的核心在于，建立统一开放、竞争有序、公平竞争、创新导向的市场生态，其目标导向在于使本土企业“有动力、有压力和有能力”依托国内大市场提升竞争力，迫使本土企业放弃依赖要素成本优势、低价竞争的短效发展模式，转向以“工匠精神”依托国内需求获取高层次竞争优势的长效发展模式。如此，正在释放的国内需求才能转化为外贸竞争新优势，中国这类发展中大国外贸转型升级内生动力的微观基础才能得以夯实。

## 附录 7—1　以产业均值计算的背离度的典型事实（1997—2010 年样本均值）

$$diva = \frac{1}{n}\sum_{i=1}^{n}\left|\frac{con_i}{\sum_{i=1}^{n} con_i} - \frac{ex_i}{\sum_{i=1}^{n} ex_i}\right| \qquad \text{（附录 7—1'）}$$

---

① 如裴长洪等（2011）指出，“我国加工贸易出口产品内销的种种政策限制，削弱了国内市场对出口产品竞争力的培育作用，内外贸一体化不应看作应对危机的权宜之计，而应该作为转变发展方式的根本途径之一，使之继续完善”。

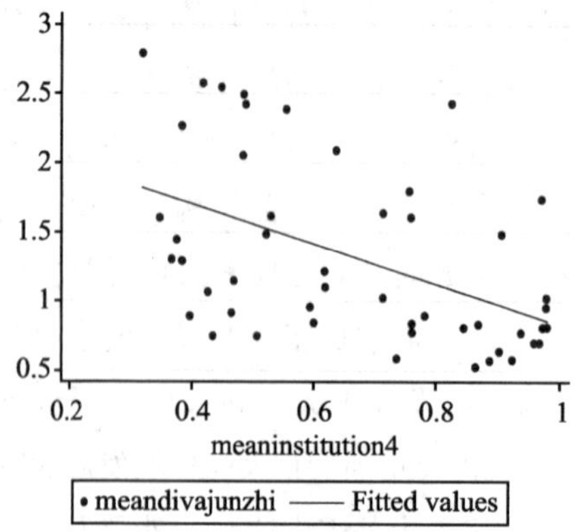


附图 7—1—1　商业环境指数与背离度

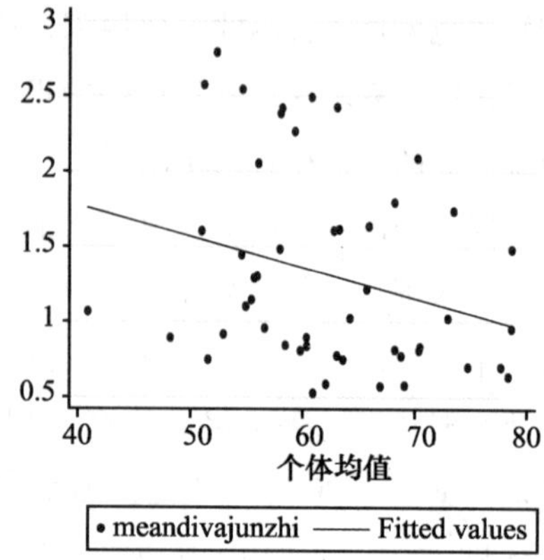


附图 7—1—2　经济自由度与背离度

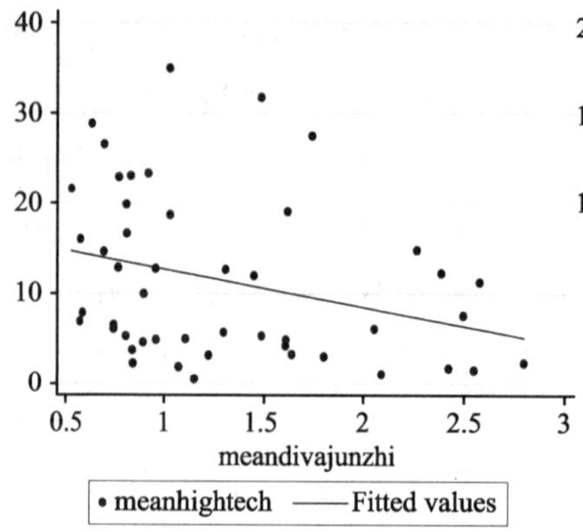


附图 7—1—3　背离度与出口产品技术复杂度

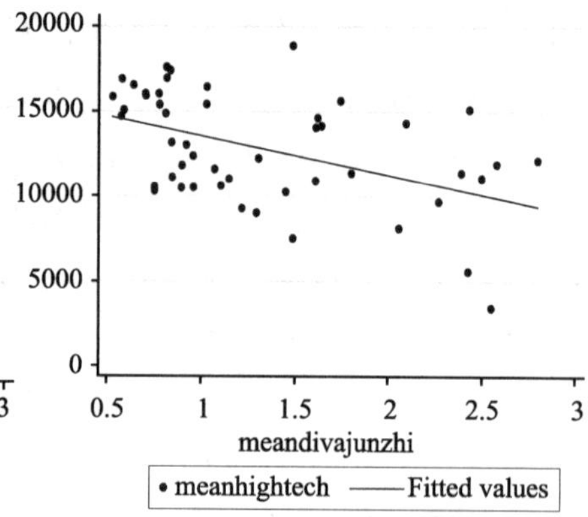


附图 7—1—4　背离度与高技术产品出口比例

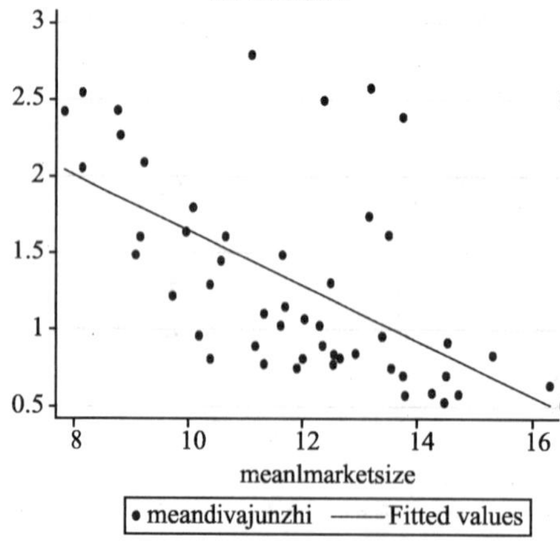


附图 7—1—5　GDP 规模与背离度

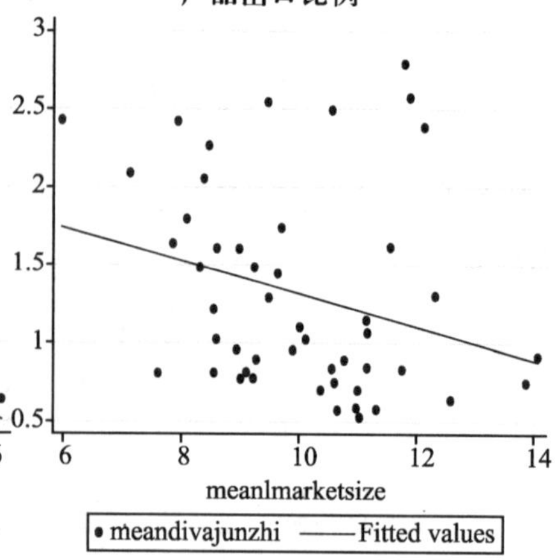


附图 7—1—6　人口规模与背离度

## 附录 7—2

### 制度维度的分解（被解释变量：结构背离度）

| | 经济自由度（frd）分解 | | | | | | | | | 商业环境（wmo）分解 | | | |
|---|---|---|---|---|---|---|---|---|---|---|---|---|---|
| 制度变量 | businessfree | tradefree | fiscalfree | gover_spending | moneytaryfree | investmentfree | fincialfree | propertyright | freecoccuption | cc | rq | rl | ge |
| lopen | 2.041 | 1.359 | 2.048 | 1.229 | 2.831 | 1.136 | 2.216 | 1.653 | 1.915 | 1.683 | 1.380 | 1.576 | 0.957 |
| | (1.690) | (1.034) | (1.840) | (1.680) | (2.725) | (0.803) | (1.952) | (1.145) | (1.622) | (1.225) | (1.493) | (1.454) | (1.275) |
| prim | 34.901 *** | 32.232 *** | 37.627 *** | 33.740 *** | 32.852 *** | 36.326 *** | 35.790 *** | 33.400 *** | 30.745 *** | 25.058 *** | 30.361 *** | 24.419 *** | 26.707 *** |
| | (7.579) | (7.845) | (7.932) | (7.780) | (7.647) | (7.716) | (7.872) | (7.718) | (7.619) | (8.378) | (8.941) | (8.960) | (8.905) |
| inter | -159.8 *** | -152.6 *** | -150.6 *** | -157.5 *** | -158.78 *** | -161.35 *** | -160.3 *** | -158.19 *** | -154.71 *** | -181.4 *** | -181.4 *** | -169.54 *** | -179.35 *** |
| | (39.159) | (38.650) | (39.029) | (39.112) | (38.658) | (39.243) | (39.245) | (39.043) | (39.299) | (41.925) | (42.064) | (42.030) | (42.094) |
| inter - sq | 165.594 *** | 152.596 *** | 153.300 *** | 162.980 *** | 156.440 *** | 168.044 *** | 167.063 *** | 164.189 *** | 157.891 *** | 180.959 *** | 183.000 *** | 170.318 *** | 180.756 *** |
| | (48.488) | (47.946) | (48.405) | (48.522) | (47.954) | (48.563) | (48.638) | (48.314) | (48.758) | (52.507) | (52.679) | (52.482) | (52.629) |
| lacklanded | 8.895 | -6.937 | 8.527 | -9.093 | 6.775 | -9.399 | 9.349 | -9.072 | 7.915 | -7.809 | -10.374 | 7.095 | -8.912 |
| | (8.510) | (8.147) | (9.066) | (8.820) | (8.108) | (8.744) | (8.725) | (8.654) | (8.347) | (8.288) | (9.217) | (8.018) | (8.669) |
| businessfree | -0.241 *** | | | | | | | | | | | | |
| | (0.091) | | | | | | | | | | | | |
| tradefree | | -0.264 *** | | | | | | | | | | | |
| | | (0.084) | | | | | | | | | | | |
| fiscalfree | | | -0.0693 | | | | | | | | | | |
| | | | (0.076) | | | | | | | | | | |
| gover_spending | | | | 0.1485 | | | | | | | | | |
| | | | | (0.158) | | | | | | | | | |
| moneytaryfree | | | | | -0.179 *** | | | | | | | | |
| | | | | | (0.056) | | | | | | | | |

**续表**

| | 经济自由度（*frd*）分解 | | | | | | | | | 商业环境（*wmo*）分解 | | | |
|---|---|---|---|---|---|---|---|---|---|---|---|---|---|
| 制度变量 | *businessfree* | *tradefree* | *fiscalfree* | *gover_ spending* | *moneytaryfree* | *investmentfree* | *fincialfree* | *propertyright* | *freecoccuption* | *cc* | *rq* | *rl* | *ge* |
| *investmentfree* | | | | | | -0.044 *** (0.012) | | | | | | | |
| *fincialfree* | | | | | | | -0.155 *** (0.052) | | | | | | |
| *propertyright* | | | | | | | | -0.181 ** (0.083) | | | | | |
| *freecoccuption* | | | | | | | | | - 0.160 ** (0.072) | | | | |
| *cc* | | | | | | | | | | -15.736 ** (7.957) | | | |
| *rq* | | | | | | | | | | | -15.526 *** (5.318) | | |
| *rl* | | | | | | | | | | | | -32.178 *** (11.845) | |
| *ge* | | | | | | | | | | | | | -18.111 ** (9.013) |
| *_cons* | 153.172 *** (17.178) | 145.905 *** (16.981) | 149.186 *** (17.161) | 152.694 *** (17.311) | 153.087 *** (16.851) | 151.083 *** (17.188) | 152.178 *** (17.146) | 155.177 *** (18.562) | 154.619 *** (17.125) | 174.877 *** (19.863) | 168.318 *** (20.029) | 171.374 *** (19.539) | 173.517 *** (20.244) |
| *N* | 509 | 509 | 509 | 509 | 509 | 509 | 509 | 509 | 509 | 409 | 409 | 409 | 409 |
| *F* | 4.678 | 6.575 | 5.045 | 4.522 | 6.631 | 4.639 | 4.586 | 4.607 | 4.942 | 6.404 | 5.250 | 7.176 | 5.727 |

注：采用 Hausman - Taylor 估计，将 locklanded 和时间虚拟变量视为严格外生变量，其他变量视为内生变量。Standard errors in parentheses，* $p < 0.1$，** $p < 0.05$，*** $p < 0.01$。

## 附录 7—3

**结构背离决定模型主要变量的相关系数**

| | *devia* | *frd* | *wmo* | *lopen* | *lexchange* | *agri* | *prim* | *inter* | *technology* | *lrgdpl* | *wage* |
|---|---|---|---|---|---|---|---|---|---|---|---|
| *devia* | 1 | | | | | | | | | | |
| *frd* | -0.412 | 1 | | | | | | | | | |
| *wmo* | -0.629 | 0.781 | 1 | | | | | | | | |
| *lopen* | 0.009 | 0.068 | 0.107 | 1 | | | | | | | |
| *lexchange* | 0.295 | -0.518 | -0.552 | -0.102 | 1 | | | | | | |
| *agri* | 0.515 | -0.634 | -0.723 | -0.087 | 0.351 | 1 | | | | | |
| *prim* | 0.621 | -0.328 | -0.602 | -0.135 | 0.443 | 0.478 | 1 | | | | |
| *inter* | -0.426 | -0.019 | 0.263 | 0.181 | 0.077 | -0.035 | -0.523 | 1 | | | |
| *technology* | -0.535 | 0.727 | 0.880 | -0.0475 | -0.483 | -0.734 | -0.514 | 0.107 | 1 | | |
| *lrgdp* | -0.548 | 0.726 | 0.884 | 0.0296 | -0.409 | -0.837 | -0.503 | 0.130 | 0.935 | 1 | |
| *wage* | -0.451 | 0.701 | 0.776 | -0.011 | -0.493 | -0.619 | -0.380 | 0.0138 | 0.779 | 0.799 | 1 |

## 附录 7—4

**附录表 7—4—1　制度环境影响结构背离的 IV 估计（制度环境为：商业环境指数）**

| | (1) | (2) | (3) | (4) |
|---|---|---|---|---|
| 第二阶段估计结果 | | | | |
| *wmo* | -79.9757 *** | -85.9503 *** | -50.3253 *** | -43.4117 *** |
| | (10.7239) | (11.1293) | (12.1298) | (11.0949) |
| *prim* | | 16.9584 ** | | 22.4112 *** |
| | | (7.6546) | | (7.1865) |
| *inter* | | -2.1e+02 *** | | -2.4e+02 *** |
| | | (37.5973) | | (45.4335) |
| *inter-sq* | | 201.1315 *** | | 221.4314 *** |
| | | (45.3761) | | (53.0776) |
| *leg_british* | | 11.1975 *** | | 2.7751 |
| | | (3.0610) | | (5.9115) |
| *leg_french* | | -3.0156 | | -1.8532 |
| | | (2.4088) | | (4.4805) |
| *locklanded* | | -7.1669 * | | -10.4442 |
| | | (3.8322) | | (10.6189) |
| *culture* | | 0.6973 *** | | 1.0078 *** |
| | | (0.1642) | | (0.2993) |

续表

| | (1) | (2) | (3) | (4) |
|---|---|---|---|---|
| *lopen* | | 10.7770 *** | | 15.2814 *** |
| | | (2.6759) | | (3.3507) |
| *_cons* | 135.6831 *** | 102.3541 *** | 118.8666 *** | 60.4813 ** |
| | (7.6207) | (21.2458) | (8.0676) | (27.4264) |
| 时间 | 否 | 是 | 否 | 是 |
| *N* | 411 | 364 | 193 | 172 |
| $R^2$ | 0.3642 | 0.5335 | 0.2007 | 0.5409 |
| 第一阶段工具变量估计结果 | | | | |
| 欧洲语言 | 0.1976 *** | 0.2164 *** | 0.1802 *** | 0.1369 *** |
| | (0.0228) | (0.0176) | (0.0186) | (0.0250) |
| 早期移民死亡率 | | | -0.1395 *** | -0.1153 *** |
| | | | (0.0099) | (0.0136) |
| $K-P\ LM\chi2$ 统计量 | 61.161 | 83.753 | 67.136 | 25.821 |
| $C-D$ *Wald F* 统计量 | 72.844 | 106.818 | 202.409 | 115.615 |
| *Hansen's J P* 值 | | | 0.4508 | 0.3021 |

注：（ ）内为考虑异方差稳健性标准误，* p<0.1，** p<0.05，*** p<0.01。第二阶段的控制变量进入第一阶段估计。

**附录表 7—4—2 结构背离对出口升级影响效应的 3SLS 估计**

**（制度环境为：商业环境指数）**

| | (1) | (2) | (3) | (4) | (5) | (6) |
|---|---|---|---|---|---|---|
| | *lcomplex* | *high-tech* | *diver* | *lcomplex* | *high-tech* | *diver* |
| 出口升级方程 | | | | | | |
| *devial*（*size*>*mean*） | -0.0009 ** | -0.0076 ** | -0.0298 *** | -0.0011 * | -0.0072 ** | -0.0387 *** |
| | (0.0004) | (0.0032) | (0.0080) | (0.0007) | (0.00386) | (0.0093) |
| *devial*（*size*≤*mean*） | 0.0000 | 0.0039 | -0.0086 | -0.0005 | 0.00421 | -0.0136 *** |
| | (0.0003) | (0.0028) | (0.0054) | (0.0006) | (0.0025) | (0.0085) |
| *lpop* | 0.3496 *** | 1.7474 ** | 0.8149 | 0.1801 | 2.0523 * | -2.8534 |
| | (0.0893) | (0.7683) | (1.4851) | (0.2221) | (1.2150) | (2.6349) |
| *infra* | -0.0162 | 0.0671 | 0.2126 | -0.0191 | -0.0277 | 0.1583 |
| | (0.0129) | (0.1150) | (0.2222) | (0.0159) | (0.0969) | (0.2101) |

续表

| | (1) | (2) | (3) | (4) | (5) | (6) |
|---|---|---|---|---|---|---|
| | *lcomplex* | *high-tech* | *diver* | *lcomplex* | *high-tech* | *diver* |
| *leducation* | 0. 1706 *** | 0. 1610 | -0. 6227 | 0. 2093 *** | 0. 2872 | -0. 2026 |
| | (0. 0225) | (0. 2111) | (0. 4080) | (0. 0460) | (0. 2927) | (0. 6347) |
| *lFDI* | 0. 0015 | -0. 0014 | -0. 0152 | -0. 0081 | 0. 0236 | -0. 0557 |
| | (0. 0034) | (0. 0303) | (0. 0586) | (0. 0061) | (0. 0393) | (0. 0853) |
| 时间效应 | 是 | 是 | 是 | 是 | 是 | 是 |
| 个体效应 | 是 | 是 | 是 | 是 | 是 | 是 |
| $R^2$ | 0. 9855 | 0. 8945 | 0. 9682 | 0. 9831 | 0. 9453 | 0. 9631 |
| 结构背离方程 | | | | | | |
| *wmo* | -51. 9408 *** | -53. 5515 *** | -53. 6342 *** | -30. 5378 *** | -29. 7671 *** | -29. 7580 *** |
| | (5. 8852) | (5. 5177) | (5. 5178) | (9. 9025) | (9. 3665) | (9. 3665) |
| *prim* | 16. 2685 *** | 14. 2830 *** | 14. 3998 *** | 16. 3388 *** | 14. 5400 *** | 14. 6314 *** |
| | (5. 7462) | (5. 3845) | (5. 3848) | (5. 6000) | (5. 2237) | (5. 2240) |
| *inter* | -2. 1e+02 *** | -2. 3e+02 *** | -2. 3e+02 *** | -2. 4e+02 *** | -2. 5e+02 *** | -2. 5e+02 *** |
| | (32. 2641) | (29. 6884) | (29. 6942) | (42. 0595) | (39. 5985) | (39. 5985) |
| *inter-sq* | 199. 8467 *** | 222. 6340 *** | 220. 9950 *** | 218. 6515 *** | 238. 0287 *** | 238. 1434 *** |
| | (36. 6558) | (34. 0014) | (34. 0074) | (49. 2962) | (46. 4378) | (46. 4378) |
| *leg_british* | 6. 2383 ** | 6. 3627 ** | 6. 3841 ** | 2. 4710 | 1. 8784 | 1. 8851 |
| | (2. 7628) | (2. 5378) | (2. 5378) | (5. 6187) | (5. 0722) | (5. 0722) |
| *leg_french* | -4. 4098 * | -3. 5498 | -3. 5243 | -6. 6932 | -3. 7351 | -3. 7435 |
| | (2. 4601) | (2. 2525) | (2. 2525) | (5. 0636) | (4. 5265) | (4. 5265) |
| *locklanded* | -8. 1230 ** | -7. 2666 ** | -7. 2440 ** | -7. 4354 | -10. 8283 * | -10. 8314 * |
| | (3. 4238) | (3. 0856) | (3. 0857) | (6. 0148) | (5. 5585) | (5. 5585) |
| *culture* | 0. 8323 *** | 0. 7081 *** | 0. 7066 *** | 0. 9486 *** | 0. 8234 *** | 0. 8243 *** |
| | (0. 1586) | (0. 1438) | (0. 1439) | (0. 3112) | (0. 2893) | (0. 2893) |
| *lopen* | 10. 5831 *** | 9. 3151 *** | 9. 3253 *** | 14. 9014 *** | 14. 0058 *** | 13. 9965 *** |
| | (2. 2991) | (2. 1600) | (2. 1602) | (3. 3041) | (3. 0763) | (3. 0763) |
| 时间效应 | 是 | 是 | 是 | 是 | 是 | 是 |
| *R-sq* | 0. 5857 | 0. 6000 | 0. 5999 | 0. 5677 | 0. 5857 | 0. 5857 |
| 制度环境方程 | | | | | | |

续表

| | (1) | (2) | (3) | (4) | (5) | (6) |
|---|---|---|---|---|---|---|
| | *lcomplex* | *high-tech* | *diver* | *lcomplex* | *high-tech* | *diver* |
| 欧洲语言 | 0.2213 *** | 0.2264 *** | 0.2263 *** | 0.1379 *** | 0.1426 *** | 0.1425 *** |
| | (0.0241) | (0.0221) | (0.0221) | (0.0231) | (0.0218) | (0.0218) |
| 早期移民死亡率 | | | | -0.1120 *** | -0.1127 *** | -0.1127 *** |
| | | | | (0.0090) | (0.0089) | (0.0089) |
| 时间效应 | 是 | 是 | 是 | 是 | 是 | 是 |
| $R^2$ | 0.5800 | 0.5955 | 0.5955 | 0.8391 | 0.8384 | 0.8384 |
| *N* | 290 | 337 | 337 | 146 | 165 | 165 |

注：( ) 内为标准误，* p<0.1，** p<0.05，*** p<0.01。制度环境方程的控制变量与结构背离方程的控制变量相同。

## 附录 7—5

**稳定性检验（系统 GMM 估计）**

| 结构背离方程 | | | 出口升级方程 | | | |
|---|---|---|---|---|---|---|
| 制度环境变量 | frd | wmo | 出口升级变量 | lcomplex | high - tech | diver |
| institution | -0.8530 *** | -32.4777 ** | devial（size > mean） | -0.00076 *** | -0.01194 *** | -0.03621 *** |
| | (0.2423) | (12.7089) | | (0.00028) | (0.00271) | (0.00589) |
| prim | 33.0597 *** | 27.7015 ** | devial（size ≤ mean） | 0.00018 | 0.00313 | -0.00523 |
| | (10.6296) | (13.2296) | | (0.00018) | (0.00281) | (0.00376) |
| inter | -1.9e+02 ** | -2.5e+02 *** | infra | 0.01855 * | 0.05167 | 0.02804 |
| | (80.0580) | (91.7644) | | (0.00968) | (0.08649) | (0.18752) |
| inter - sq | 200.9401 ** | 252.7401 ** | lpop | 0.20031 *** | 3.19632 *** | 4.79121 *** |
| | (98.8701) | (112.1849) | | (0.05666) | (0.48598) | (1.04887) |
| leg_british | 7.5167 | 3.5011 | lFDI | 0.00142 | -0.05374 *** | -0.03385 |
| | (5.7675) | (4.9111) | | (0.00204) | (0.01969) | (0.04256) |
| leg_french | -1.9967 | -3.4313 | leducation | 0.20019 *** | 0.14557 | -0.36965 |
| | (5.2948) | (5.0802) | | (0.01372) | (0.12499) | (0.27081) |
| locklanded | -4.6215 | -5.5819 | | | | |
| | (9.8579) | (9.6563) | | | | |
| culture | 0.7009 * | 0.7829 * | | | | |
| | (0.3995) | (0.3997) | | | | |

续表

| 结构背离方程 | | | 出口升级方程 | | | |
|---|---|---|---|---|---|---|
| 制度环境变量 | frd | wmo | 出口升级变量 | lcomplex | high - tech | diver |
| lopen | 7.3119<br>(5.1601) | 6.6334<br>(5.7065) | | | | |
| N | 460 | 364 | | 426 | 497 | 498 |
| 时间效应 | 是 | 是 | | 是 | 是 | 是 |
| F | 11.28 | 10.46 | | 35.99910 | 8.33215 | 8.48023 |
| AR (1) | 0.280 | 0.299 | | 0.195 | 0.334 | 0.324 |
| Hansen Test<br>[p] | 26.88<br>[1.000] | 33.39<br>[0.984] | | 34.48<br>[1.000] | 29.91<br>[0.948] | 33.937<br>[0.993] |
| Difference-in-Hansen<br>[p] | 32.18<br>[0.997] | 29.91<br>[0.959] | | 21.90<br>[0.998] | 34.30<br>[0.312] | 32.03<br>[0.841] |

注：出口升级方程估计中，将制度环境、初级产品出口比例、产品内分工及其平方项、贸易开放度为内生变量，其他变量视为外生变量。出口升级方程估计中，将结构背离、FDI和人力资本视为内生变量。以内生变量的滞后2期和滞后3期作为工具变量。Hansen统计量表明工具变量整体上是有效性的，difference-in-Hansen检验确定水平方程中的新增工具变量是有效性的。AR (1) 表明残差项不存在二阶序列相关。

## 附录7—6

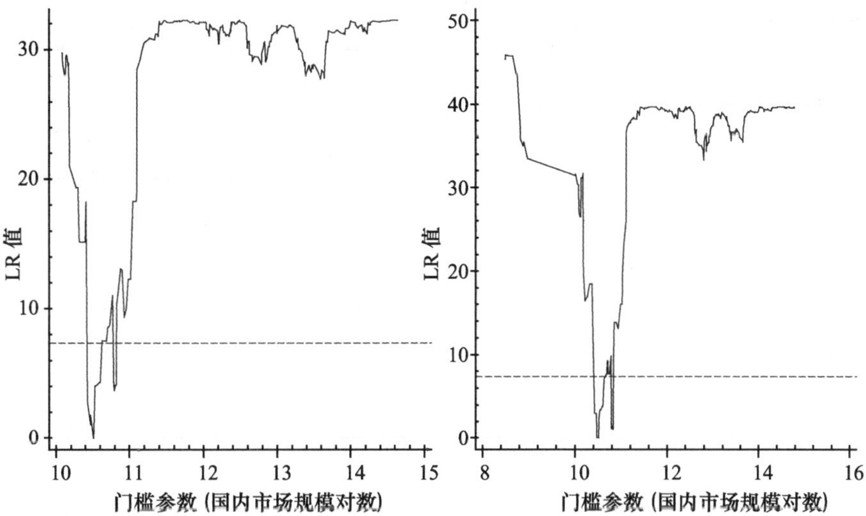


(a) (b)

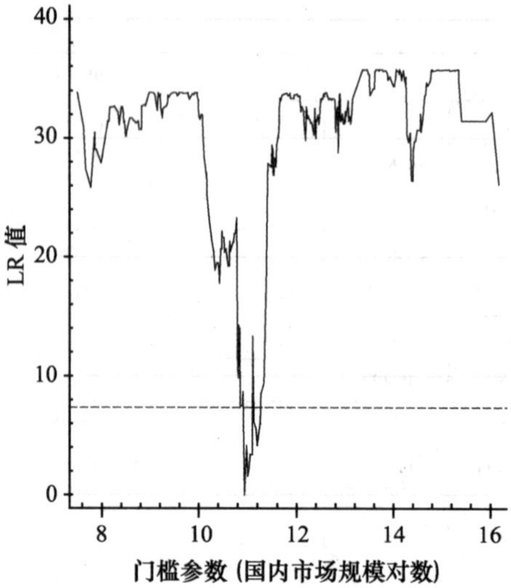


(c)

国内市场规模的门槛估计值

（a）被解释变量为 *high-tech*　（b）被解释变量为 *lcomplex*　（c）被解释变量为 *diver*

## 附录 7—7

**结构背离影响出口升级的实证检验：人口规模度量国家规模（size）**

| 被解释变量 | 固定效应 | | | 一步系统 *GMM* 估计 | | |
|---|---|---|---|---|---|---|
| | (1) | (2) | (3) | (4) | (5) | (6) |
| | *lcomplex* | *high-tech* | *diver* | *lcomplex* | *high-tech* | *diver* |
| *deviaI*（*size* > *mean*） | -0.0009* | -0.0155*** | -0.0299*** | -0.0014*** | -0.0122*** | -0.0315*** |
| | (0.0005) | (0.0034) | (0.0069) | (0.0003) | (0.0024) | (0.0109) |
| *deviaI*（*size* ≤ *mean*） | -0.0001 | -0.0001 | -0.0162 | 0.0002 | 0.0027 | -0.0108 |
| | (0.0003) | (0.0023) | (0.0101) | (0.0002) | (0.0021) | (0.0078) |
| *infra* | 0.0182 | 0.0466 | 0.0003 | 0.0211** | 0.0069 | 0.0098 |
| | (0.0140) | (0.1170) | (0.4815) | (0.0098) | (0.0877) | (0.2746) |
| *lpop* | 0.4456*** | 2.8561*** | 5.8372** | 0.1185** | 3.0332*** | 4.2232* |
| | (0.0833) | (0.6658) | (2.6014) | (0.0595) | (0.4988) | (2.1733) |
| *lFDI* | 0.0013 | -0.0198 | 0.0321 | 0.0006 | -0.0408** | -0.0442 |
| | (0.0031) | (0.0269) | (0.0834) | (0.0021) | (0.0196) | (0.0628) |
| *leducation* | 0.1656*** | 0.0211 | -0.4874 | 0.2026*** | 0.1268 | -0.4857 |
| | (0.0199) | (0.1765) | (0.7513) | (0.0137) | (0.1265) | (0.7157) |

**续表**

| 被解释变量 | 固定效应 | | | 一步系统 *GMM* 估计 | | |
|---|---|---|---|---|---|---|
| | (1) | (2) | (3) | (4) | (5) | (6) |
| | *lcomplex* | *high-tech* | *diver* | *lcomplex* | *high-tech* | *diver* |
| *N* | 452 | 502 | 507 | 452 | 502 | 507 |
| 时间效应 | *yes* | *yes* | *yes* | *yes* | *yes* | *yes* |
| *R-sq*：*within* | 0. 42872 | 0. 14359 | 0. 17006 | | | |
| *F* | 16. 13511 | 3. 63558 | 4. 45399 | 35. 99910 | 8. 33215 | 8. 48023 |
| *AR* (1) | | | | 0. 263 | 0. 600 | 0. 547 |
| *Hansen Test*<br>[*p*] | | | | 33. 35<br>[0. 960] | 30. 43<br>[0. 996] | 23. 21<br>[1. 000] |
| *Difference-in-Hansen*<br>[*p*] | | | | 32. 34<br>[0. 549] | 33. 66<br>[0. 785] | 24. 73<br>[0. 979] |

注：(　) 内考虑异方差稳健性内标准误，$*p<0.1$，$**p<0.05$，$***p<0.01$，系统 GMM 估计中，将结构背离、FDI 和人力资本视为内生变量，以其滞后 2 期和滞后 3 期作为工具变量。

# 第八章

# 结论与政策建议

近年来，我国对外贸易的整体形势十分严峻。“十三五”时期，虽然全球经济基本上可以保持平缓增长的态势；但同时，在这一整体趋势下，发达国家和发展中国家在价值链上的部分环节将出现大幅重叠，从而加剧国际市场竞争；与之对应的国际产业结构，将呈现以“软化”“先进化”和“绿色化”为方向的大调整；区域经济一体化，无论是在数量，还是在质量上，均将大幅提升；另外，贸易保护主义也将保持快速上升的态势，且中国仍会是贸易保护主义最大的受影响国家。从国内来看，“十三五”时期，首先，“新常态”下我国经济面临着“三期叠加”带来的诸多挑战，GDP年平均增速可能下降到7%左右。其次，与经济增速下滑相对应，我国对外贸易也将进入低速增长期。因为，世界经济尚处于深度调整期，国际市场总需求难以回到金融危机前的持续高增长水平；而随着“刘易斯拐点”的来到，我国劳动力成本持续上升的趋势在加强，经济贸易发展的资源能源、生态环境约束加强。在这一背景下，如何促进出口贸易可持续增长？如何协调出口、内需的关系？等等，就成为我们需要深入思考并应切实应对的问题。

## 第一节　主要结论

在开展后续的理论和实证研究之前，本书首先利用中国2004年和2008年的对中国工业企业异质性的分布特征进行了估计和检验。因为企业规模和生产率异质性的假设，是异质性贸易理论发展的基石。结果表明：(1) 我国较大规模企业所占比重略小于目标状态，整体来看企业发展面临扩张约束；（2）虽然假设总体层次的生产率服从 Pareto 分布是合理的，但总体层次的企业规模和生产率分布估计，并不能体现行业之间在企业规模分布和生产率分布上的显著差异；（3）对中国工业企业来说，企业规模的异质性和生产率异质性存在明显的区别，规模分布的尾部比生产率分布的尾部更厚，显示我国仍然存在着明显的资源配置问题，部分较大规模企业的生产率水平实际不高，进一步克服和改善资源配置上的低效率是提高中国生产效率的关键；（4）利用经济普查全样本数据得到的企业规模和生产率的$\hat{x}_{min}$值、$\hat{k}$等，还可用于那些以异质性贸易理论为基础的数值模拟研究之中。

在假设企业生产率服从 Pareto 分布的基础上，本书推导出了产业层面的出口决定方程，基于四位数行业层面数据的估计结果显示：（1）从整体来看，中国工业产业出口仍然具有相对竞争优势，但从 2007 年开始，这一优势开始迅速减弱。（2）“内需压力假说”在中国并不成立，扩内需与促出口之间并不矛盾，而且我国出口的国内需求弹性远远大于外需弹性，内需压力对出口的促进作用，本质上是通过带动外需实现的。（3）国内需求压力增加，在挤占以往用于出口的生产要素与规模经济等的共同作用下，虽然一定程度上推高了相对出口价格，但这一途径并不足以对我国工业产业出口产生明显的负向影响。（4）不同产业内企业数量的增加，一方面，能有效降低生产和交易等方面的成本，并通过提高出口竞争力的方式直接促进出口增长，还能通过对外需的带动，间接促进我国工业产业出口的增长；但另一方面，更会导致出口企业的边际利润下降、提高维持出口的生产率临界水平，并挤出大量出口企业，而且由此引致的贸易摩擦会进一步拟制出口的增长。

进一步通过引入企业的进入、在位与退出，本书将产业层面出口强度的变化细分为在位企业效应、进入效应、退出效应和短期扰动效应，结合产业层面出口决定方程，利用中国工业企业数据实证检验了内需等对不同效应的影响，结果显示：（1）在位企业效应是出口强度的主体，新进入企业、退出企业和短期存活企业因为其出口强度小于在位企业的出口强度，将负向影响整体出口强度，但程度较小。（2）传统的外部需求扩大，或是出口竞争力增强，均会提升出口强度，但无论是在位企业效应、进入企业效应，还是退出企业效应，忽略产能、产能利用率等内部供给面因素的影响，都会导致严重的有时甚至是根本性的偏误。(3) 尽管产能增长对在位企业效应、进入企业效应和退出企业效应都是不利的，但影响机制存在非常大的差异；另外，产能利用率对三类效应始终不存在显著影响。

中国出口和内需之间的关联是否符合国际经验规律是提出有针对性对策建议需要着力思考的问题。为此，本书利用51个国家ISIC四分位产业数据，构建和测算了出口依托内需总体程度的指标——出口与内需的结构背离，在多国经验中探究出口与内需背离的成因及影响，结果显示：(1) 结构背离随着要素禀赋优势弱化而降低，产品内分工与结构背离的“U形”关系说明参与产品内分工不一定必然导致更高的结构背离。(2) 市场制度环境不完善导致的“内需引致出口”功能缺位也是结构背离的重要原因。值得借鉴的经验是：出口与内需的结构背离使得一个国家——特别是拥有较大国内市场的大国——出口升级失去国内需求这一重要的外贸优势来源，从而抑制大国的出口升级。

## 第二节　政策建议

以往我国促进出口增长的、可操作的具体政策，多集中在提高贸易便利化水平、做好出口退税和服务等方面，事实上，这些措施的本质仍然是立足于减少企业的生产成本和出口成本，降低出口企业的相对出口价格，增强出口竞争力。其结果是，很容易形成出口价格下降、贸易摩擦加剧、继续降低出口价格的循环。与此相对，未来在全球经济增长依然乏力，同时针对出口相对价格的政策调整空间日渐缩小的情况下，应该更加关注促出口与扩内需、调结构政策的协调配合。本书的理论和实证研究结果具有较为丰富的政策含义，简单归纳如下。

从贸易增长模式转型指导思想的层面，本书认为：大国的外贸优势来源及由此决定的出口模式与小国不同。大国国内需求是外贸转型升级重要优势来源，脱离国内需求的出口模式会加大大国被套牢于低端产品结构的风险。当国内需求不足无法成为外贸发展的重要优势来源时，立足要素禀赋优势实施脱离本土需求的出口模式是现实选择。但在国内需求扩张与升级、要素禀赋优势削弱和全球需求终端市场正从发达国家向发展中大国转移的新形势下（Staritz et al.，2011），中国这类发展中大国就需要更加倚重大国外贸发展的特殊优势途径——“内需驱动型”贸易模式。这种内外需求联动的外贸发展模式，不仅可为应对正在积聚的贸易风险留下更多的政策选择空间，也可以利用正在扩张和升级的庞大国内需求培育以技术、品牌为核心的外贸竞争新优势，突破发达国家“结构封锁”，从根源上破解长期以来外贸转型升级困境。

基于上述指导思想，本书认为，要最终走向有中国特色的“内需驱动型”出口模式，政策着力点可以放在：第一，当前仍要继续推进国有企业改革，着力培育要素流动自由、竞争规范有序、风险整体可控的良好市场环境。其目标导向在于，使本土企业“有动力、有压力和有能力”依托国内大市场提升竞争力，迫使本土企业放弃依赖要素成本优势、低价竞争的短效发展模式，转向以“工匠精神”依托国内需求获取高层次竞争优势的长效发展模式。第二，尽管二元（或三元）边际方面的研究强调，中国出口增长仍然以集约边际为主，应该增加扩展边际的比重；但对出口强度而言，增加扩展边际比重必须满足的前提是，新进入企业出口强度提升速度应快于其权重提升速度，提高在位企业的出口强度仍然是重中之重。第三，借力“一带一路”倡议，过剩产能转移的重要性得到了广泛的认同，但从出口强度的角度，中国只宜推动本土化程度较高的产能先行转移，而不是对外部市场带动作用较大的产能。如此，正在释放的国内需求才能转化为出口竞争新优势，中国外贸转型升级内生动力的微观基础才能得以夯实。

# 参考文献


Abizadeh, S., "An Analysis of Government Expenditure and Trade Liberalization", *Applied Economics*, Vol. 37, No. 16, 2005.

Acemoglu, D., Johnson, S. and Robinson, J. A. "The colonial origins of comparative development: An empirical investigation", *American Economic Review*, Vol. 91, No. 5, 2001.

Acemoglu, D. and F. Zilibotti, "Was Prometheus Unbound by Chance? Risk Diversification and Growth", *Journal of Political Economy*, Vol. 105, 1997.

Acharya, R and Keller, W., "Estimating the Productivity Selection and Technology Spillover Effects of Imports", *NBER Working Paper* 14079, 2008.

Adamic, L. A. and Huberman, B. A., "The Nature of Markets in the World Wide Web.", *Quarterly Journal of Electronic Commerce*, Vol. 1, 2000.

Adserà, A. and C. Boix., "Trade, Democracy, and the Size of the Public Sector: The Political Underpinnings of Openness", *International Organization*, Vol. 56, No. 2, 2002.

Agarwal, R., "Foreign portfolio investment in some developing countries: A study of determinants and macroeconomic impact", *Indian Economic Review*, 1997.

Agarwal, R., & Audretsch, D. B., "Does entry size matter? The impact of the life cycle and technology on firm survival", *The Journal of Industrial Economics*, Vol. 49, No. 1, 2001.

Aghion, P., Howitt, P., Brant-Collett, M., & García-Peñalosa, C., *Endogenous growth theory*, MIT Press, 1998.

Agosin, M. R. and C. Bravo-Ortega, "The Emergence of New Successful Export Activities in Chile", in Latin American Research Network, *Inter-American Development Bank*, Washington, D. C., 2007.

Agosin, M. R., "Export Diversification and Growth in Emerging Economies", *Department of Economics, University of Chile, Working Papers*, No. 233, 2007.

Agosin, M. R., R. Alvarez and C. Bravo-Ortega, "Determinants of Export Diversification around the World: 1962 - 2000", *Central Bank of Chile, Working Papers*, No. 605, 2001.

Alcalá, F. and A., Ciccone, "Trade and Productivity", *Quarterly Journal of Economics*, Vol. 119, No. 2, 2004.

Alesina, A., "The Size of Countries: Does It Matter?" *Journal of the European Economic Association*, Vol. 1, No. 2 - 3, 2003.

Alesina, A., Enrico, and R. Wacziarg, "Trade, Growth and the Size of Countries", *Handbook of Economic Growth*, Vol. 1, No. B, 2005.

Alesina, A. and R. Perotti," The Welfare State and Competitiveness", *American Economic Review*, Vol. 87, 1997.

Alesina, A. and R. Wacziarg, "Openness, Country Size and Government", *Journal of Public Economics*, Vol. 69, 1998.

Algieri, B., "Price and Income Elasticities for Russian Exports", *The European Journal of Comparative Economics*, Vol. 1, No. 2, 2004.

Al-Marhubi, F., "Export Diversification and Growth: An Empirical Investigation", *Applied Economics Letters*, Vol. 7, 2000.

Almus, M., "The Shadow of Death-An Emperical analysis of the pre-exit performance of new German firms", *Small Business Economics*, Vol. 23, No. 3, 2004.

Al-qudair, K. H. A., "The Causal Relationship between Trade Openness and Government Size: Evidence from Saudi Arabia", Meeting: Middle East and North African Economies Past Perspectives and Future Challenges Free University of Brussels, 2015, June 2 - 3.

Amable, B., "International Specialization and Growth", *Structural Change and Economic Dynamics*, Vol. 11, 2000.

Amighinia, A., andM. Sanfilippo, "Impact of South-South FDI and Trade on the Export Upgrading of African Economies", *World Development*, Vol. 64, No. 1, 2014.

Amin Guitierrez de Pineres, S. and M. J. Ferrantino, *Export Dynamics and Economic Growth in Latin America*, Burlington, Vermont: Ashgate Publishing Ltd., 2000.

Amiti, M., and A. K. Khandelwal, "Import competition and quality upgrading", *Review of Economics and Statistics*, Vol. 95, No. 44, 2013.

Amiti, M., andC. Freund, "The Anatomy of China's Export Growth", *Policy Research Working Paper Series* 4628, The World Bank, 2008.

Amiti, M., and J. Konings, "Trade Liberalization, Intermediate Inputs, and Productivity: Evidence from Indonesia", *American Economic Review*, Vol. 97, No. 4, 2007.

Amiti, M. and A. Venables, "The Geography of Intra-industry Trade", in Lloyd, P. J. and H. H. Lee (Eds), *Frontiers of Research in intra-industry trade*, Basingstoke: Palgrave Macmillan, 2002.

Amiti M, "Specialization Patterns in Europe", *Review of World Economics*, Vol. 134, No. 4, 1999.

Amurgo-Pacheco, A. and Pierola, M. D., "Patterns of Export Diversification in Developing Countries: Intensive and Extensive Margins", *World Bank Policy Research Working Paper* 4473, 2008.

Anderson, J. E. and Van Wincoop, E., "Gravity with Gravitas: A Solution to the Border Puzzle", *American Economic Review*, Vol. 93, No. 1, 2003.

Angelini, P. and Generale, A., "On the Evolution of Firm Size Distributions", *American Economic Review*, Vol. 98, 2008.

Arellano, M., and O. Bover, "Another Look at the Instrumental Variable Estimation of Error-components Models", *Journal of Econometrics*, Vol. 68, No. 1, 1995.

Arellano, M., and S. Bond, "Some Tests of Specification for Panel Data: Monte Carlo Evidence and an Application to Employment Equations", *Re-*

*view of Economic Studies*, Vol. 58, 1991.

Arize, A., "The Supply and Demand for Imports and Exports in a Simultaneous Model" *Applied Economics*, Vol. 19, 1987.

Arkolakis, C., Costinot, A. and Rodriguez-Clare, A., "New trade models, same old gains?" *American Economic Review*, Vol. 102, No. 1, 2012.

Arkolakis, C., "Market Penetration Costs and the New Consumers Margin in International Trade", *Journal of Political Economy*, Vo. 118, No. 6, 2010.

Arnold, B. C., *Pareto Distributions*, Fairland MD: International Cooperative Publishing House, 1983.

Arora, A., Fosfuri and Gambardella, A., *Markets for Technology: the Economics of Innovation and Corporate Strategy*, Cambridge, MA, MIT Press, 2002.

Artus, J. R., "The Short-run Effects of Domestic Demand Pressure on British Export Performance", *IMF Staff Papers*, Vol. 17, 1970.

Athukorola, P. C., "Manufacturing Exports and Terms of Trade of Developing Countries: Evidence from Sri-Lanka", *Journal of Development Studies*, Vol. 36, 2000.

Audretsch, D. B., & Mahmood, T., "The rate of hazard confronting new firms and plants in US manufacturing", *Review of Industrial organization*, Vol. 9, No. 1, 1994.

Aurikko, E., "Testing Disequilibrium Adjustment Models for Finnish Exports of-Goods", *Oxford Bulletin of Economics and Statistics*, Vol. 47, 1985.

Axtell, R. L., "Zipf Distribution of U. S. Firm Sizes", *Science*, Vol. 293, No. 5536, 2001.

Bahmani-Oskooee, M., "Co-integration Approach to Estimate the Long-run Trade Elasticities in LDCs", *International Economic Journal*, Vol. 12, 1998.

Bahmani-Oskooee, M., "Determinants of International Trade Flows: The Case of Developing Countries", *Journal of Development Economics*, Vol. 20, 1986.

Bahmani-Oskooee, M. and Niroomand, F., "Long-run Price Elasticities and the Marshall-Lerner Condition Revisited", *Economics Letters*, Vol. 61, No. 1, 1998.

Bairam, E. I., "Balance of Payments, the Harrod Foreign Trade Multiplier and Economic Growth: the European and North American Experience, 1970 – 1985", *Applied Economics*, Vol. 20, 1988.

Baldwin, J. R., Liu, H., & Wang, W., Firm Dynamics: Firm Entry and Exit in the Canadian Provinces, 2000 to 2009: Economic Analysis Division, Statistics Canada, 2013.

Baldwin, J. R. and Gu, "Export-market Participation and Productivity Performance in Canadian Manufacturing", *Canadian Journal of Economics*, Vol. 36, No. 3, 2003.

Baldwin, R. and Krugman, P., "Persistent Trade Effects of Large Exchange Rate Shocks", *Quarterly Journal of Economics*, Vol. 104, 1989.

Ball, R. J., J. R. Eaton, and M. D. Steuer, "The Relationship between U. K. Export Performance in Manufactures and the Internal Pressure of Demand", *Economic Journal*, Vol. 76, 1966.

Ball, R. J., "Credit Restriction and Supply of Exports", *Manchester School of Economic and Social Studies*, Vol. 29, 1961.

Balle, F. and A. Vaidya, "A Regional Analysis of Openness and Government Size", *Applied Economics Letters*, Vol. 9, No. 5, 2002.

Bandick, R., "Multinationals and plant survival", *Review of World Economics*, Vol. 146, No. 4, 2010.

Banerjee, A. V. and Moll, B., "Why does Misallocation Persist?" *American Economic Journal: Macroeconomics*, Vol. 2, No. 1, 2013.

Bartelsman, E., Scarpetta, S., & Schivardi, F., "Comparative analysis of firm demographics and survival: evidence from micro-level sources in OECD-countries", *Industrial and Corporate Change*, Vol. 14, No. 3, 2005.

Bartelsman, E. and Doms, M., "Understanding Productivity: Lessons from Longitudinal Microdata", *Journal of Economic Literature*, Vol. 38, No. 3, 2000.

Bas, M., and V. Strauss-Kahn, "Input-Trade Liberalization, Export Prices and

Quality Upgrading", *Journal of International Economics*, Vol. 95, 2015.

Basevi, G., "Domestic Demand and Ability to Export", *Journal of Political Economy*, Vol. 78, No. 2, 1970.

Basevi, G., "On Domestic Demand and Ability to Export: An Additional Comment", *Journal of Political Economy*, Vol. 79, No. 3, 1971.

Bauke, H., "Parameter Estimation for Power Law Distributions by Maximum Likelihood Methods", *The European Physical Journal*, Vol. 58, No. 2, 2007.

Bebczuk, R. N. and N. D. Berrettoni, "Explaining Export Diversification: An Empirical Analysis", CAF Research Program on Development Issues, 2006.

Beck, T., Demirguc-Kunt, A. and Levine, R., "A New Database on the Structure and Development of the Financial Sector", *World Bank Economic Review*, Vol. 14, No. 3, 2000.

Beise-Zee, R., and C. Rammer, "Local User-Producer Interaction in Innovation and Export Performance of Firms", *Small Business Economics*, Vol. 27, No. 2, 2006.

Benacek, V., Prokop, L. and Visek, J. A., "Determining Factors of the Czech Foreign Trade Balance: Structural Issues in Trade Creation", *Czech National Bank Working Paper*, Vol. 3, 2003.

Benarroch, M. and Pandey, M., "Trade Openness and Government Size", *Economics Letters*, Vol. 101, No. 3, 2008.

Bergstrand, J. H., "The Gravity Equation in International Trade: Some Microeconomic Foundations and Empirical Evidence", *Review of Economics and Statistics*, Vol. 67, No. 3, 1985.

Berman, N., A. Berthou, and J. Héricourt, "Export Dynamics and Sales at Home", *CEPR Discussion Paper*, No. 8684, 2011.

Bernard, A. B., & Jensen, J. B. "Firm structure, multinationals, and manufacturing plant deaths", *Review of Economics and Statistics*, Vol. 89, No. 2, 2007.

Bernard, A. B., Eaton, J., Jensen, J. B., & Kortum, S., "Plants and productivity in international trade", *The American Economic Review*, Vol. 93,

No. 4, 2003.

Bernard, A. B., Jensen, J., Redding, S. J. and Schott, P. K., "Firms in International Trade", *Journal of Economic Perspectives*, Vol. 21, No. 3, 2007.

Berry, W. D. and D. Lowery, "The Growth of Government in the United States: An Empirical Assessment of Competing Explanations", *American Journal of Political Science*, Vol. 27, No. 4, 1983.

Bleaney, M. and D. Greenaway, "The Impact of Terms of Trade and Real Exchange Volatility on Investment and Growth in sub-Saharan Africa", *Journal of Development Economics*, Vol. 65, 2001.

Blomström, M., Kokko, A., "Multinational corporations and spillovers", *Journal of Economic surveys*, 12 (3), 247 – 277.

Blonigen, B. A., & Tomlin, K. (2001). Size and growth of Japanese plants in the United States. *International Journal of Industrial Organization*, Vol. 19, No. 2001.

Blundell, R., and S. Bond, "Initial Conditions and Moment Restrictions in Dynamic Panel Data Models", *Journal of Econometrics*, Vol. 87, No. 1, 1998.

Blyde, J. S., "Trade and Technology Diffusion in Latin America", *International Trade Journal*, Vol. 18, 2004.

Bobi ? , V., "Income and Price Elasticities of Croatian Trade-A Panel Data Approach", *HNB Working Papers W – 25*, April 2010.

Bond, S., "Dynamic Panel Data Models: A Guide to Micro Data Methods and Practice", *CeMMAP Working Paper*, No. CWP09/ 02, 2002.

Bottazzi, G. and Secchi, A., "Common Properties and Sectoral Specificities in the Dynamics of U. S. Manufacturing Companies", *Review of Industrial Organization*, Vol. 23, 2003.

Bound, S.; Harhoff, D. and van Reenen, J., "Corporate R&D and Productivity in Germany and the United Kingdom", Centre for Economic Performance, LSE, Discussion Papers, 2002.

Bradford, M. A., R. A. Malt and W. E. Oates, "The Rising Cost of Local Public Services", *National Tax Journal*, Vol. 22 (June), 1969.

Brandt, L., Van Biesebroeck, J., Zhang, Y., "Challenges of working with the Chinese NBS firm-level data", *China Economic Review*, Vol. 30, 2014.

Branstetter, L., "Are knowledge Spillovers International or Intra-national in Scope? Micro-econometric Evidence from the US and Japan", *Journal of International Economics*, Vol. 49, 2001.

Brasili, A., E. Paolo and R. Helg, "On the Dynamics of Trade Patterns", *De Economist*, Vol. 148, 2000.

Bretschger, L. and F. Hettich, 2002, "Globalisation, Capital Mobility and Tax Competition: Theory and Evidence for OECD Countries", *European Journal of Political Economy*, Vol. 18, pp. 695 – 716.

Bunch, D. S., & Smiley, R., "Who deters entry? Evidence on the use of strategic entry deterrents", *The Review of Economics and Statistics*, 1992.

Cabellero, R. J. and K. Cowan, *Financial Integration without the Volatility*, Unpublished, Massachusetts Institute of Technology, Cambridge, MA, 2006.

Cabral, M. B. and Mata, J., "On the Evolution of the Firm Size Distribution: Facts and Theory", *American Economic Review*, Vol. 93, No. 4, 2003.

Cabral, M. H. C., and P. Veiga, "Determinants Of Export Diversification And Sophistication In Sub-Saharan Africa", *FEUNL Working Paper Series*, No. 550, 2010.

Cadot, O., C. Carrère and V. Strauss-Kahn, forthcoming, "Export Diversification: What's Behind the Hump?", *Review of Economics and Statistics.*

Caliendo, L. and Rossi-Hansberg, E., "The Impact of Trade on Organization and Productivity", *The Quarterly Journal of Economics*, Vol. 127, No. 3, 2012.

Callejón, M., & Segarra, A., "Business dynamics and efficiency in industries and regions: The case of Spain", *Small Business Economics*, Vol. 13, No. 4, 1999.

Cameron, D. R., "The Expansion of the Public Economy: A Comparative Analysis", *American Political Science Review*, Vol. 72, No. 12, 1978.

Caporale, G. M. and Chui, M. K. F., "Estimation of Income and Price Elasticities of Trade in a Co-integration Framework", *Review of International Economics*, Vol. 7, 1999.

Capuano, S. and Schmerer, H. J., "Trade and Unemployment Revisited: Do Institutions Matter?" *World Economy*, 2013, forthcoming.

Carree, M. A., Verheul, I., & Santarelli, E., "Sectoral patterns of firm exit in Italian provinces", *Journal of Evolutionary Economics*, Vol. 21, No. 3, 2011.

Carrere, C., V. Strauss-Kahn and O. Cadot, "Export Diversification: What's behind the Hump?", CERDI, études et documents, E2007/24.

Cefis, E., Marsili, O. and Schenk, H., "The Effects of Mergers and Acquisitions on the Firm Size Distribution", *Journal of Evolutionary Economics*, Vol. 19, 2009.

Chaney, T., and R. Ossa, "Market Size, Division of Labor, and Firm Productivity", *Journal of International Economics*, Vol. 90, No. 1, 2013.

Chaney, T., "Distorted Gravity: The Intensive and Extensive Margins of International Trade", *American Economic Review*, Vol. 98, No. 4, 2008.

Chang, K., "Export Diversification and International Debt Under Terms-of-Trade Uncertainty", *Journal of Development Economics*, Vol. 36, 1991.

Chenery, H., *Structural Change and Development Policy*, New York: Oxford University Press, 1979.

Cheng, H. S., "Statistical Estimates of Elasticities and Propensities in International Trade: a Survey of Published Studies", *IMF Staff Papers*, Vol. 7, 1959.

Chew, W., Bresnahan, T. and Clark, K. B., *Measurement, Coordination, and Learning in a Multiplant Network*, Boston: Harvard Business School Press, 1990.

Chuang, Y. "Learning by Doing, the Technology Gap and Growth", *International Economic Review*, Vol. 39, No. 3, 1998.

Clarida, R., "Co-integration, Aggregate Consumption, and Demand for Imports: A Structural Econometric Investigation", *American Economic Review*,

Vol. 84, 1994.

Clauset, A., Shalizi, C. R. and Newman, M., "Power-law Distributions in Empirical Data", *SIAM Review*, Vol. 51, No. 4, 2009.

Clauset, A., Young, M. and Gledistch, K. S., "On the Frequency of Severe Terrorist Attacks", *Journal of Conflict Resolution*, Vol. 51, No. 1, 2007.

Clavallo, E. A., 2007, "Openness to Trade and Output Volatility: a Reassessment", *IDB Research Department Working Paper*.

Coe, D. T. and Helpman, E., "International R&D Spillovers", *European Economic Review*, Vol. 39, 1995.

Combes, Pierre-Philippe, Gilles, D., Laurent, G., Diego, P. and Sébastien, R., "The Productivity Advantages of Large Cities: Distinguishing Agglomeration from Firm Selection", *Econometrica*, Vol. 80, No. 6, 2012.

Connolly, M., "The Dual Nature of Trade: Measuring Its Impact on Imitation-and Growth", *Journal of Development Economics*, Vol. 72, 2003.

Corsetti, G., P. Martin, and P. Pesenti, "Productivity, Terms of Trade and the 'Home Market Effect'", *Journal of International Economics*, Vol. 73, No. 1, 2007.

Cosar, E. E., "Price and Income Elasticities of Turkish Export Demand: A Panel Data Application", *Central Bank Review*, Vol. 2, No. 2, 2002.

Crozet, M., and F. Trionfetti, "Trade Costs and the Home Market Effect", *Journal of International Economics*, Vol. 76, No. 2, 2008.

Cuaresma, C. J. and J. Wörz, "On Export Composition and Growth", *Review of World Economics*, Vol. 141, 2005.

Culem, C. G., "Foreign Trade Behaviour in a Small Open Economy (Belgium 1970 - 1980)", *Scandinavian Journal of Economics*, Vol. 89, 1987.

Cunat, A., and Marc J. Melitz, "A Many-Country, Many-Good Model of Labor Market Rigidities as a Source of Comparative Advantage", *Journal of the European Economic Association Papers and Proceedings*, Vol. 8, No. 2 - 3, 2010.

D. Ahmed, A. and S. Suardi, "Macroeconomic Volatility, Trade and Financial Liberalization in Africa", *World Development*, Vol. 37, No. 10, 2009.

Dalum, B. , K. Laursen and B. Verspagen, "Does Specialization Matter for Growth?", *Industrial and Corporate Change*, Vol. 8, 1999.

Daniel, C. , "Exit in the Theory of the Firm", *Quarterly Review of Economics and Business*, Vol. 20, No. 3, 1980.

Davis, D. , and D. Weinstein, "Economic Geography and Regional Production Structure: An EmpiricalInvestigation", *European Economic Review*, Vol. 43, No. 2, 1999.

Davis. Lewis. , and M. Hopkins, "The Institutional Foundations of Inequality and Growth", *Journal of Development Studies*, Vol. 47, No. 7, 2011.

Dawe, D. , "A New Look at the Effects of Export Instability on Investment and Growth", *World development*, Vol. 24, No. 12, 1996.

De Grauwe, P. , "Exchange Rate Variability and the Slowdown in Growth of International Trade", *IMF Staff Papers*, Vol. 35, 1988.

De Haan, J. , S. Lundström, and J. E. Sturm, "Market-Oriented Institutions and Policies and Economic Growth: A Critical Survey", *Journal of Economic Surveys*, , Vol. 20, No. 2, 2006.

de la Croix, D. and Urbain, J. P. , "Inter-temporal Substitution in Import Demandand Habit Formation", *HCM workshop in Aarhus Working Paper*, 1995.

De Marchi, V. , E. Giuliani, and R. Rabellotti, "Local Innovation and Global Value Chains in Developing Countries", Industrial Development Report 2016: IDR 2016 WP 1.

De. Benedictis, L. , M. Gallegati and M. Tamberi, "Semi-parametric Analysis of the Specialization-income Relationship", *Applied Economics Letters*, Vol. 15, No. 4, 2008.

De. Benedictis, L. , M. Gallegati and M. Tamberi, "Overall Trade Specialization and Economic Development: Countries Diversify", *Review of World Economics*, Vol. 145, 2009.

Deardorff, A. V. and Stern, R. M. , "International Economic Interdependence: Evidence From Econometric Models", unpublished, University of Michigan, . 1977.

Dejardin, M. , "Sectoral and cross-sectoral effects of retailing firm demographies", *The Annals of Regional Science*, Vol. 38, No. 2, 2004.

Demidova, S. , "Productivity Improvements and Falling Trade Costs: Boon or Bane?", *International Economics Review*, 2008, Vol. 49, p. 1434 - 1462.

Desmet, K. , and S. Parente, "Bigger is Better: Market Size, Demand Elasticity and Innovation", *International Economic Review*, Vol. 51, No. 2, 2010.

Dhingra, S. , "Trading away Wide Brands for Cheap Brands", *American Economic Review*, Vol. 103, No. 6, 2013.

Di Giovanni, J. , Levchenko, A. and Ranciére, R. , "Power Laws in Firm Size and Openness to Trade: Measurement and Implications", *Journal of International Economics*, Vol. 85, No. 1, 2011.

Di Giovanni, J. and A. A. Levchenko, "Trade Openness and Volatility", *The Review of Economics and Statistics*, Vol. 91, No. 3, 2009.

Di. Giovanni, J. and A. A. Levchenko, "The Risk Content of Exports: A Portfolio View of International Trade", NBER Working Paper No. 16005, 2010.

Disney, R. , Haskel, J. , & Heden, Y. , "Entry, exit and establishment survival in UK manufacturing", *Journal of Industrial Economics*, Vol. 51, No. 1, 2003.

Dixit, A. , "Hysteresis, Import Penetration, and Exchange Rate Pass-through", *Quarterly Journal of Economics*, Vo. 104, 1989.

Doms, M. E. , & Jensen, J. B. , Comparing wages, skills, and productivity between domestically and foreign-owned manufacturing establishments in the United States Geography and ownership as bases for economic accounting (pp. 235 - 258): University of Chicago Press, 1998.

Down, I. , "Trade Openness, Country Size and Economic Volatility: The Compensation Hypothesis Revisited", *Business and Politics*, Vol. 9, No. 2, 2007.

Dreher, A. , "The Influence of Globalization on Taxes and Social Policy-An Empirical Analysis for OECD Countries", *European Journal of Political Economy*, Vol. 22, No. 1, 2006.

Duetsch, L. L. "Entry and the extent of multiplant operations", *The Journal of Industrial Economics*, 1984.

Dunlevy, A. J., "A Test of the Capacity Pressure Hypothesis Within a Simultaneous Equations Model of Export Performance", *Review of Economics and Statistics*, Vol. 62, No. 1, 1980.

Dunne, T., & Roberts, M. J., "The duration of employment opportunities in US manufacturing", *The Review of Economics and Statistics*, 1991.

Dunne, T., Roberts, M. J., & Samuelson, L., "Patterns of Firm Entry and Exit in United-States Manufacturing-Industries", *Rand Journal of Economics*, Vol. 19, No. 4, 1988.

Dunne, T., M. J. Roberts, and L. Samuelson, "The Growth and Failure of U. S. Manufacturing Plants", *Quarterly Journal of Economics*, Vol. 104, No. 4, 1989.

Dutt, Pushan, I. Mihov and T. Van Zandt, "Trade Diversification and Economic Development", mimeo, INSEAD, 2008.

Eaton, J. and Kortum, S., "Technology, Geography and Trade", *Econometrica*, Vol. 70, No. 5, 2002.

Enoch, C. A., "Measures of Competitiveness in International Trade", *Bank of England Quarterly Bulletin*, Vol. 18, 1978.

Ericson, R., & Pakes, A., "Markov-Perfect Industry Dynamics-A Framework for Empirical Work", *Review of Economic Studies*, Vol. 62, No. 1, 1995.

Esteve-Pérez, S., Sanchis-Llopis, A., & Sanchis-Llopis, J. A., "A competing risks analysis of firms' exit", *Empirical Economics*, Vol. 38, No. 2, 2010.

Esteves, P. S., and A. Rua, "Is There a RoleFor Domestic Demand Pressure on Export Performance?", *Empirical Economics*, Vol. 8, No. 4, 2015.

Fagerberg, J., "User-Producer Interaction, Learning and Comparative Advantage", *Cambridge Journal of Economics*, Vol. 19, No. 1, 1995.

Fair, R. C., "On Modelling the Economic Linkages Among Countries", in Dornbusch, R. and Frenkel, J. A., eds., *International Economic Policy: Theory and Evidence*, Baltimore: John Hopkins University Press, 1979.

Fajgelbaum, Pablo, G M. Grossman, and E. Helpman, "Income Distribution,

Product Quality, and International Trade", *Journal of Political Economy*, Vol. 119, No. 4, 2011.

Falvey, R., Foster, N. and Greenaway, D., "Imports, Exports, Knowledge Spillovers and Growth", *Economics Letters*, Vol. 85, 2002.

Fan, H., Li, Y. A., Yeaple, S. R., "Trade Liberalization, Quality, and Export Prices", *the Review of Economics and Statistics*, Vol. 97, No. 5, 2015.

Farole, T., Guilherme, R. J., and Swarnim, W., "Analyzing Trade Competitiveness: a Diagnostics Approach", *Policy Research Working Paper Series* 5329, World Bank, 2010.

Feenstra, R. and H. L. Kee, "On the Measurement of Product Variety in Trade", *American Economic Review*, Vol. 94, No. 2, 2004.

Feenstra, R. and H. L. Kee, "Export Variety and Country Productivity: Estimating the Monopolistic Competition Model with Endogenous Productivity", *Journal of International Economics*, Vol. 74, No. 2, 2008.

Feenstra, R. and S. J. Wei, "Introduction to 'China's Growing Role in World Trade'", in Feenstra, R. and S. J. Wei, *China's Growing Role in World Trade*, The University of Chicago Press, 2010.

Feenstra, R. C., *Advanced International Trade: Theory and Evidence*, Princeton University Press, 2004.

Feenstra, R. C. "New product Varieties and the Measurement of International Prices", *American Economic Review*, 1994, 84 (1), pp. 157 - 177.

Fernandes, AM, C Freund, MD Pierola, "Exporter Behavior, Country Size and Stage of Development: Evidence from the Exporter Dynamics Database", *Journal of Development Economics*, Vol. 119, 2015.

Ferragina, A. M., Pittiglio, R., & Reganati, F., "Does Multinational Ownership Affect Firm Survival in Italy?", *Journal of Business Economics and Management*, Vol. 15, No. 2, 2014.

Ferreira, G., "From Coffee Beans to Microchips: Export Diversification and Economic Growth in Costa Rica", Annual Meeting from Southern Agricultural Economics Association, No 47178, 2009.

Fieler, A. C., "Non-homotheticity and Bilateral Trade: Evidence and a Quantitative Explanation", *Econometrica*, Vol. 79, No. 4, 2011.

Freeman, R., *The Growth of American Government*, Stanford: Hoover Institution Press, 1975.

Friedman, D., "A Theory of the Size and Shape of Nations", *Journal of Political Economy*, Vol. 85, No. 1, 1977.

Froot, K. A. and Klemperer, P. D., "Exchange Rate Pass-through When Market Share Matters", *American Economic Review*, Vol. 79, No. 4, 1989.

Fujiwara, Y., di Guilmi, C., Aoyama, H., Gallegati, M. and Souma, W., "Do Pareto-Zipf and Gibrat Laws Hold True? An Analysis with European Firms", *Physica A: Statistical Mechanics and its Applications*, Vol. 335, No. 1-2, 2004.

Funke, M. and R. Ruhwedel, "Product Variety and Economic Growth: Empirical Evidence for the OCED Countries", *IMF Staff Papers* 48, 2001.

Funke, M. and R. Ruhwedel, "Export Variety and Economic Growth in East European Transition Economies", *Economics of transition*, Vol. 13, No. 1, 2005.

Gabaix, X., "Zipf's Law For Cities: An Explanation", *Quarterly Journal of Economics*, Vol. 114, No. 3, 1999.

Gabaix, X. and Ibragimov, R., "Rank - 1/2: a Simple Way to Improve the OLS Estimation of Tail Exponents", *Journal of Business and Economic Statistics*, Vol. 29, No. 1, 2011.

Gaffeo, E., Gallegati, M. and Palestrini, A., "On the Size Distribution of Firms: Additional Evidence from the G7 Countries", *Physica A: Statistical Mechanics and its Applications*, Vol. 324, No. 1-2, 2003.

Gallegati, M. and Palestrini, A., "The Complex Behavior of Firms' Size Dynamics", *Journal of Economic Behavior & Organization*, Vol. 75, 2010.

Garen, J. and K. Trask, "Do More Open Economies have Bigger Governments? Another Look", *Journal of Development Economics*, Vol. 77, 2005.

Garrett, G., "Globalization and Government Spending around the World", *Studies in Comparative International Development*, Vol. 35, No. 4, 2001.

Garrett, G. and D. Mitchell., "The Distributive Consequences of Globalization", *European Journal of Political Research*, Vol. 39, 2001.

Gaulier, G., J. Martin, I. Méjean, and S. Zignago, "International Trade Price Indices", Working Papers 2008 - 10, CEPII Research Center, 2008.

Gereffi, G., "International Trade and Industrial Upgrading in theApparel Commodity Chain", *Journal of International Economics*, Vol. 48, No. 1, 1999.

Geroski, P. A., Mata, J., & Portugal, P., "Founding conditions and the survival of new firms", *Strategic Management Journal*, Vol. 31, No. 5, 2010.

Gibbons, J. D., *Nonparametric Statistical Inference*, New York: McGraw-Hill, 1971.

Gibrat, R. Les inegalite's economiques, *Applications: Aux ine'galite's des richesses, a la concentration des entreprises, aux populationsdes villes, aux statistiques des familles*, etc., d'une loi nouvelle: La loi de l'effect proportionnel, Paris: Sirey, 1931.

Goldar, B., "Determinants of India's Export Performance in Engineering Products, 1960 - 1979", *The Developing Economies*, Vol. 27, 1989.

Goldberg, P. K., A. K. Khandelwal, N. Pavcnik, and P. Topalova, "Imported Intermediate Inputs and Domestic Product Growth: Evidence from India", *the Quarterly Journal of Economics*, Vol. 125, No. 4, 2010.

Goldstein, M.; Morris, S. and Yen, G., "Problems with Fitting to the Power-law Distribution", *The European Physical Journal*, Vol. 41, No. 2, 2004.

Goldstein, M. and Khan, M. S., "Income and Price Effects in Foreign Trade." in Jones, R. W. and Kenen, P. B., eds., *Handbook of International Economics* (vol. II), New York: Elsevier Amsterdam, 1985.

Goldstein, M. and Khan, M. S., "The Supply and Demand for Exports: a Simultaneous Approach", *Review of Economics and Statistics*, Vol. 60, 1978.

Gopinath, G., and B. Neiman, "Trade adjustment and productivity in large crises", *American Economic Review*, Vol. 104, No. 3, 2013.

Gorg, H., & Strobl, E., "Multinational companies, technology spillovers and plant survival", *Scandinavian Journal of Economics*, Vol. 105, No. 4, 2003.

Greenaway, D., & Kneller, R., "Exporting, productivity and agglomeration", *European economic review*, Vol. 52, No. 5, 2008.

Greene, W. H., *Econometric analysis: Pearson Education India*, 2003.

Griliches, "Issues in Assessing the Contribution of Research and Development to Productivity Growth", *Bell Journal of Economics*, Vol. 10, 1979.

Guirrieri, P. and S. Immarino, "Dynamics of Export Specialization in the Regions of the Italian Mezzogiorno: Persistence and Change", *Regional Studies*, Vol. 41, 2007.

Haaland, J. I., R. Forslid and K. H. Midelfahrt Knarvik, "A U ShapedEurope? A Simulation Study of Industrial Location", *Journal of International Economics*, Vol. 57, No. 2, 2002.

Hall, R. E. and Jones, C. I., "Why Do Some Countries Produceso Much More Output per Worker than Others?", *Quarterly Journal of Economics*, Vol. 114, No. 1, 1999.

Hannan, M. T., "Rethinking Age Dependence in Organizational Mortality: Logical Fromalizations 1", *American Journal of Sociology*, Vol. 104, No. 1, 1998.

Harris, R., & Robinson, C., "The effect of foreign acquisitions on total factor productivity: plant-level evidence from UK manufacturing, 1987 – 1992", *Review of Economics and Statistics*, Vol. 84, No. 3, 2002.

Hastie, T. and R. Tibshirani, "Generalized Additive Models", *Statistical Science*, Vol. 1, 1986.

Hastie, T. and R. Tibshirani, "*Generalized Additive Models*", London: Chapman and Hall, 1990.

Hausmann, R., J. Hwang and D. Rodrik, "What You Export Matters", *Journal of Economic Growth*, Vol. 12, No. 1, 2007.

Hausmann, R. and D. Rodrik, "Economic Development as Self-Discovery", *Journal of Development Economics*, Vol. 72, 2003.

He, C., & Yang, R., Determinants of firm failure: empirical evidence from China. Growth and Change, 2015.

Heckman, J. J., & Singer, B., "Econometric duration analysis", *Journal of*

*Econometrics*, Vol. 24, No. 1 – 2, 1984.

Helpman, E and P. R. Krugman, *Market Structure and Foreign Trade*, Cambridge, MA: MIT Press, 1985.

Helpman, E., Melitz, M. J., & Yeaple, S. R., "Export Versus FDI with Heterogeneous Firms", *American Economic Review*, Vol. 94, No. 1, 2004.

Helpman, E., "Imperfect Competition and International Trade: Evidence from Fourteen Industrial Countries", *Journal of the Japanese and International Economies*, Vol. 1, No. 1, 1987.

Henderson, J., P. Dicken, M. Hess, N. Coe, and H. Yeung, "Global Production Networks and the Analysis of Economic Development", *Review of International Political Economy*, Vol. 9, No. 3, 2002.

Hernandez-Perez, R. F., Angulo-Brown and Dionisio, T., "Company Size Distribution for Developing Countries", *Physica A*, Vol. 359, 2006.

Herzer. D and F. D. Nowak-Lehnmann, "What does Export Diversification do for Growth? An Econometric Analysis", *Applied Economics*, Vol. 38, No. 15, 2006.

Hess, W., & Persson, M., "The duration of trade revisited", *Empirical Economics*, Vol. 43, No. 3, 2012.

Hesse, H., "Export Diversification and Economic Growth", Commission on Growth and Development Working Paper, No. 21, 2008.

Holmes, P., Hunt, A., & Stone, I., "An analysis of new firm survival using a hazard function", *Applied Economics*, Vol. 42, No. 2, 2010.

Hooper, P. and Kohlhagen, S. W., "The Effects of Exchange Rate Uncertainty on the Price and Volume of International trade", *Journal of International Economics*, Vol. 8, 1978.

Hopenhayn, H. A., "Entry, Exit, and Firm Dynamics in Long-run Equilibrium", *Econometrica*, Vol. 60, No. 5, 1992.

Houthakker, H. S. and Magee, S. P., "Income and Price Elasticities in world Trade", *Review of Economics and Statistics*, Vol. 51, 1969.

Houthakker, H. S. and Taylor, L. D., *Consumer Demand in the United States: Analyses and Projections*, Cambridge: Harvard University Press, 1970.

Hsiao, C., *Analysis of Panel Data*, Cambridge: Cambridge University Press, 1986.

Hummels, D. and P. Klenow, "The Variety and Quality of a Nation's Export", *American Economic Review*, Vol. 95, 2005.

Imbeau, L. M., F. Pétry, J. Créte, G. Tellier and M. Clavet, "Measuring Government Growth in the Canadian Provinces: Decomposing Real Growth and Deflator Effects", *Canadian Public Policy*, Vol. XXVII, No. 1, 2001.

Imbs, J. and R. Wacziarg, "Stages of Diversification", *American Economic Review*, Vol. 93, No. 1, 2003.

Isham, J. and D. Kaufmann, "The Productivity of Investment Projects", *The Quarterly Journal of Economics*, Vol. 114, 1999.

Islam, M. Q., "The Long Run Relationship Between Openness and Government Size: Evidence from Bounds Test", *Applied Economics*, Vol. 35, 2004.

Ito, K., and V. Pucik, "R&D Spending, Domestic Competition, and Export-Performance of Japanese Manufacturing Firms", *Strategic Management Journal*, Vo. 14, No. 1, 1993.

Iversen, T. and T. Cusack, "The Causes of Welfare State Expansion: Deindustrialization or Globalization", *World Politics*, Vol. 52, 2000.

Jaffe, A. B., "Technological Opportunity and Spillovers of R&D: Evidence from Firms' Patents, Profits, and Market Value", *American Economic Review*, Vol. 76, 1986.

Johnson, P., & Parker, S., "The interrelationships between births and deaths", *Small Business Economics*, Vol. 6, No. 4, 1994.

Johnston, J., *Econometric Methods*, 3rd edn, New York: McGraw-Hill, 1984.

Jorge, C., Carmela, M. and Francisco, J. V., "International Technology Diffusion through Imports and its Impact on Economic Growth", European Economic Group Working Paper 12, European Economy Group, 2002.

Jovanovic, B., "Selection and the Evolution of Industry", *Econometrica*, Vol. 50, No. 3, 1982.

Jovanovic, B., & MacDonald, G. M., "The Life Cycle of a Competitive Industry", *Journal of Political Economy*, 1994.

Kalemli-Ozcan S., B. E. Sørensen and O. Yosha, "Risk Sharing and Industrial Specialization: Regional and International Evidence", *American Economic Review*, Vol. 93, No. 3, 2003.

Kao, C., Chiang, M. and Chen, B., "International R&D Spillovers: An Application of Estimation and Inference in Panel Cointegration", *Oxford Bulletin of Economics and Statistics*, Vol. 61, 1999.

Kejzar, K. Z., "The role of foreign direct investment in the host-country firm selection process: firm-level evidence from Slovenian manufacturing", *Review of World Economics*, Vol. 147, No. 1, 2011.

Keller, W., "Are International R&D Spillovers Trade-related? Analyzing Spillovers among Randomly Matched Trade Partners", *European Economic Review*, Vol. 42, 1998.

Keller, W., "Trade and the Transmission of Technology", *Journal of Economic Growth*, Vol. 7, 2002.

Kimura, F., & Kiyota, K., "Foreign-owned versus Domestically-owned Firms: Economic Performance in Japan", *Review of Development Economics*, Vol. 11, No. 1, 2007.

King, A., "From Demand Equations to Two Regimes: The Theoretical Development of Export Models", *Bulletin of Economic Research*, Vol. 49, 1997.

Klinger, B. and D. Lederman, "Diversification, Innovation and Imitation inside the Global Technological Frontier", World Bank Research Policy Working Paper, No. 3872, 2006.

Konno, T., "Pareto Distribution of Firm Size and Knowledge Spillover Process as a Network", *Economics Bulletin*, 2013, 33 (3), pp. 2407 - 2413.

Koren, M. and S. Tenreyro, "Volatility and Development", *Quarterly Journal of Economics*, Vol. 122, No. 1, 2007.

Kravis, I. B., and R. E. Lipsey, "Price Behavior in the Light of Balance of Payments Theories", *Journal of International Economics*, Vol. 8, 1978.

Krebs, T., P. Krishna and W. F. Maloney, "Trade Policy, Income Risk, and

Welfare", NBER Working Paper, No. 11255, 2005.

Kronborg, D., & Thomsen, S., "Foreign ownership and long-term survival", *Strategic Management Journal*, Vol. 30, No. 2, 2009.

Krueger, A., "The Political Economy of the Rent-Seeking Society", *American Economic Review*, Vol. 64, 1974.

Krugman, P., "Increasing Returns and Economic Geography", *The Journal of Political Economy*, Vol. 99, No. 3, 1991.

Krugman, P., "Scale Economies, Product Differentiation, and the Pattern of Trade", America Economic Review, Vol. 70, No. 5, 1980.

Krugman, P., "Intra-industry Specialization and the Gains from Trade", The Journal of Political Economy, Vol. 89, No. 5, 1981.

Krugman, P., "Differences in Income Elasticities and Trends in Real Exchange Rates", *European Economic Review*, Vol. 33, 1989.

Krugman, P. and A. Venables, "Integration and the Competitiveness of Peripheral Industry", in Bliss, C. and J. Braga de Macedo (Eds), *Unity with Diversity in the European Economy: the Community's Southern Frontier*, Cambridge: Cambridge University Press, 1990.

La Porta, R., F. Lopez-De-Silanes, A. Shleifer, and R. Vishny, "The Quality of Government", *Journal of Law Economics & Organization*, Vol. 15, No. 1, 1999.

Lauren, E., "Economic Consequences of the Size of Nations, 50 Yearson", *NRER working Papers*, Vol. 46, No. 3, 2008.

Lawrence, R. Z. and Weinstein, D. E., "Trade and Growth: Import-led or export-led? Evidence from Japan and Korea", NBER Working Paper, No. 7264, 1999.

Levchenko, A., L. Lewis, and L. Tesar, "The Collapse of International Trade during the 2008 - 2009 Crisis: In Search of the Smoking Gun", NBER Working Paper, No. 16006, 2010.

Levinsohn, J., & Petrin, A., "Estimating production functions using inputs to control for unobservables", *The Review of Economic Studies*, Vol. 70, No. 2, 2003.

Levinsohn, J., "Testing the Import-as-Market-Discipline Hypothesis", *Jour-*

*nal of International Economics*, 1993, Vol. 35, pp. 1 – 22.

Lewer, J. J. and H. Van den Berg, "Does Trade Composition Influence Economic Growth? Time Series Evidence for 28 OECD and Developing Countries", *Journal of International Trade and Economic Development*, Vol. 12, 2003.

Liberati, P., "Trade Openness, Capital Openness and Government Size", *Journal of Public Policy*, Vol. 27, No. 2, 2007.

Lichtenberg, F. and van Pottelsberghe de la Potterie, B., "International R&D Spillovers: A Comment", *European Economic Review*, Vol. 42, 1998.

Limao, N. and A. J. Venables, "Infrastructure, Geographical Disadvantage and Transport Costs", World Bank Policy Research Working Paper, No. 2257, 1999.

Lin, J. Y, "Development Strategy, Viability and Economic Convergence", *Economic Development and Cultural Change*, Vol. 53, No. 2, 2003.

Linder, S. B., *an Essay on Trade and Transformation*, New York: Wiley and Sons, 1961.

Ling, F., Zh. Li, D. L. Swenson, "The Connection between Imported Intermediate Inputs and Exports: Evidence from Chinese Firms", *Journal of International Economics*, Vol. 101, 2016.

Lu, Jiangyong, Yi Lu and Zhigang Tao, "Exporting Behavior of Foreign Affiliates: Theory and Evidence", *Journal of International Economics*, Vol. 81, 2010.

Lundvall, B. A., "User-Producer Relationships, National Systems of Innovation and Internationalization" In B. A. Lundvall, *National Systems of Innovation: Towards a Theory of Innovation and Interactive Learning*, London: Pinter, 1992.

Luttmer, E., "Selection, Growth, and the Size Distribution of Firms", *The Quarterly Journal of Economics*, Vol. 122, No. 3, 2007.

MacDonald, J. M., "Entry and exit on the competitive fringe", Southern Economic Journal, 1986.

Maddala, G. S. "*Introduction to Econometrics*," New York: Macmillan Publishing Company, 1992.

Magee, S. P., "Prices, Income and Foreign Trade", in Kenen, P. B., (eds.), *International Trade and Finance: Frontiers for Research*, Cambridge: Cambridge University Press, 1975.

Mann, A. J., "Wagner's Law: An Econometric Test for Mexico, 1925 – 1976", *National Tax Journal*, Vol. 33, 1980.

Manova, K., "Credit Constraints, Heterogeneous Firms, and International Trade", *Review of Economic Studies*, Vol. 80, No. 2, 2013.

Mansfield, E., "Entry, Gibrat's Law, Innovation and the Growth of Firms", *American Economic Review*, Vol. 52, No. 5, 1962.

Marquez, J., "Bilateral Trade Elasticities", *Review of Economics and Statistics*, Vol. 72, 1990.

Marquez, J., and C. McNeilly, "Income and Price Elasticities for Exports of Developing Countries", *Review of Economics and Statistics*, Vol. 70, 1988.

Marra, G. and R. Radice, "A Flexible Instrumental Variable Approach", Department of Statistical Science, University College London, Research Report No. 309, 2010.

Martha, M. and Maria, T. R., "Long-run Income and Price Elasticities of Demand for Colombian Nontraditional Exports: a Multivariate Co-integration Framework", *Applied Economics*, Vol. 36, No. 9, 2004.

Mata, J., & Portugal, P., "Life duration of new firms", *The Journal of Industrial Economics*, 1994.

Mata, J., & Portugal, P., "The survival of new domestic and foreign-owned firms", *Strategic Management Journal*, Vol. 23, No. 4, 2002.

Mayo, D. G. and Cox, D. R. in Optimality: The Second Erich L. Lehmann Symposium, Maryland: Institute of Mathematical Statistics, 2006.

McAfee, R. P., H. M. Mialon, and M. A. Williams, "What is a Barrier to Entry", *American Economic Review*, Vol. 94, 2004.

Melitz M. J., and G. Ottaviano, "Market Size, Trade, and Productivity", *Review of Economic Studies*, Vol. 75, No. 1, 2008.

Melitz, M. J., "The impact of trade on intra-industry reallocations and aggregate industry productivity", *Econometrica*, Vol. 71, No. 6, 2003.

Molana, H., C. Montagna and M. Violato, "On the Causal Relationship Between Trade-Openness and Government Size: Evidence from 23 OECD Countries", GEP Research Paper, 04/14, 2004.

Morris, M., C. Staritz, and J. Barnes, "Value Chain Dynamics, Local Embeddedness, and Upgrading in the Clothing Sectors of Lesotho and Swaziland", *Journal of Technological Learning, Innovation and Development*, Vol. 4, Nos. 1/2/3, 2011.

Morrison, A., C. Pietrobelli, and R. Rabellotti, "Global Value Chains and Technological Capabilities: A Framework to Study Industrial Innovation in Developing Countries", *Oxford Development Studies*, Vol. 36, No. 1, 2008.

Moschos, D., "Export expansion, growth and the level of economic development: an empirical analysis", *Journal of Development Economics*, Vol. 30, 1989.

Moses, J., "Floating Fortunes: Scandinavian Full Employment in the Tumultuous1970s and 1980s'", InGeyer, R., C. Ingrebritsen and J. Moses (eds.), *Globalization, Europeanization and the end of Scandinavian social democracy*? New York and London: MacMillan, 2000.

Mundlak, Y., "On the pooling of time series and cross section data", *Econometrica: journal of the Econometric Society*, 1978.

Murshed, S. and A. Serino, "The pattern of specialization and economic growth: The resource curse hypothesis revisited", *Structural Change and Economic Dynamics*, Vol. 22, No. 2, 2011.

Muscatelli, V. A.; Stevenson, A. A. and Montagna, C., "Modelling Aggregate Manufactured Exports for Some Asian Newly Industrialized Economies", *Review of Economics and Statistics*, Vol. 77, 1995.

Naudé, W., M. Bosker, and M. Matthee, "Export Specialization and Local Economic Growth", *The World Economy*, Vol. 33, No. 4, 2010.

Naudé, W. and R. Rossouw, "Export Diversification and Economic Performance: Evidence from Brazil, China, India and South Africa Economic", *Change and Restructuring*, *forthcoming*, 2010.

Newman, M., "Power Laws, Pareto distributions and Zipf's Law", *Contemporary Physics*, Vol. 46, No. 5, 2005.

Nickell, S., "Biases in Dynamic Models with Fixed Effects", *Econometrica*, Vol. 49, No. 6, 1981.

Nicoletti, C., & Rondinelli, C., "The (mis) specification of discrete duration models with unobserved heterogeneity: a Monte Carlo study", *Journal of Econometrics*, Vol. 159, No. 1, 2010.

Novy, D., "International Trade without CES: Estimating Translog Gravity", CESifo Working Paper Series 3008, CESifo Group Munich, 2010.

Nunn, N., "Relationship-Specificity, Incomplete Contracts, and the Pattern of Trade", *Quarterly Journal of Economics*, Vol. 122, No. 2, 2007.

Nunn, N., and D. Trefler, "Domestic Institutions as a Source of Comparative Advantage", *Handbook of International Economics*, Vol. 4, 2013.

Nyström, K., "Interdependencies in the dynamics of firm entry and exit", *Journal of Industry, Competition and Trade*, Vol. 7, No. 2, 2007.

O' Neill, H. M. and Ross, W., "Exchange Rates and South Korean Exports to OECD Countries", *Applied Economics*, Vol. 23, 1991.

Olley, G. S. and Pakes, A., "The Dynamics of Productivity in the Telecommunications Equipment Industry", *Econometrica*, Vol. 64, 1996.

Orcutt, G. H., "Measurement of Price Elasticities in International Trade", *Review of Economics and Statistics*, Vol. 32, 1950.

Orcutt, G. H., "Measurement of Price Elasticities in International Trade", *Review of Economics and Statistics*, Vol. 32, 1950.

Osharin, A., and V. Verbus, "Heterogeneous Consumers and Trade Patterns in a Monopolistically Competitive Setting", Higher School of Economics Research Paper No. WPBRP131, 2016.

Ostry, J. D. and Rose, A. K., "An Empirical Evaluation of the Macroeconomic Effects of Tarrifs", *Journal of International Money and Finance*, Vol. 11, No. 1, 1992.

Pacheco-López, P. and Thirlwall, A. P., "Trade Liberalisation in Mexico: Rhetoric and Reality", *Banca Nazionale del Lavoro Quarterly Review*,

Vol. 229, 2004.

Pagan, A. and A. Ullah, *Nonparametric Econometrics*, Cambridge: Cambridge University Press, 1999.

Pakes, A., & Ericson, R., "Empirical implications of alternative modelsof firm dynamics", *Journal of Economic Theory*, Vol. 79, No. 1, 1998.

Park, W. G., "International R&D Spillovers and OECD Economic Growth", *Economic Inquiry*, Vol. 33, 1995.

Parteka, A., "Employment and Export Specialization along the Development Path: Some Robust Evidence", *Review of World Economics*, Vol. 145, No. 4, 2010.

Parteka, A. and M. Tamberi, "Determinants of Export Diversification: An Empirical Investigation", Universita Politecnica delle Marche, Dipartimento di Economia Quaderno di Ricerca, No. 327, 2008.

Patrick, C., "Import Price Pressure on Firm Productivity and Employment: the Case of US Textiles", U. S. Census Bureau discussion paper, 2006.

Pavcnik, N., "Trade Liberalization, Exit, and Productivity Improvements: Evidence from Chilean Plants", *Review of Economic Studies*, Vol. 69, 2002.

Pedroni, P., "Critical Values for Cointegration Tests in Heterogeneous Panels with Multiple Regressors", *Oxford Bulletin of Economics and Statistics*, Vol. 61, 1999.

Perkins, D. H., and M. Syrquin, "Large Countries: The Influence of Size", *Handbook of Development Economic*, Vol. 2, No. 89, 1989.

Pierre-Richard, A. and J. Aizenman, "Trade Liberalization and Unemployment", No 95/20, IMF Working Papers, 1995.

Plümper, T. and Graff, M., "Export Specialization and Economic Growth", *Review of International Political Economy*, Vol. 8, 2001.

Poncet, S., and F. S. D, Waldemar, "Export Upgrading and Growth: The Prerequisite of Domestic Embeddedness", *World Development*, Vol. 51, No. 16, 2013.

Porter, M. E., *The Competitive Advantages of Nations*, New York: The Free

Press, 1990.

Posner, M. V. and Steer, A. , "Price Competitiveness and Performance of Manufacturing Industry", in Blackaby, F. , eds. , *De-industrialisation*, London: NIESR/ Heinemann, 1979.

Press, W. , Teukolsky, S. , Vetterling, W. and Flannery, B. Numerical Recipes in C, *The Art of Scientific Computing*, Cambridge: Cambridge University Press, 1992.

Proudman, J. and S. Redding, "Evolving Patterns of International Trade", *Review of International Economics*, Vol. 8, No. 3, 2000.

Quinn, D. , "The Correlates of Change in International Financial Regulation", *American Political Science Review*, Vol. 91, 1997.

Rahmaddi, R. , and M. Ichihashi, "How Do Foreign and Domestic Demand Affect Exports Performance? An Econometric Investigation of Indonesia's Exports", *Modern Economy*, Vol. 3, 2012.

Ram, R. , "Wagner's Hypothesis in Time-Series and Cross-Section Perspectives: Evidence from Real Data for 115 Countries", *Review of Economics and Statistics*, Vol. 69, 1987.

Rao, B. B. and Singh, R. "Estimating Export Equations", *Applied Economics Letters*, Vol. 14, 2007.

Reinhart. C. , "Devaluation, Relative Prices and International Trade", IMF Staff Working Paper No. 42, 1995.

Restuccia, D. and Rogerson, R. , "Misallocation and Productivity", *Review of Economic Dynamics*, Vol. 16, No. 1, 2013.

Revenga, A. L. , "Exporting Jobs? The Impact of Import Competition on Employment and Wages in US Manufacturing", *The Quarterly Journal of Economics*, Vol. 107, 1992.

Riedel, J. , C. Hall, and R. Grawe, "Determinants of Indian Export Performance in the 1970s", *Weltwirtschaftliches Archiv*, Vol. 120, 1984.

Riedel, J. , "The Demand for LDC Exports of Manufactures: Estimates from Hong Kong", *Economic Journal*, Vol. 98, 1988.

Roberts, B. M. , & Thompson, S. , "Entry and exit in a transition economy:

the case of Poland", *Review of Industrial Organization*, Vol. 22, No. 3, 2003.

Rodriguez, F. and D. Rodrik, "Trade Policy and Economic Growth: A Sceptic's Guide to the Cross-National Evidence", NBER Macroeconomics Annual 2000, Cambridge: MIT Press, 2001.

Rodrik, D., "International Trade and Big Government", In *International Trade and Finance*, New Frontiers for Research: Essays in Honor of Peter B. Kenen, Benjamin, J. and Cohen (eds.), New York: Cambridge University Press, 1997.

Rodrik, D., "Why do More Open Economies Have Bigger Governments", *Journal of Political Economy*, Vol. 106, No. 5, 1998.

Romijn, H., and M. Albu, "Innovation, Networking and Proximity: Lessons from Small High Technology Firms in the UK", Regional Studies, Vol. 36, 2002.

Roodman, D., "How to do xtabond 2: An introduction to difference and system GMM in Stata", *The Stata Journal*, Vol. 9, No. 1, 2009.

Rose, A. K., "Exchange Rates and the Trade Balance: Some Evidence from Developing Countries", *Economics Letters*, Vol. 34, No. 3, 1990.

Rose, A. K., "The Role of Exchange Rates in a Popular Model of International Trade: Does the 'Marshall-Lerner' Condition hold?", *Journal of International Economics*, Vol. 30, No. 3-4, 1991.

Rossi-Hansberg, E., Wright, M. and of Minneapolis, F., "Establishment Size Dynamics in the Aggregate Economy", *American Economic Review*, Vol. 97, No. 5, 2007.

Ruffin, R. J., "Comparative Advantage under Uncertainty", *Journal of International Economics*, Vol. 4, No. 3, 1974.

Ruggie, J. G., "International Regimes, Transactions and Change: Embedded Liberalism in the Postwar Economic Order", *International Organization*, Vol. 36, 1982.

Saint-Paul, G., "Technological Choice, Financial Markets and Economic Development", *European Economic Review*, Vol. 36, No. 4, 1992.

Salter, W., *Productivity and Technical Change*, Cambridge: Cambridge University Press, 1960.

Santarelli, E., & Vivarelli, M., "Entrepreneurship and the process of firms' entry, survival and growth", *Industrial and Corporate Change*, Vol. 16, No. 3, 2007.

Sanz, I. and F. J. Velázquez, "Does Globalization Increase Government Size? An Analysis of the Effects of Foreign Direct Investment on Total Government Expenditures and Its Components", mimeo, 2003.

Sato, K., "The Demand Function for Industrial Exports: A Cross-Country Analysis", *Review of Economics and Statistics*, Vol. 159, No. 4, 1977.

Schiff, M. and Wang, Y., "Education, Governance and Trade-related Technology Diffusion in Latin America", World Bank and Carleton University working paper, 2004.

Schott, P., "One Side Fits All? Heckscher-Ohlin Specialization in Global Production", *American Economic Review*, Vol. 93, 2003.

Schumpeter, J. A., "The theory of economic development: An inquiry into profits, capital, credit, interest, and the businesscycle", *Transaction publishers*, Vol. 55, 1934.

Senhadji, A., and C. Montenegro, "Time Series Analysis of Export Demand Equations: A Cross-Country Analysis", *IMF Staff Papers*, Vol. 46, No. 3, 1999.

Simonovska, I., and M. E. Waugh, "Different Trade Models, Different Trade Elasticities?", NBER working paper, No. 16796, 2012.

Spann, R. M., "The Macroeconomics of Unbalanced Growth and the Expanding Public Sector", *Journal of Public Economics*, Vol. 8, 1977.

Staritz, C., G. Gereffi, and O. Cattaneo (eds.), Special issue on "Shifting End Markets and Upgrading Prospects in Global Value Chains", *International Journal of Technological Learning, Innovation and Development*, Vol. 4, No. 1 – 3, 2011.

Stone, C. J., "Additive Regression and Other Nonparametric Models", *Annals of Statistics*, Vol. 13, No. 2, 1985.

Stouffer, D. B.; Malmgren, R. D. and Amaral, L. "Comment on Barabasi." Nature, Vol. 435, 2005.

Sun, C. and Zhang, T., "Export, Productivity Pattern, and Firm Size Distribution", MPRA Paper 36742, 2012, University Library of Munich, Germany.

Swank, D., *Global Capital, Political Institutions and Policy Change in Developed Welfare States*, Cambridge: Cambridge University Press, 2002.

Swee-Hui, K. J., P. Chin-Hong and W. Chiew-Meu, "Bounds Estimation for Trade Openness and Government Expenditure Nexus of ASEAN – 4 Countries", MPRA Paper, No. 12351, 2008.

Syrquin, M., "Patterns of Structural Change", In H. and T. N. Srinavasan, eds, *Handbook of Economic Development*, *Chenery*, Amsterdam: Elsevier Science Publishers, 1989.

Syverson, C., "What Determines Productivity?", *Journal of Economic Literature*, Vol. 49, No. 2, 2011.

Thirlwall, A. P., *Balance-of-Payments Theory and the United Kingdom Experience*, London: Macmillan, 1980.

Trefler, D., "The Case of the Missing Trade and Other Mysteries", *American Economic Review*, Vol. 85, No. 5, 1995.

Trefler, D., "The Long and Short of the U. S. —Canada Free Trade Agreement", NBER working paper No. 8293, 2001.

Turnovsky, S. J., "Technological and price uncertainty in a Ricardian model of international trade", *The Review of Economic Studies*, Vol. 41, No. 2, 1974.

Ueki, Y., "Intermediate Goods Trade in East Asia", in intermediate goods trade in East Asia: Economic deepening through FRAs/EPAs, edited by Mitsuhiro Kagami, BBC Research Report No. 5, Bangkok Research Center, IDE-JETRO, Bangkok, Thailand, 2011.

UNSD, National practices in compilation and dissemination of external trade index numbers, Statistical Papers Series No. 86, Department of Economic and Social Affairs, Statistics Division, United Nations, 2005.

Van Beveren, I., "Footloose multinationals in Belgium?", *Review of World Economics*, Vol. 143, No. 3, 2007.

Varum, C., Rocha, V. C., & da Silva, H. V., "Economic slowdowns, hazard rates and foreign ownership", *International Business Review*, Vol. 23, No. 4, 2014.

Venables, A. J., "Spatial disparities in developing countries: cities, regions, and international trade", *Journal of Economic Geography*, Vol. 5, No. 1, 2005.

Venables, A. and N. Limão, "Geographical Disadvantage: a Hecksher-Ohlin-von Thünen Model of International Specialization", *Journal of International Economics*, Vol. 58, No. 2, 2002.

Vettas, N., "Investment Dynamics in Markets with Endogenous Demands", *Journal of Industrial Economics*, Vol. 48, No. 2, 2000.

Vivarelli, M., *Entry and post-entry performance of newborn firms*, Routledge, 2007.

Von Hippel, E., "Lead Users: a Source of Novel Product Concepts", *Management Science*, Vol. 32, No. 7, 1986.

Vuong, Q., "Likelihood Ratio Tests for Model Selection and Non-nested Hypotheses", *Econometrica*, Vol. 57, No. 2, 1989.

Wacziarg, R and K. H. Welch, "Trade Liberalization and Growth: New Evidence", *World Bank Economic Review*, Vol. 22, No. 2, 2008.

Wacziarg, R., "Measuring the Dynamic Gains from Trade", *World Bank Economic Review*, Vol. 15, No. 3, 1998.

Wagner, J., "The research potential of new types of enterprise data based on surveys from official statistics in Germany", *Schmollers Jahrbuch*, Vol. 130, No. 1, 2010.

Wagner, W., "Systemic Liquidation Risk and the Diversity-Diversification Trade-Off", *The Journal of Finance*, Vol. 66, No. 4, 2011.

Walde, K. and C. Wood, "The Empirics of Trade and Growth: Where are the Policy Recommendations?", *International Economics and Economic Policy*, Vol. 1, No. 2-3, 2005.

Warner, D. and Kreinin, M. E., "Determinants of International Trade Flows", *Review of Economics and Statistics*, Vol. 65, 1983.

Wasserman, L. A., All of Statistics, New York: Springer-Verlag, 2003.

Weder, R., "Domestic Demand, Comparative Advantage, and the Pattern of Trade", *Swiss Journal of Economics and Statistics*, Vol. 131, No. 3, 1995.

Weder, R., "How Domestic Demand Shapes the Pattern of International Trade", *World Economy*, Vol. 19, No. 3, 1996.

Weder, R., "Comparative Home-Market Advantage: An Empirical Analysis of British and American Exports", *Review of World Economics*, Vol. 139, No. 2, 2003.

Weisberg, S., *Applied Linear Regression*, New York: Wiley and Sons, 1985.

Willett, J. B., & Singer, J. D., "It's déjà vu all over again: Using multiple-spell discrete-time survival analysis", *Journal of Educational and Behavioral Statistics*, Vol. 20, No. 1, 1995.

Wilson, J. F. and Takacs, E., "Differential Responses to Price and Exchange Rate Influences in the Foreign Trade of Selected Industrial Countries", *Review of Economics and Statistics*, Vol. 61, 1979.

Windmeijer, F., "A Finite Sample Correction for the Variance of Linear Efficient Two-step GMM Estimators", *Journal of Econometrics*, Vol. 126, 2005.

Winters, L. A., *An Econometric Model of the Export Sector: UK Visible Exports and Their Prices*, 1955 – 1973. Cambridge: Cambridge University Press, 1981.

Wolf, H. C., "Intra-national Home Bias in Trade", *the Review of Economics and Statistics*, Vol. 82, No. 4, 2000.

Wolfe, J. N., "The Life and Death of the Firm", *Econometrica*, Vol. 28, No. 3, 1960.

Wooldridge, J. M., *Econometric Analysis of Cross Section and Panel Data*, Cambridge: MIT Press, 2002.

World Bank, *Doing Business*, Washington, DC: The World Bank, 2004 – 2011.

Wu, Y., "Growth, Expansion of Markets and Income Elasticities in World Trade", *Review of International Economics*, Vol. 16, No. 4, 2008.

Xiang, C., "Diversification Cones, Trade Costs and Factor Market Linkages", *Journal of International Economics*, Vol. 71, 2007.

Xu, B. and Wang, J., "Capital Goods Trade and R&D Spillovers in the OECD", *Canadian Journal of Economics*, Vol. 32, 1999.

Yanikkaya, Halit., "Trade Openness and Economic Growth: A Cross-Country Empirical Investigation", *Journal of Development Economics*, Vol. 72, No. xx, 2003.

Yatchew, A., *Semi-parametric Regression for the Applied Econometrician*, Cambridge: Cambridge University Press, 2003.

Yeaple, S. R., "A Simple Model of Firm Heterogeneity, International Trade and Wages", *Journal of International Economics*, Vol. 65, No. 1, 2005.

Young, A., "Learning by Doing and the Dynamic Effects of International Trade", *Quarterly Journal of Economics*, Vol. 106, 1991.

Zhu, Sh., and X. Fu, "Drivers of Export Upgrading", *World Development*, Vol. 51, No. 4, 2013.

Zipf, G., *The psycho-biology of language: an introduction to dynamic philology*, Boston: Psychology Press, 1936.

陈雯、苗双有:《中间品贸易自由化与中国制造业企业生产技术选择》,《经济研究》2016 年第 8 期。

陈勇兵、蒋灵多:《外资参与,融资约束与企业生存——来自中国微观企业的证据》,《投资研究》2012 年第 6 期。

陈勇兵、李燕、周世民:《中国企业出口持续时间及其决定因素》,《经济研究》2012 年第 7 期。

戴翔、金碚:《产品内分工、制度质量与出口技术复杂度》,《经济研究》2014 年第 7 期。

樊纲、关志雄、姚枝仲:《国际贸易结构分析:贸易品的技术分布》,《经济研究》2006 年第 8 期。

傅朝阳、陈煜:《中国出口商品比较优势:1980—2000》,《经济学(季刊)》2006 年第 5 卷第 2 期。

高凌云、屈小博、贾朋:《中国工业企业规模与生产率的异质性》,《世界经济》2014 年第 6 期。

高凌云、毛日昇:《贸易开放、引致性就业调整与我国地方政府实际支出规模变动》,《经济研究》2011 年第 1 期。

高凌云、王洛林:《进口贸易与我国工业行业全要素生产率》,《经济学(季刊)》2010 年第 9 卷第 2 期。

高凌云、王洛林、苏庆义:《中国出口的专业化之路及其增长效应》,《经济研究》2012 年第 5 期。

高凌云、王永中:《R&D 溢出渠道、异质性反应与生产率》,《世界经济》2008 年第 2 期。

高凌云、夏万军:《进口品属性、溢出与全要素生产率:文献综述》,《首都经济贸易大学学报》2009 年第 1 期。

龚六堂、谢丹阳:《我国省份之间的要素流动和边际生产率的差异分析》,《经济研究》2004 年第 1 期。

海闻、沈琪:《中国进出口弹性实证分析:1999—2003 年》,《经济与管理研究》2006 年第 1 期。

金雪军、欧朝敏、李杨:《全要素生产率、技术引进与 R&D 投入》,《科学学研究》2006 年第 5 期。

李坤望:《改革开放三十年来中国对外贸易发展评述》,《经济社会体制比较》2008 年第 4 期。

李坤望、蒋为、宋立刚:《中国出口产品品质变动之谜:基于市场进入的微观解释》,《中国社会科学》2014 年第 3 期。

李文星、徐长生、艾春荣:《中国人口年龄结构和居民消费:1989—2004》,《经济研究》2008 年第 7 期。

李小平、朱钟棣:《国际贸易的技术溢出门槛效应:基于中国各地区面板数据的分析》,《统计研究》2004 年第 10 期。

李扬、殷剑峰:《中国高储蓄率问题探究——基于 1992—2003 年中国资金流量表的分析》,《经济研究》2007 年第 6 期。

刘志彪:《战略理念与实现机制:中国的第二波经济全球化》,《学术月刊》2013 年第 1 期。

刘志彪、张杰:《我国本土制造业企业出口决定因素的实证分析》,《经济研究》2009 年第 8 期。

陆铭、陈钊:《分割市场的经济增长——为什么经济开放可能加剧地区保护?》，《经济研究》2009 年第 3 期。

路风、慕玲：《本土创新、能力发展和竞争优势——中国激光视盘播放机工业的发展及其对政府作用的政策含义》，《管理世界》2003 年第 12 期。

罗长远：《FDI 经济学：东道国的视角》，《世界经济文汇》2004 年第 3 期。

马弘、乔雪、徐嫄：《中国制造业的就业创造与就业消失》，《经济研究》2013 年第 12 期。

毛其淋、盛斌：《中国制造业企业的进入退出与生产率动态演化》，《经济研究》2013 年第 4 期。

聂辉华、江艇、杨汝岱：《中国工业企业数据库的使用现状和潜在问题》，《世界经济》2012 年第 5 期。

裴长洪：《中国特色开放型经济理论研究纲要》，《经济研究》2016 年第 4 期。

裴长洪、彭磊、郑文：《转变外贸发展方式的经验与理论分析——中国应对国际金融危机冲击的一种总结》，《中国社会科学》2011 年第 1 期。

裴长洪、郑文：《国家特定优势：国际投资理论的补充解释》，《经济研究》2011 年第 11 期。

裴长洪、郑文：《我国制成品出口规模的理论分析：1985—2030》，《经济研究》2012 年第 11 期。

裴长洪：《中国公有制主体地位的量化估算及其发展趋势》，《中国社会科学》2014 年第 1 卷第 7 期。

钱学锋、熊平：《中国出口增长的二元边际及其因素决定》，《经济研究》2010 年第 1 期。

乔晶：《基于面板数据的中国贸易弹性估计》，《经济与管理》2010 年第 9 期。

邱斌、唐保庆、孙少勤：《要素禀赋、制度红利与新型出口比较优势》，《经济研究》2014 年第 8 期。

盛斌：《中国工业贸易保护结构政治经济学的实证分析》，《经济学（季刊）》2002 年第 1 卷第 3 期。

施炳展、冼国明：《要素价格扭曲与中国工业企业出口行为》，《中国工业经济》2012 年第 2 期。

孙浦阳、蒋为、张龑:《产品替代性与生产率分布——基于中国制造业企业数据的实证》,《经济研究》2013 年第 4 期。

田巍、余淼杰:《企业出口强度与进口中间品贸易自由化:来自中国的实证研究》,《管理世界》2013 年第 1 期。

涂正革、肖耿:《中国工业生产力革命——企业全要素生产率增长的分解及分析》,《经济研究》2005 年第 3 期。

魏后凯、贺灿飞、王新:《外商在华直接投资动机与区位因素分析》,《经济研究》2001 年第 2 期。

薛漫天、赵曙东:《外商直接投资:垂直型还是水平型?》,《经济研究》,2007 年第 12 卷第 42 期。

颜鹏飞、王兵:《技术效率、技术进步与生产率增长:基于 DEA 的实证分析》,《经济研究》2004 年第 12 期。

杨灿明、孙群力:《外部风险对中国地方政府规模的影响》,《经济研究》2008 年第 9 期。

杨其静、李小斌、方明月:《市场、政府与企业规模分布——一个经验研究》,《世界经济文汇》2010 年第 1 期。

杨小凯:《经济学:新兴古典经济学与新古典经济学》,社会科学文献出版社 2003 年版。

姚枝仲、田丰、苏庆义:《中国出口的收入和价格弹性》,《世界经济》2010 年第 4 期。

易先忠、欧阳峣、傅晓岚:《国内市场规模与出口产品结构多元化:制度环境的门槛效应》,《经济研究》2014 年第 6 期。

易先忠、晏维龙、李陈华:《国内大市场与本土企业出口竞争力——来自电子消费品行业的新发现及其解释》,《财贸经济》2016 年第 4 期。

尹翔硕:《中国出口制成品结构与制造业生产结构差异的分析》,《国际贸易问题》1997 年第 4 期。

尹翔硕、俞娟:《进口贸易与经济增长:关于中国的实证》,《世界经济文汇》2005 年第 4 期。

袁欣:《中国对外贸易结构与产业结构:"镜像"与"原像"的背离》,《经济学家》2010 年第 6 期。

张杰、刘志彪、张少军：《制度扭曲与中国本土企业的扩张》，《世界经济》2008 年第 10 期。

张杰、张培丽、黄泰岩：《市场分割推动了中国企业出口吗?》，《经济研究》2010 年第 8 期。

张杰、周晓艳、郑文平、芦哲：《要素市场扭曲是否激发了中国企业出口》，《世界经济》2011 年第 8 期。

张军、桂林：《中国的经济发展如何影响了全球经济：基于经济学文献的答案》，《世界经济》2008 年第 8 期。

张明：《人民币贬值与我国贸易收支的关系研究——关于国际收支弹性理论的实证分析》，《金融教学与研究》2001 年第 1 期。

张曙光、张燕生、万中心：《中国贸易自由化进程的理论思考》，《经济研究》1996 年第 11 期。

张曙霄、张磊：《中国贸易结构与产业结构发展的悖论》，《经济学动态》2013 年第 11 期。

章韬、孙楚仁：《贸易开放、生产率形态与企业规模》，《世界经济》2012 年第 8 期。

钟昌标：《影响中国电子行业出口决定因素的经验分析》，《经济研究》2007 年第 9 期。

朱希伟、金祥荣、罗德明：《国内市场分割与中国的出口贸易扩张》，《经济研究》2005 年第 12 期。

朱真丽、宁妮：《中国贸易收支弹性分析》，《世界经济》2002 年第 11 期。